烏克麗麗名[illegible]選

30 ukulele solo collection

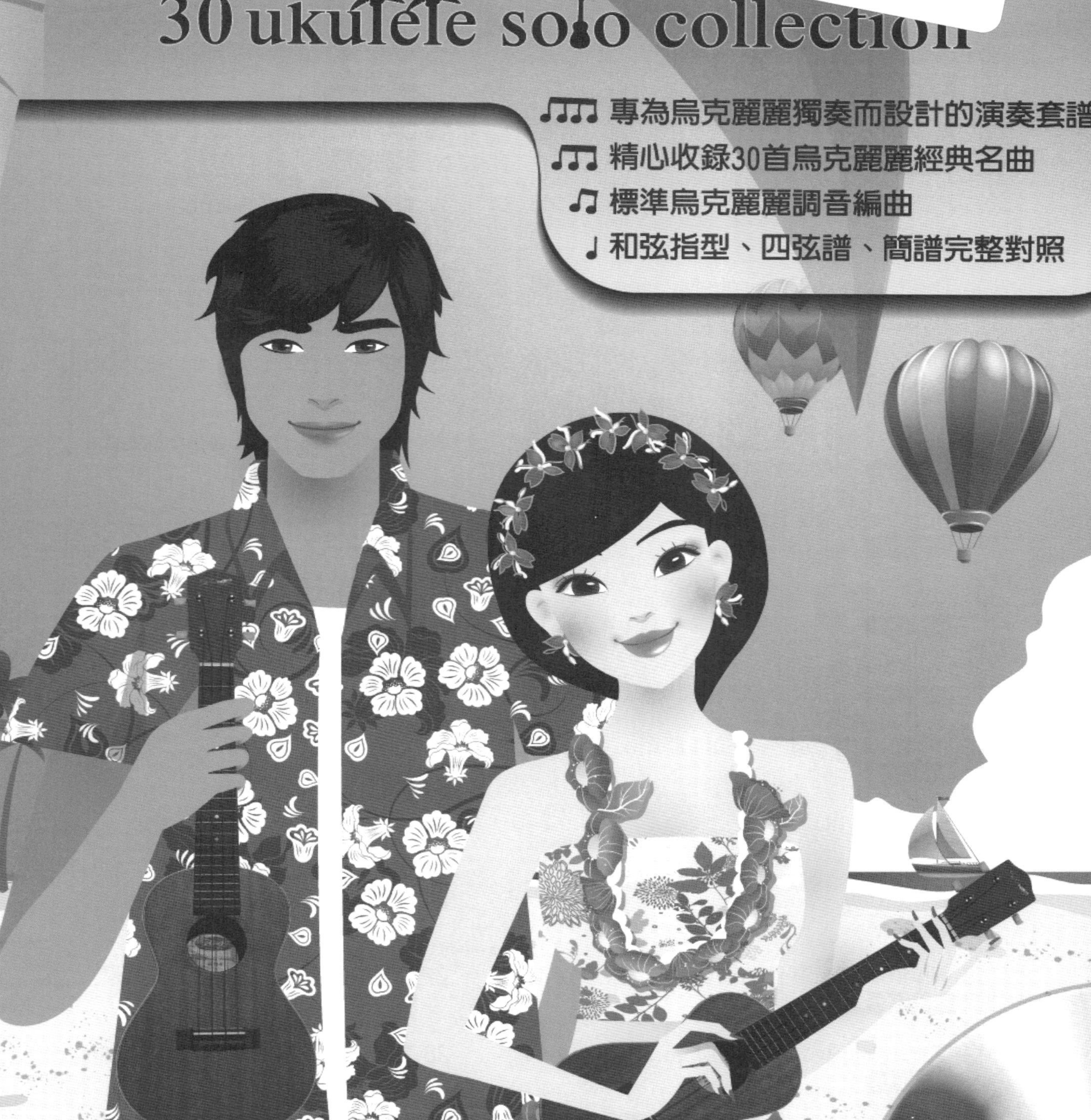

- 專為烏克麗麗獨奏而設計的演奏套譜
- 精心收錄30首烏克麗麗經典名曲
- 標準烏克麗麗調音編曲
- 和弦指型、四弦譜、簡譜完整對照

內附示範
演奏DVD＋MP3

[illegible]宏 編著

※在本書所附的光碟中，In My Life、Yesterday、While My Guitar Gently Weeps，此三首歌為MP3音樂檔，沒有影像檔。

序

近幾年「ukulele」這種小而美的樂器開始在坊間流行起來，攜帶方便，小巧可愛，價格也相當親民，無論彈唱或演奏都相當適合。放眼全世界，關於ukulele的教材雖然很多，但演奏類的曲譜資料卻相當稀少，而市面上的樂器行或音樂教室所開設的ukulele課程絕大部分只著眼於初學者的彈唱伴奏部分，但是關於演奏資料仍相當缺乏。有鑒於此，筆者開始構思出版世界名曲改編的ukulele獨奏曲，有四線譜與五線譜清晰對照，並附上和弦表與簡譜，相信無論是音樂教師的自我進修或專業演奏者，乃至初學彈唱者或進階者都是一本非常實用的教材。

除了詳細的曲譜外也附上錄音室實況DVD的演奏，這張DVD是筆者到專業錄音室花了兩天將30首曲子一次錄完，並無任何剪接，所以大家拿到的也可以說是一張實況錄影的ukulele live演奏影音專輯，若拿來當做純音樂闔家聆賞亦相當適合。

在難易度編排上，筆者也考慮到初學者或進階者的需要，從最初級的演奏曲到變奏轉調的進階曲目，都盡量安排進入書內，大家可以依照自己的程度選擇適合的曲目來練習。希望能達到啟發作用，也能激起更多有心者進入編曲創作這塊領域。發現ukulele演奏之美感，這是我最大的心願了。

最後，若有任何疑問歡迎上公司網站（www.musicmusic.com.tw）留言討論，謝謝大家，祝各位學習愉快！！

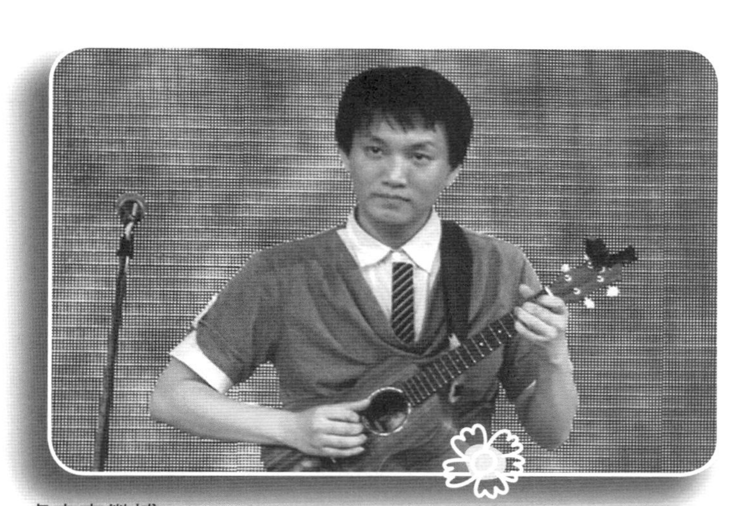

盧家宏微博：http://www.weibo.com/lujiahong
並歡迎加入Facebook「盧家宏」粉絲團

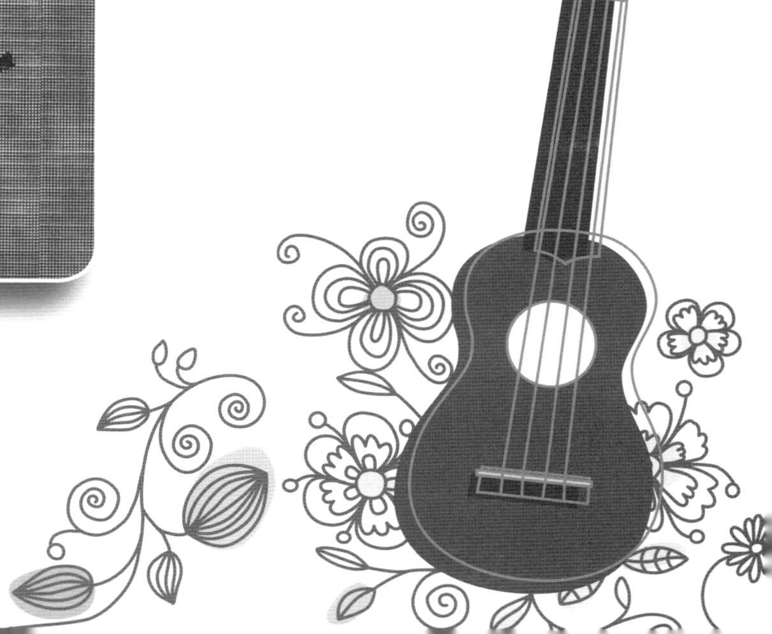

ukulele 30

本書的所有編曲，都是使用標準C調的調音方式，它的4條弦空弦音分別為G、C、E、A這四音，請你在彈奏前先將你的樂器調整到標準音高。在編曲部分，大部分的和弦都是用一根或二根手指按弦就可以完成，某些難度較高的曲子，會用小封閉的形式彈奏，一首歌所使用的和弦約10個或更少便可完成。

標準C調調音方式

最簡單的方式是使用調音笛或是調音器來調音，依照每根弦的音，分別調整。ukulele第4弦的G音是高八度的G音，整體說來在4根弦中，第3弦上的C音為最低的音。

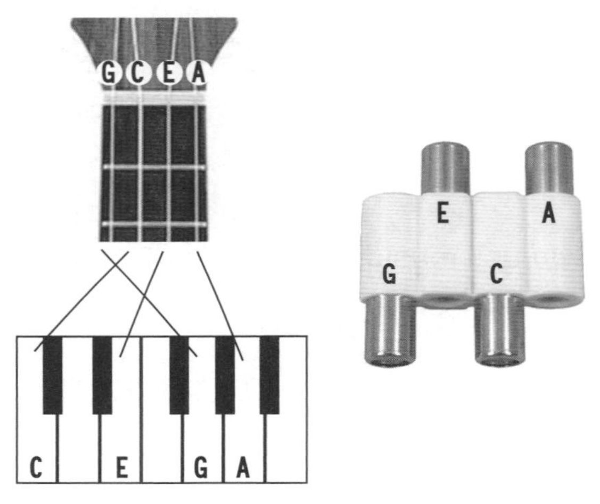

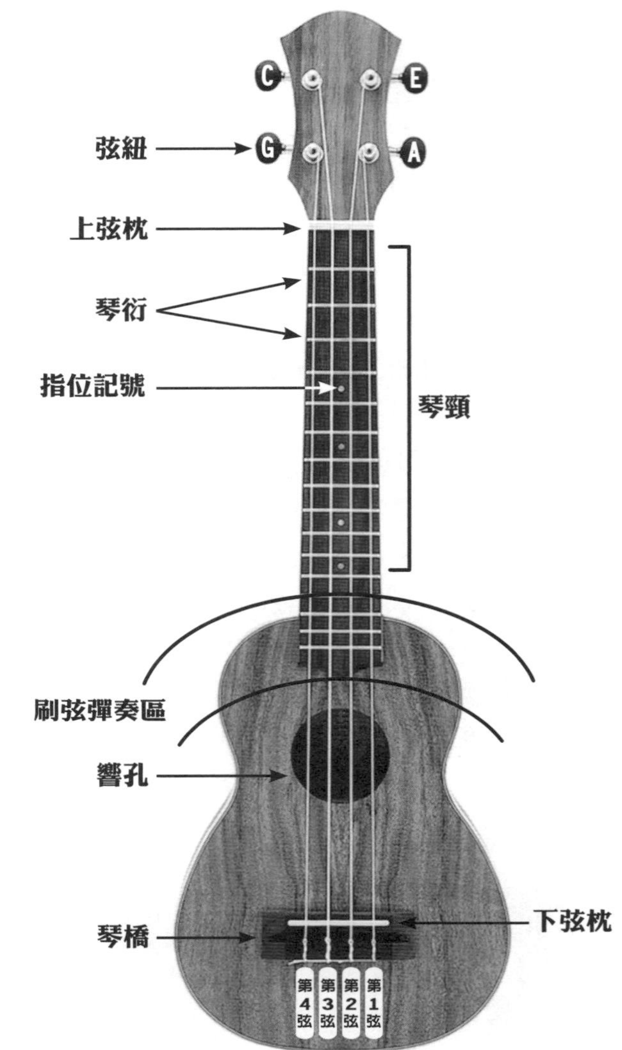

持琴的姿勢

彈琴是可以使用站姿或坐姿。使用右手的小手臂，將琴輕壓在約上半身2/3的地方，手掌應自然的放在刷弦區指板的上端，不超過響孔。左手使用拇指與食指握住琴頸，讓琴保持平衡並微微往上約30度，拇指保持在琴頸後方，並與琴衍平行，這樣你的手便可以自由來回的在指板上做上下移動。

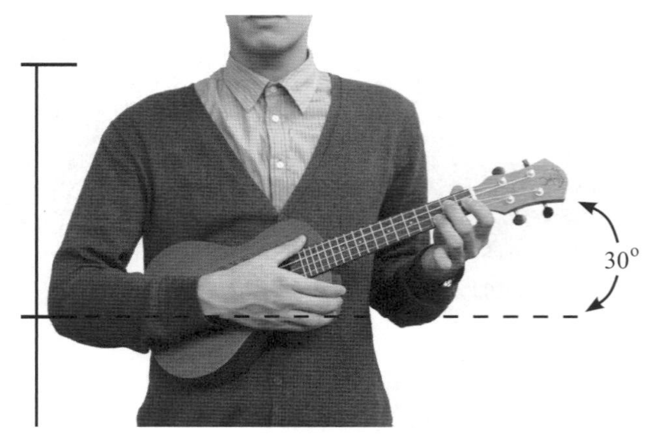

彈奏和弦

手指在指板上可以組合成各種和弦。在本書中，已經列出和弦表可以讓你參考。食指代號為1、中指代號為2、無名指代號為3、小指代號為4。

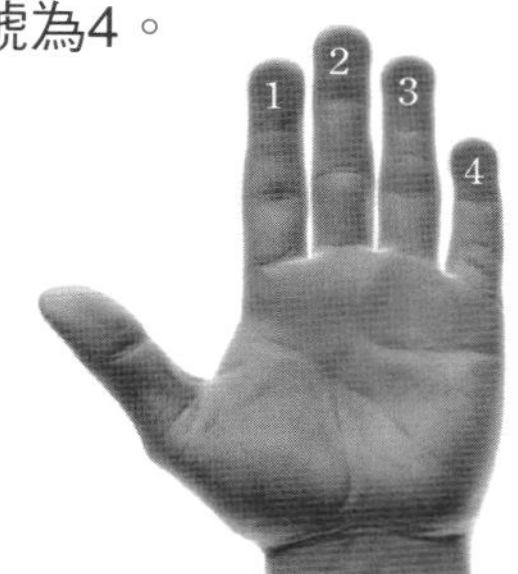

和弦圖中，垂直的線代表弦，水平的線代表琴格，圖上的數字代表要使用的手指，1是食指、2是中指、3是無名指、4是小指。

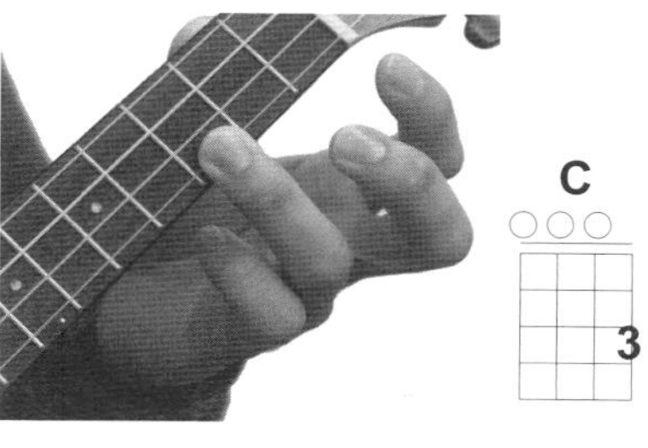

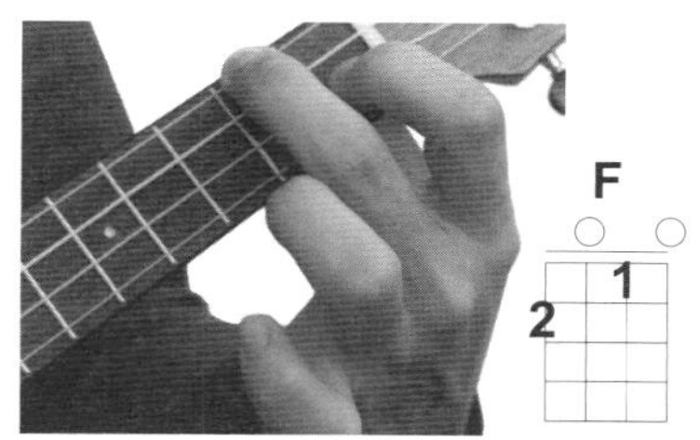

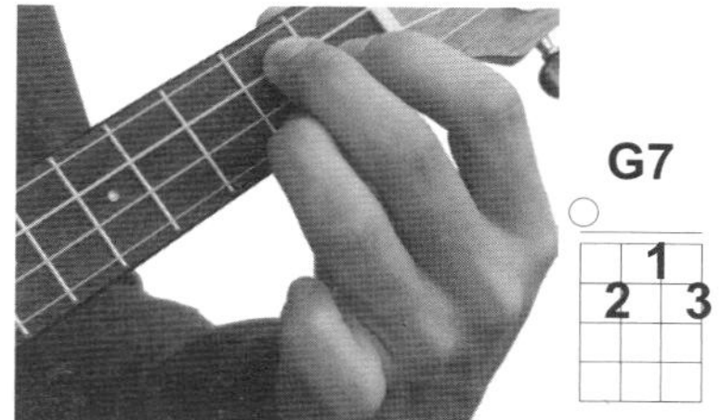

PS：1.當你的手指壓住弦後，如果聽到吱吱聲這是打弦所產生雜音，代表你必須更用力的壓弦。
2.壓弦盡量壓在琴格中，不要壓在琴衍上方。
3.保持你的拇指在琴頭的後方，並與琴衍平行。

刷法

1.單指刷法（常見的）：

ukulele最常使用的基本刷法，是使用食指下壓，然後使用食指指甲將弦上勾。這樣可以得到較為柔和的聲音。另外的彈法，你也試著用你的拇指做下壓的動作，用食指的指甲做上勾的動作，在本書中大致使用這種彈法即可。

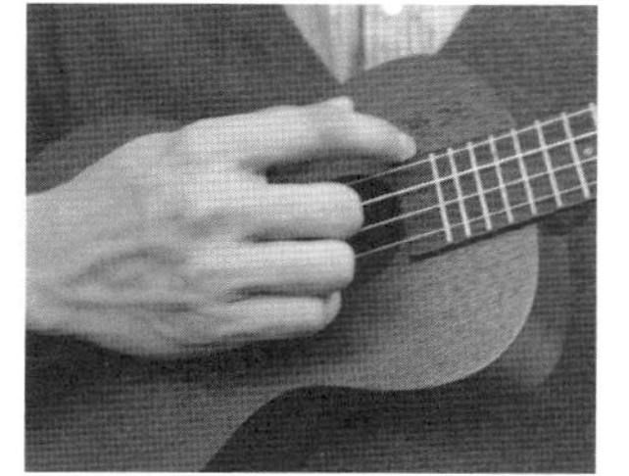

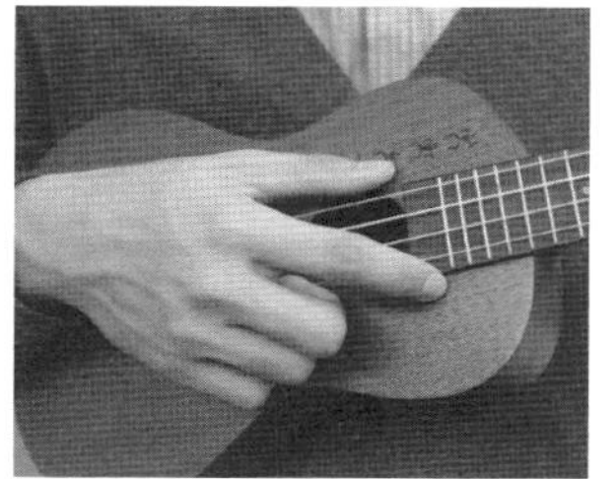

2.輪指刷法（多指）：

這是一種很輕快的彈法，另外，也被稱為「佛朗民哥」風格的彈法。依序以小指、無名指、中指、食指往下撥奏，利用手指觸弦的時間差，所產生的一種效果，本書中某些段落也會使用此種彈奏技巧。

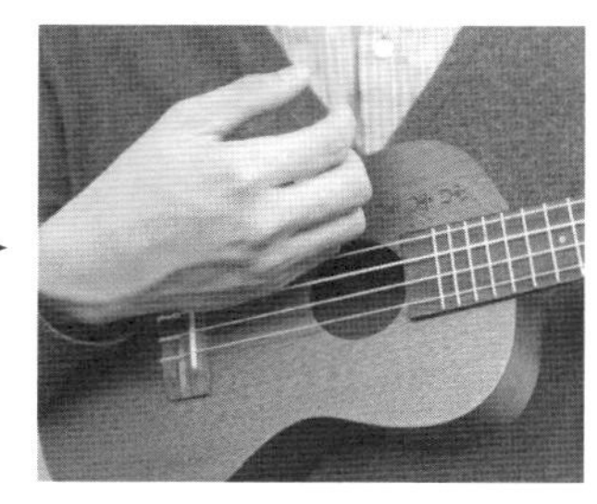

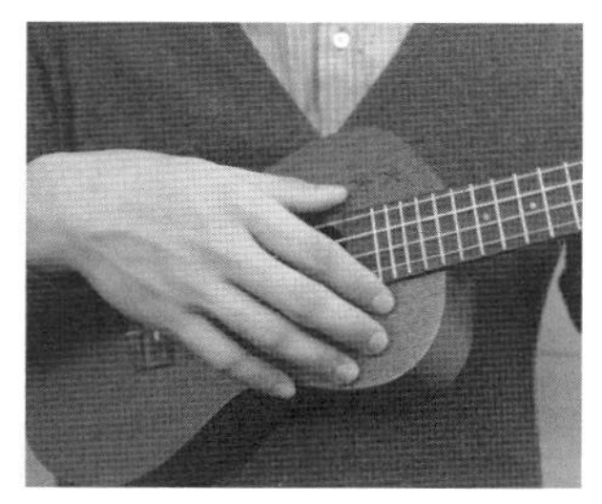

指法

本書的音符均以琴格數來記譜，四線譜最上方的線代表ukulele的第一弦，弦上的數字代表該拍子上要彈奏的琴格位置，例如：在第2線的上方有3的記號，代表此拍左手按壓第2弦第3格的音。一般來說，第1弦上的所有音都可以用中指彈奏（勾），第2弦上的音用食指（勾），第3、4弦上的音可以用拇指彈奏（壓），如果同一個拍子上有多個音，代表這些音都需要彈奏出來。

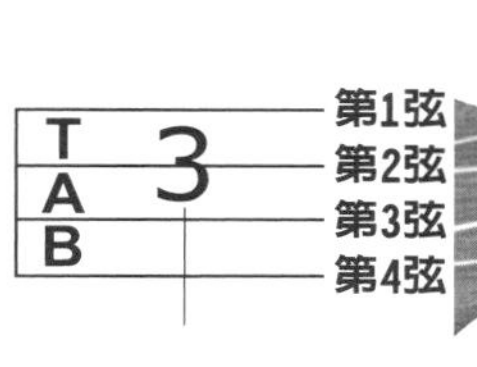

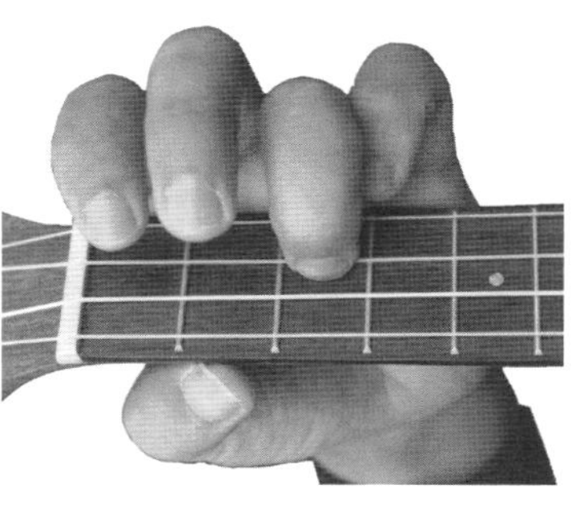

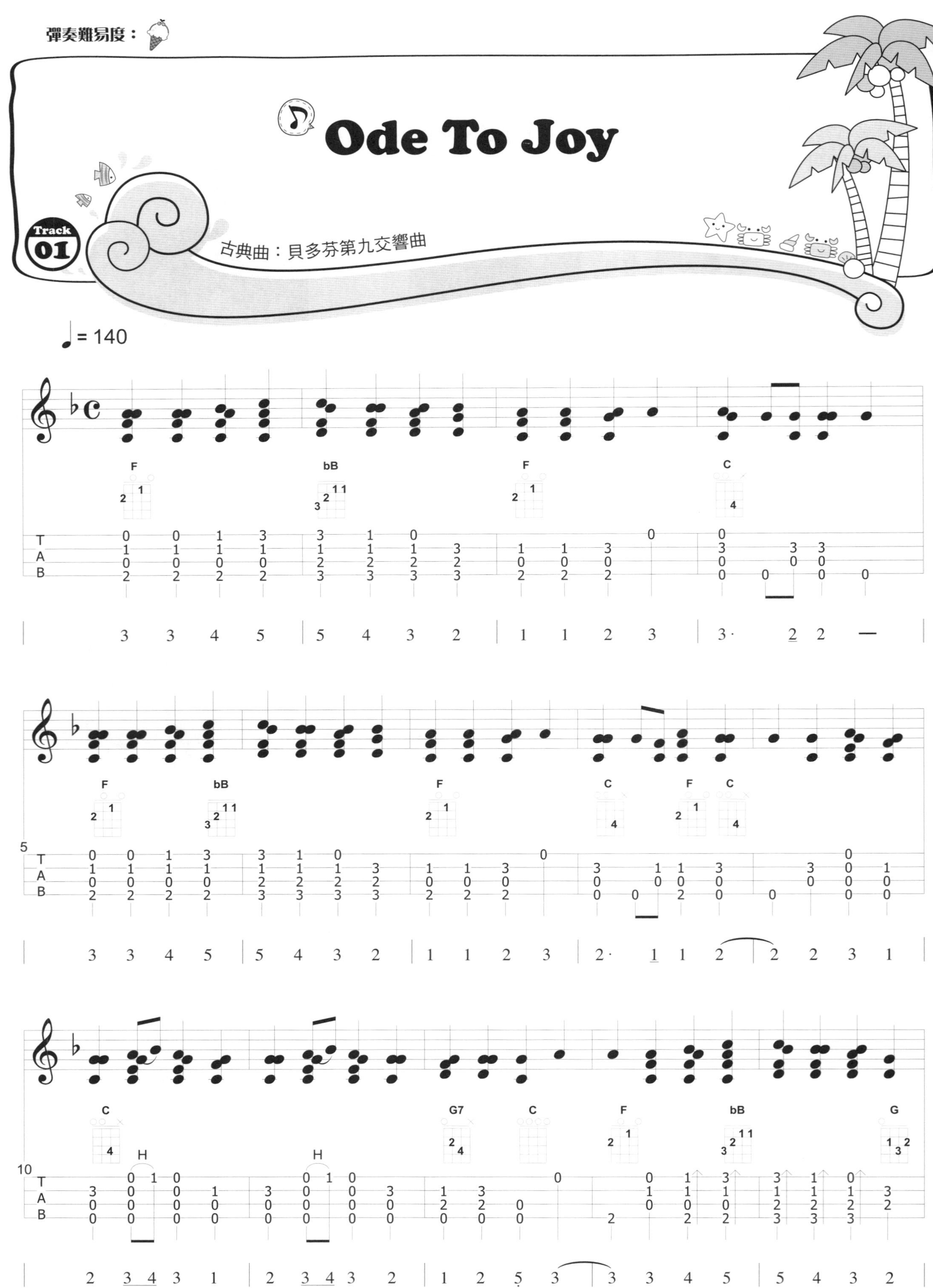
彈奏難易度：
Ode To Joy
Track 01
古典曲：貝多芬第九交響曲
♩= 140
F bB F C
3 3 4 5 | 5 4 3 2 | 1 1 2 3 | 3· 2 2 —
F bB F C F C
3 3 4 5 | 5 4 3 2 | 1 1 2 3 | 2· 1 1 2 | 2 2 3 1
C G7 C F bB G
2 3 4 3 1 | 2 3 4 3 2 | 1 2 5 3 | 3 3 4 5 | 5 4 3 2

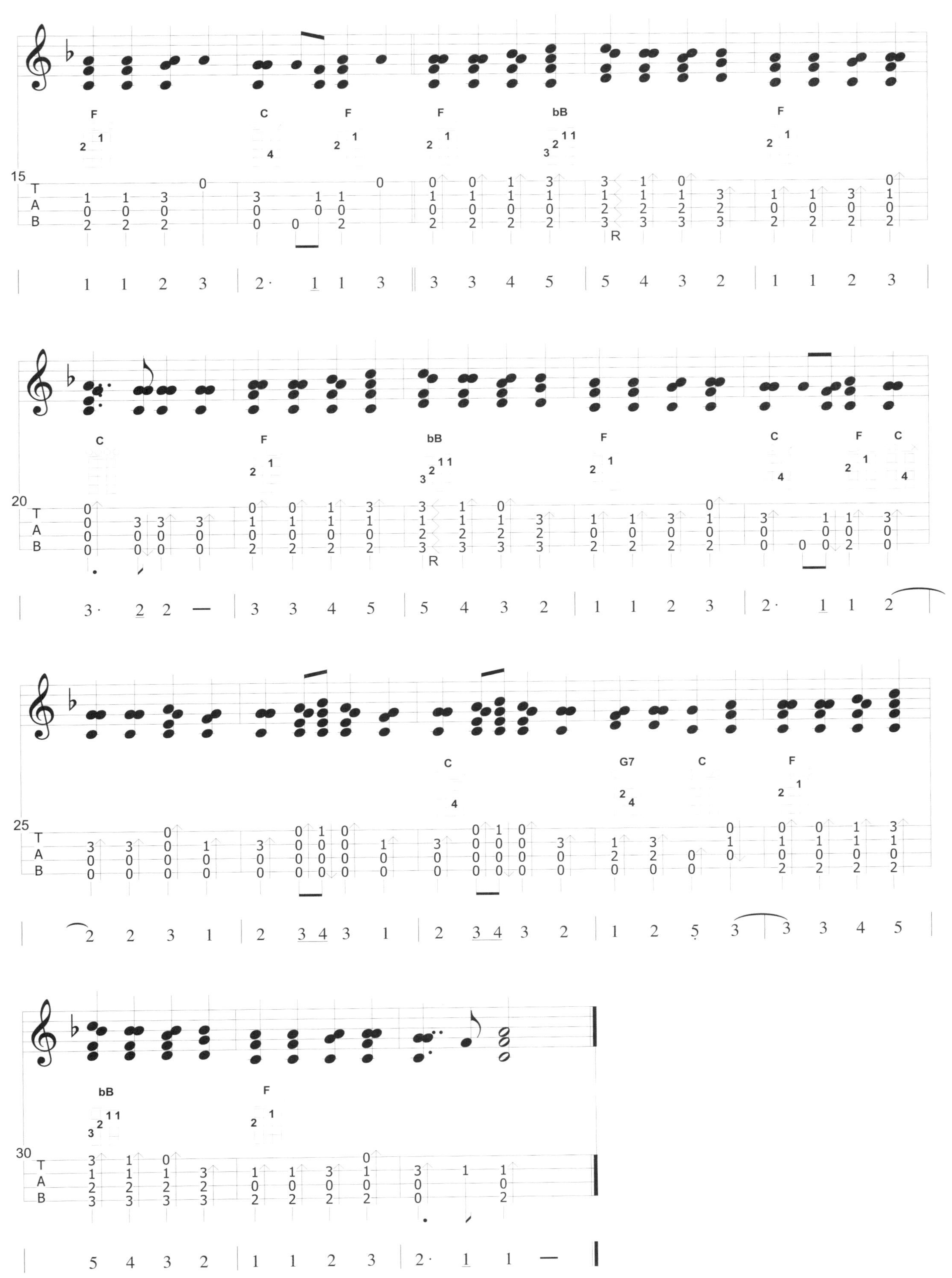
F C F F bB F
C F bB F C F C
C G7 C F
bB F

Fine

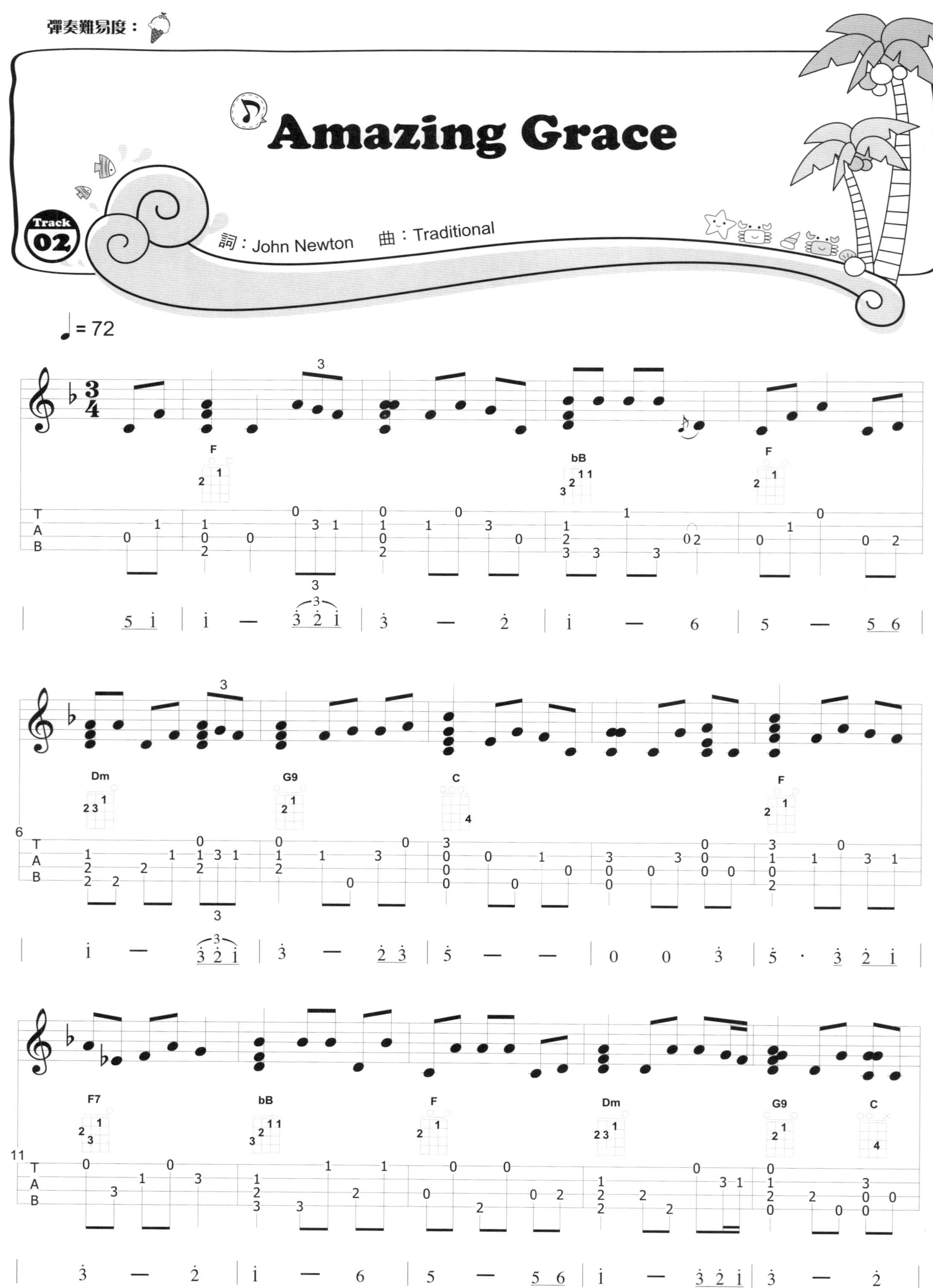
彈奏難易度：
Amazing Grace
Track 02
詞：John Newton　曲：Traditional
♩= 72
F
bB
F
Dm
G9
C
F
F7
bB
F
Dm
G9
C

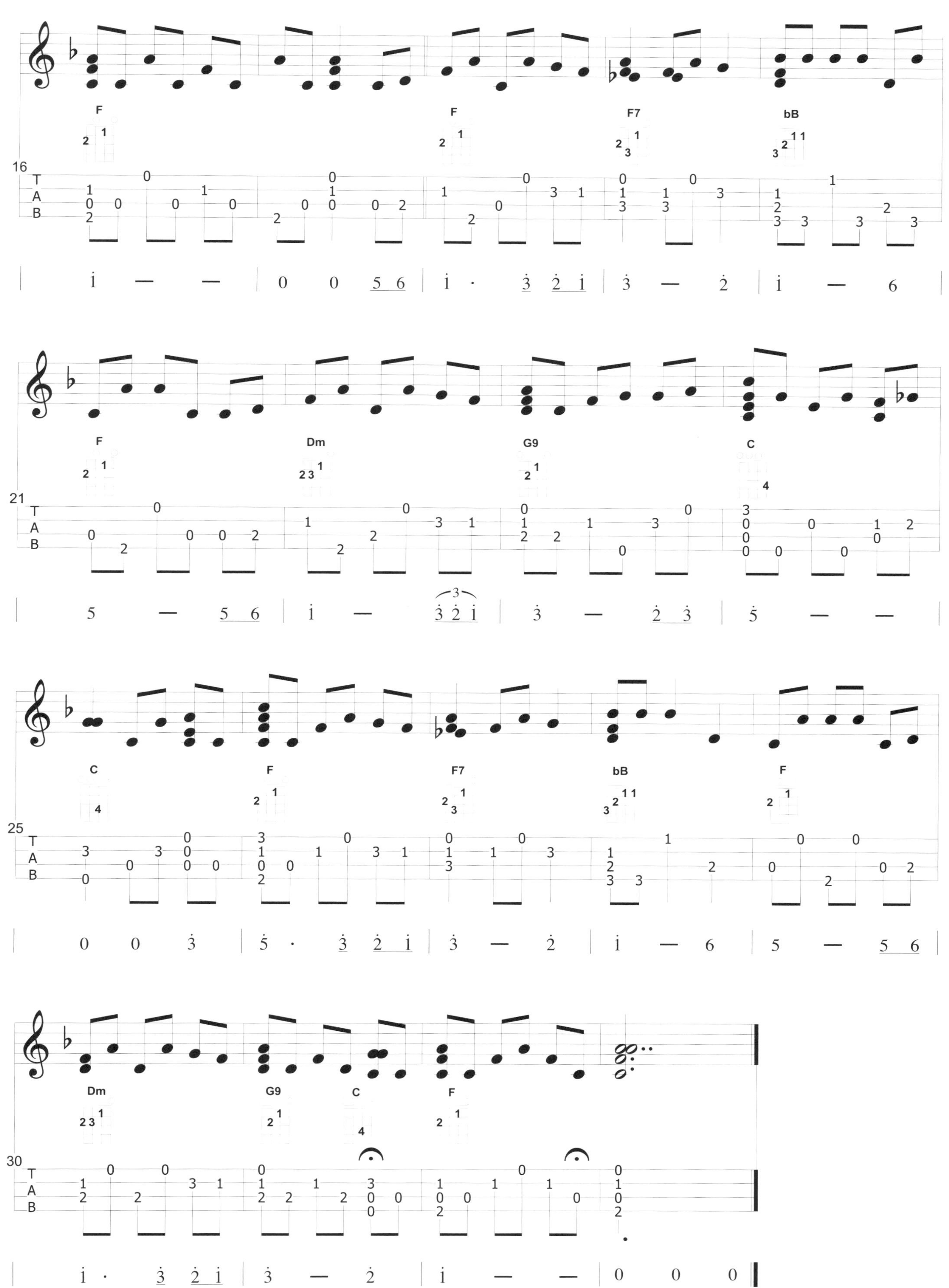
F
F
F7
bB
F
Dm
G9
C
C
F
F7
bB
F
Dm
G9
C
F
Fine

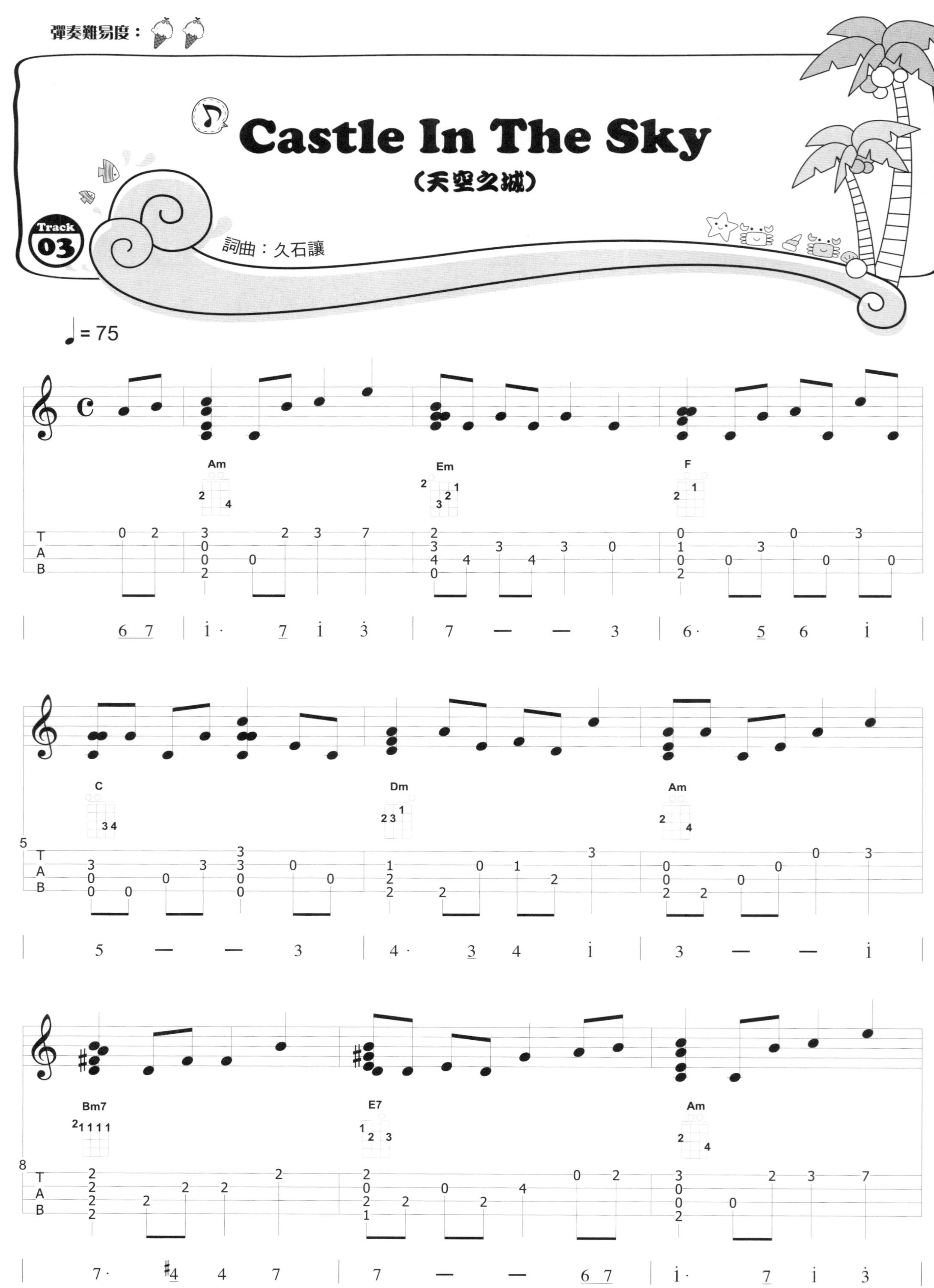
彈奏難易度：
Castle In The Sky
(天空之城)
Track 03
詞曲：久石讓
♩= 75
Am
Em
F
C
Dm
Am
Bm7
E7
Am

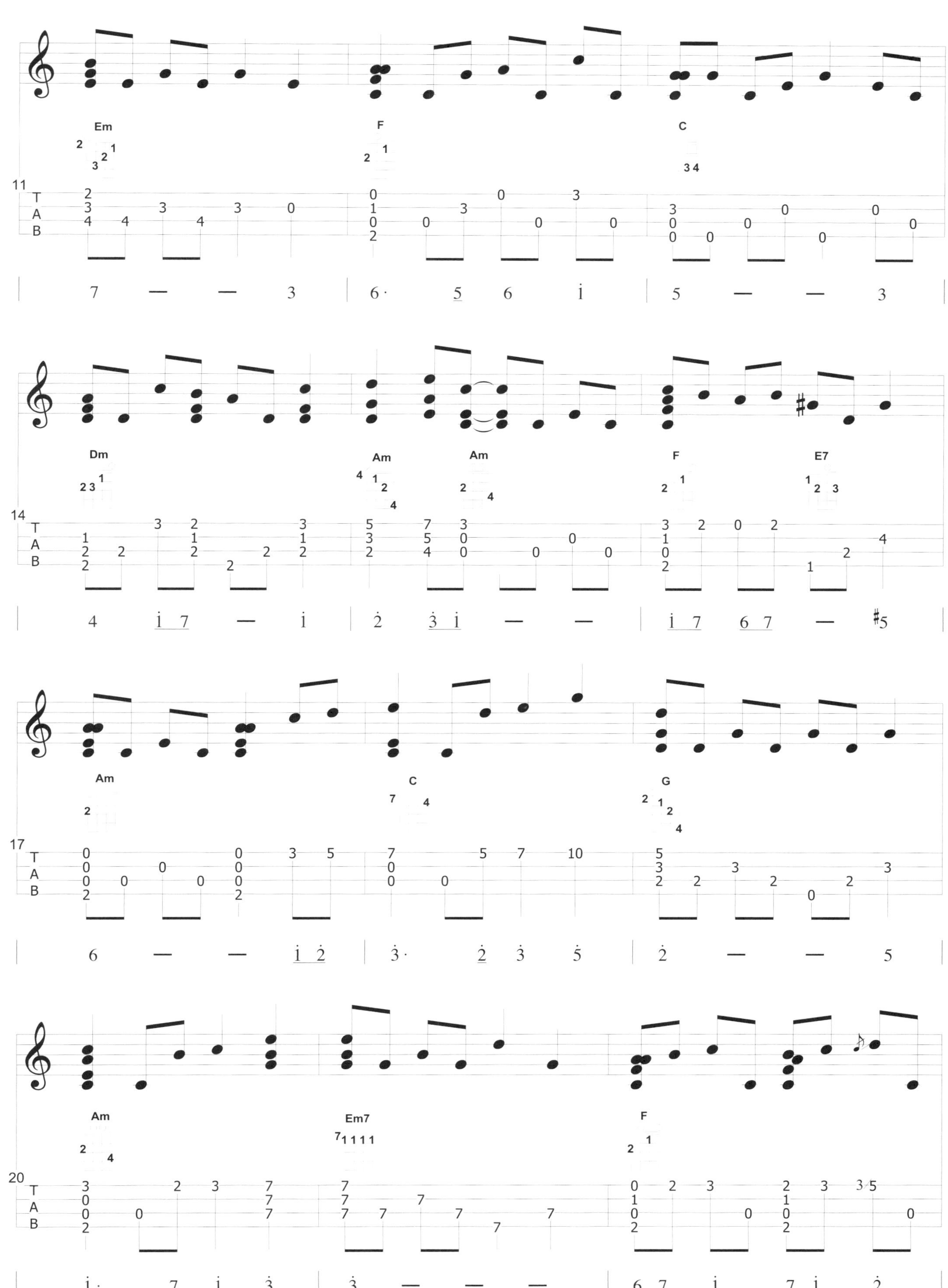
Em
F
C
Dm
Am
Am
F
E7
Am
C
G
Am
Em7
F

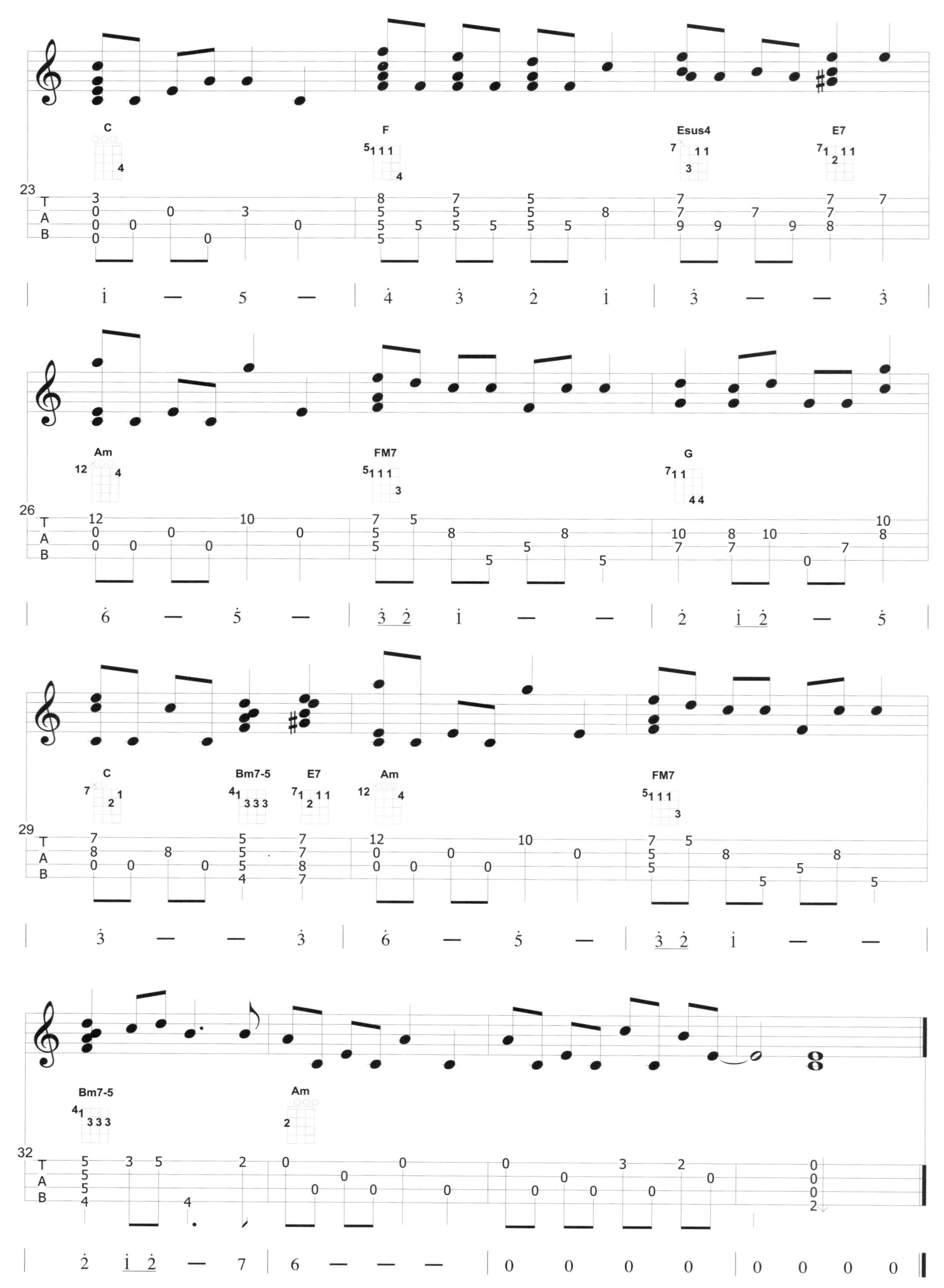
C
F
Esus4
E7
Am
FM7
G
Bm7-5
T
A
B
Fine

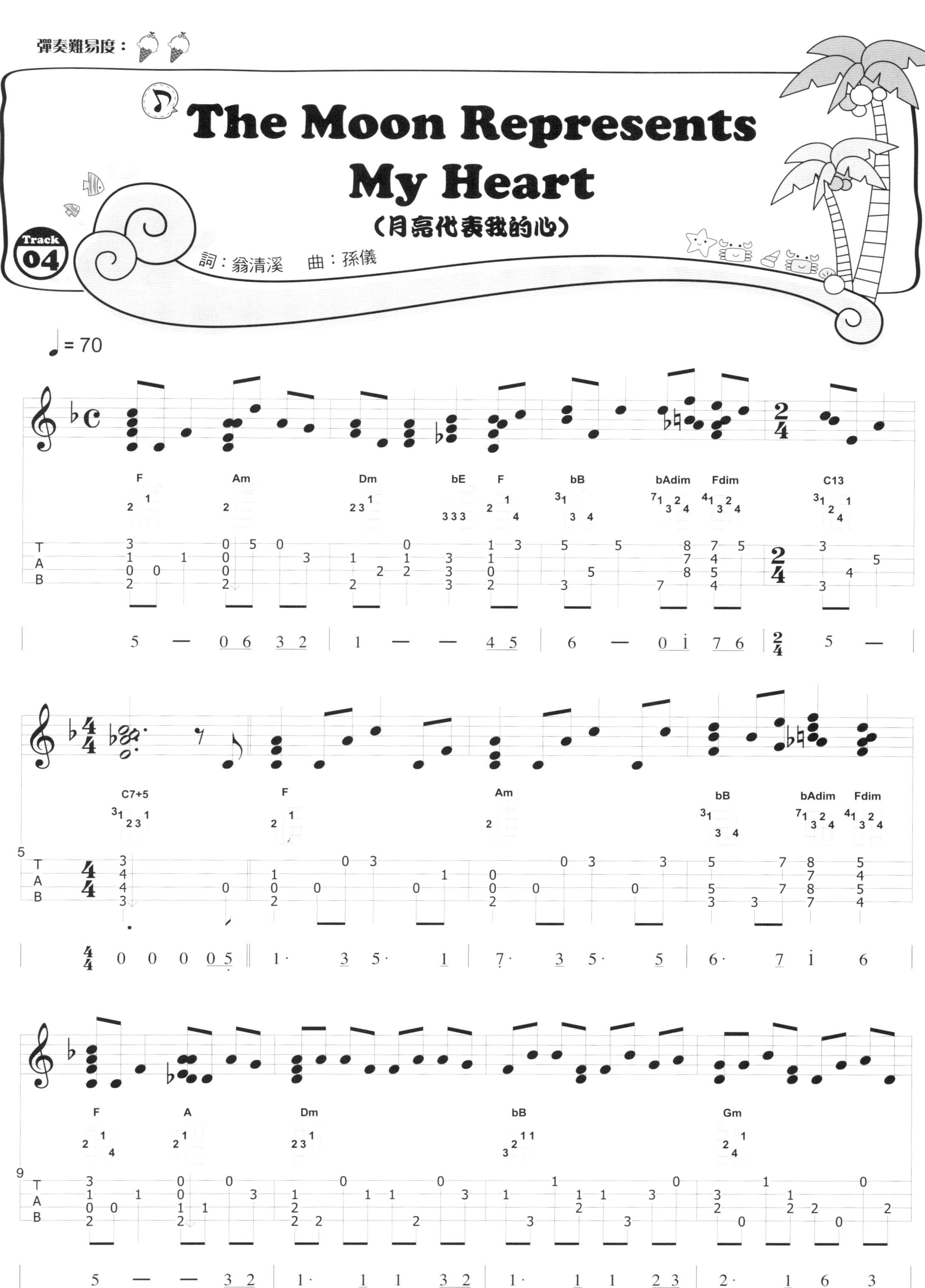
彈奏難易度：
The Moon Represents My Heart
（月亮代表我的心）
Track 04
詞：翁清溪　曲：孫儀
♩= 70
F Am Dm bE F bB bAdim Fdim C13
C7+5 F Am bB bAdim Fdim
F A Dm bB Gm

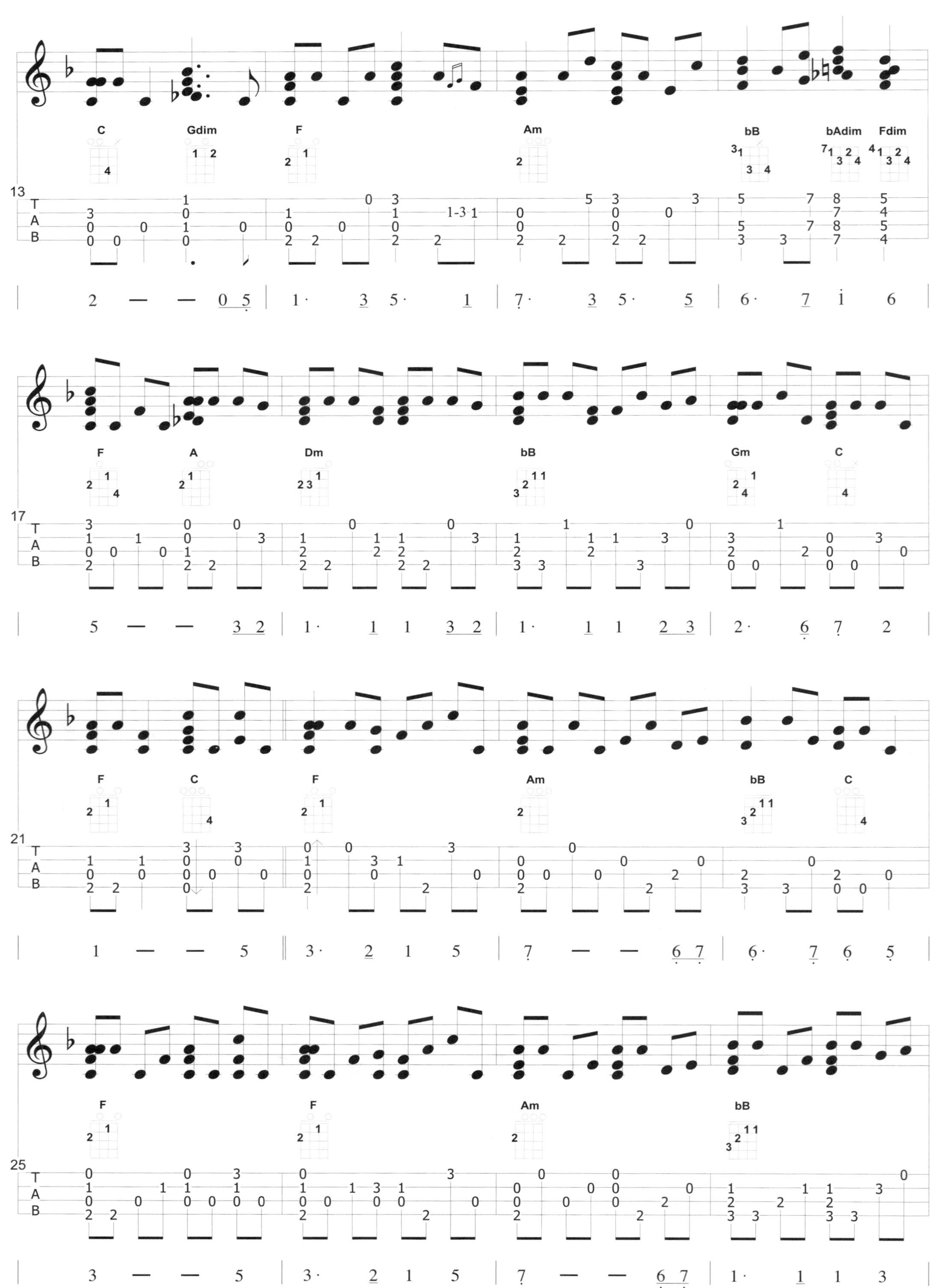
C
Gdim
F
Am
bB
bAdim
Fdim
A
Dm
Gm

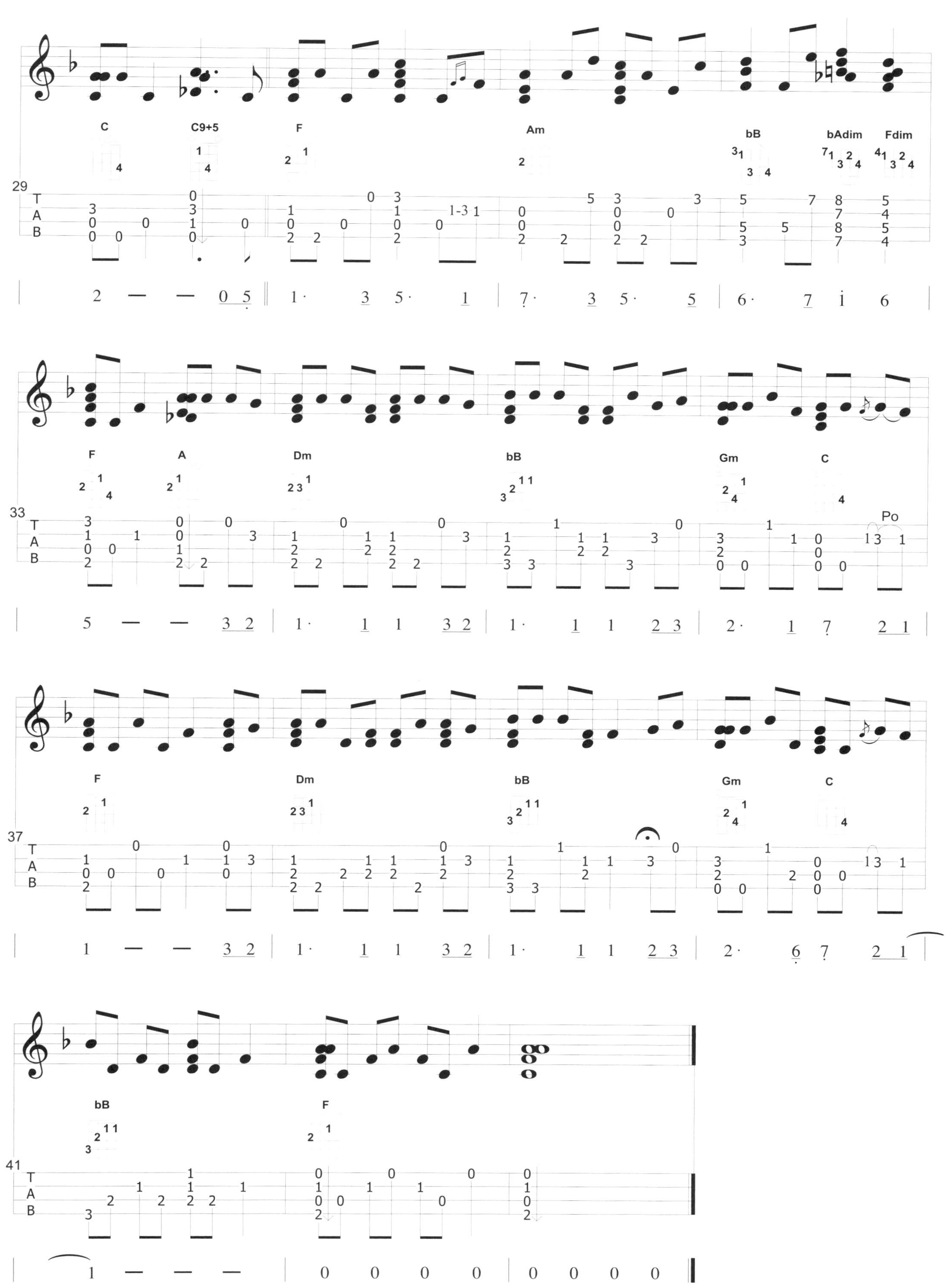
C
C9+5
F
Am
bB
bAdim
Fdim
A
Dm
Gm
Po
Fine

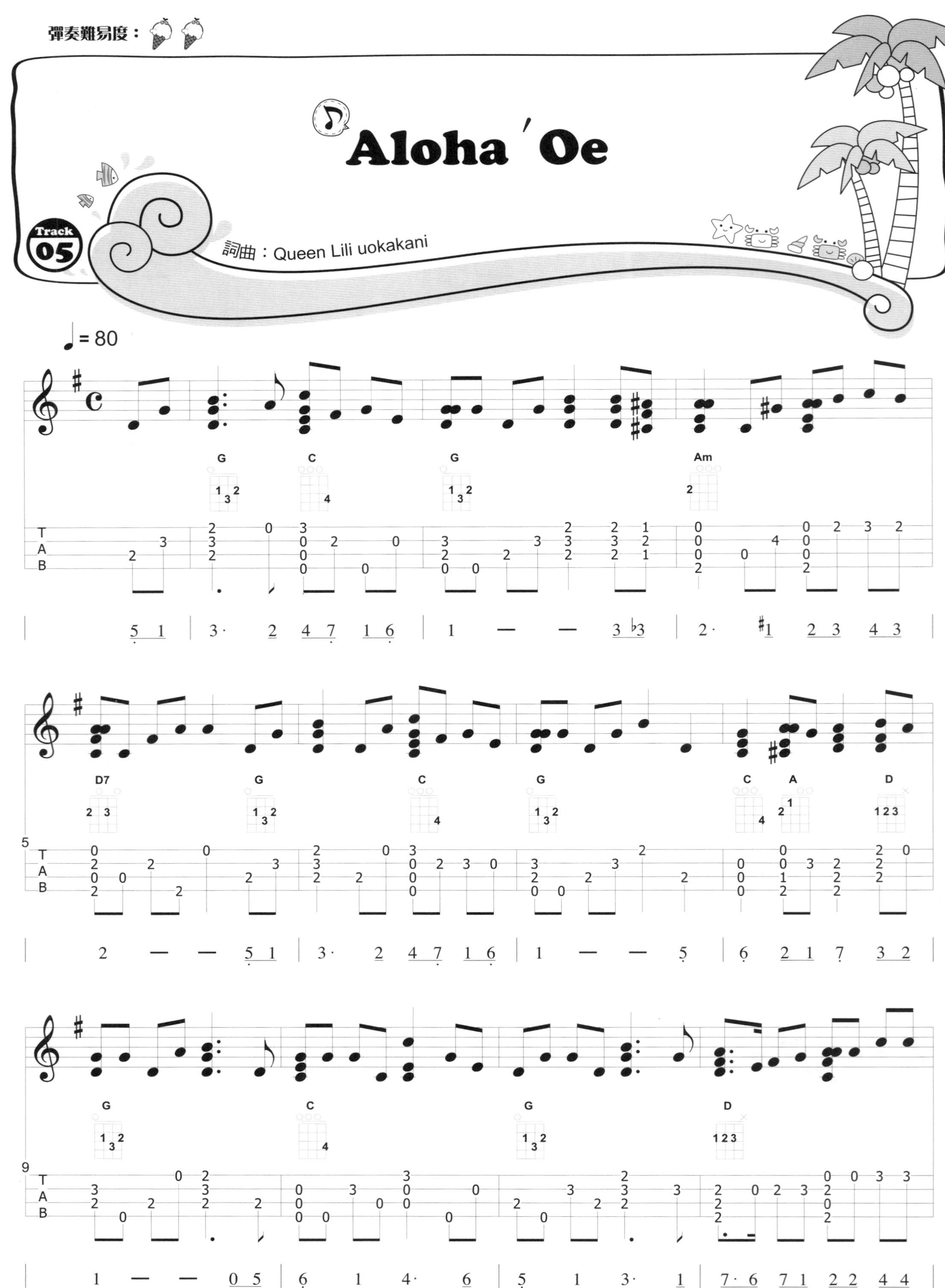
彈奏難易度：
Aloha ′Oe
Track 05
詞曲：Queen Lili uokakani
♩= 80
G C G Am
D7 G C G C A D
G C G D

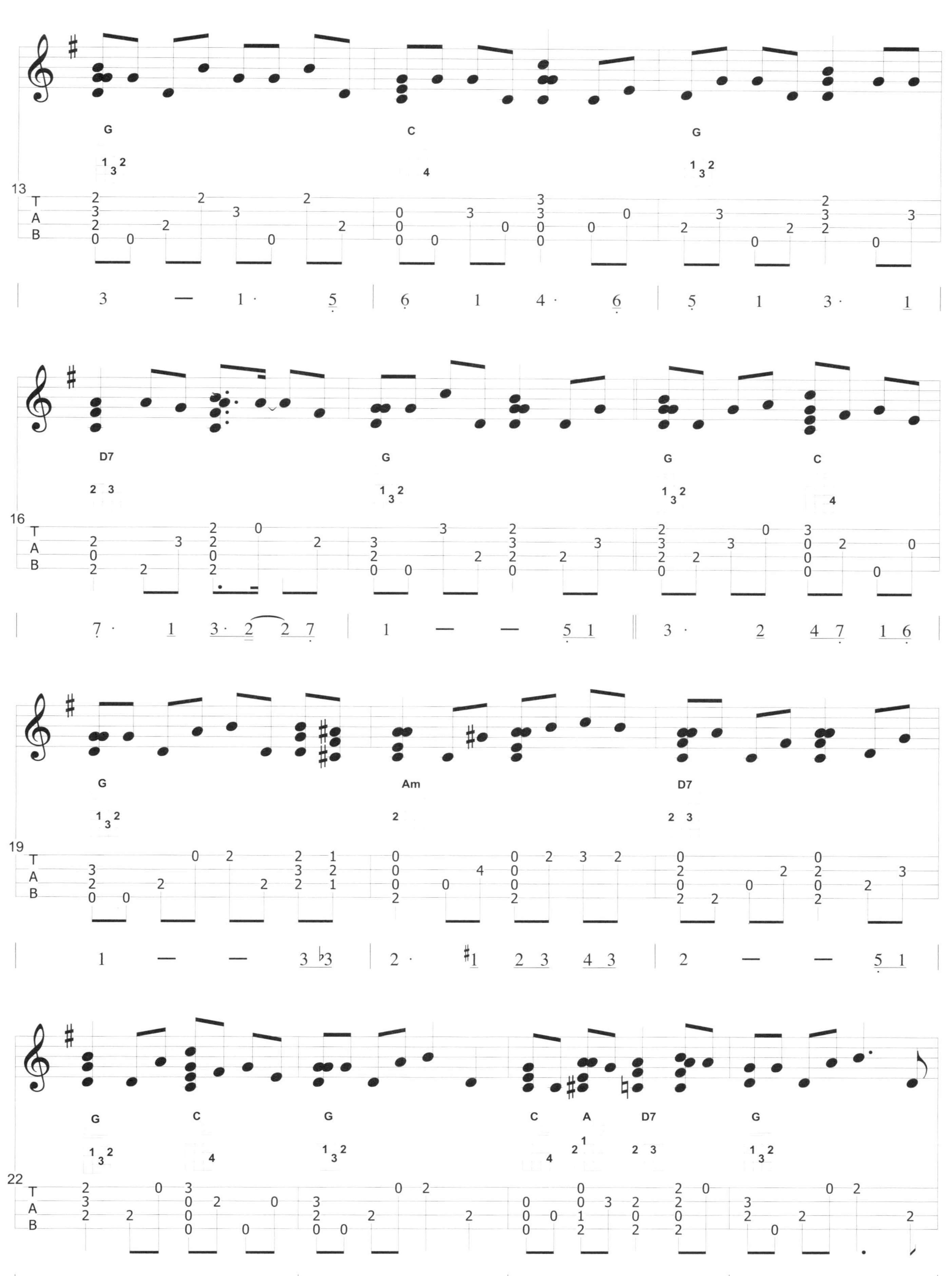
G
C
G
13
T
A
B
D7
G
G
C
16
G
Am
D7
19
G
C
G
C
A
D7
G
22

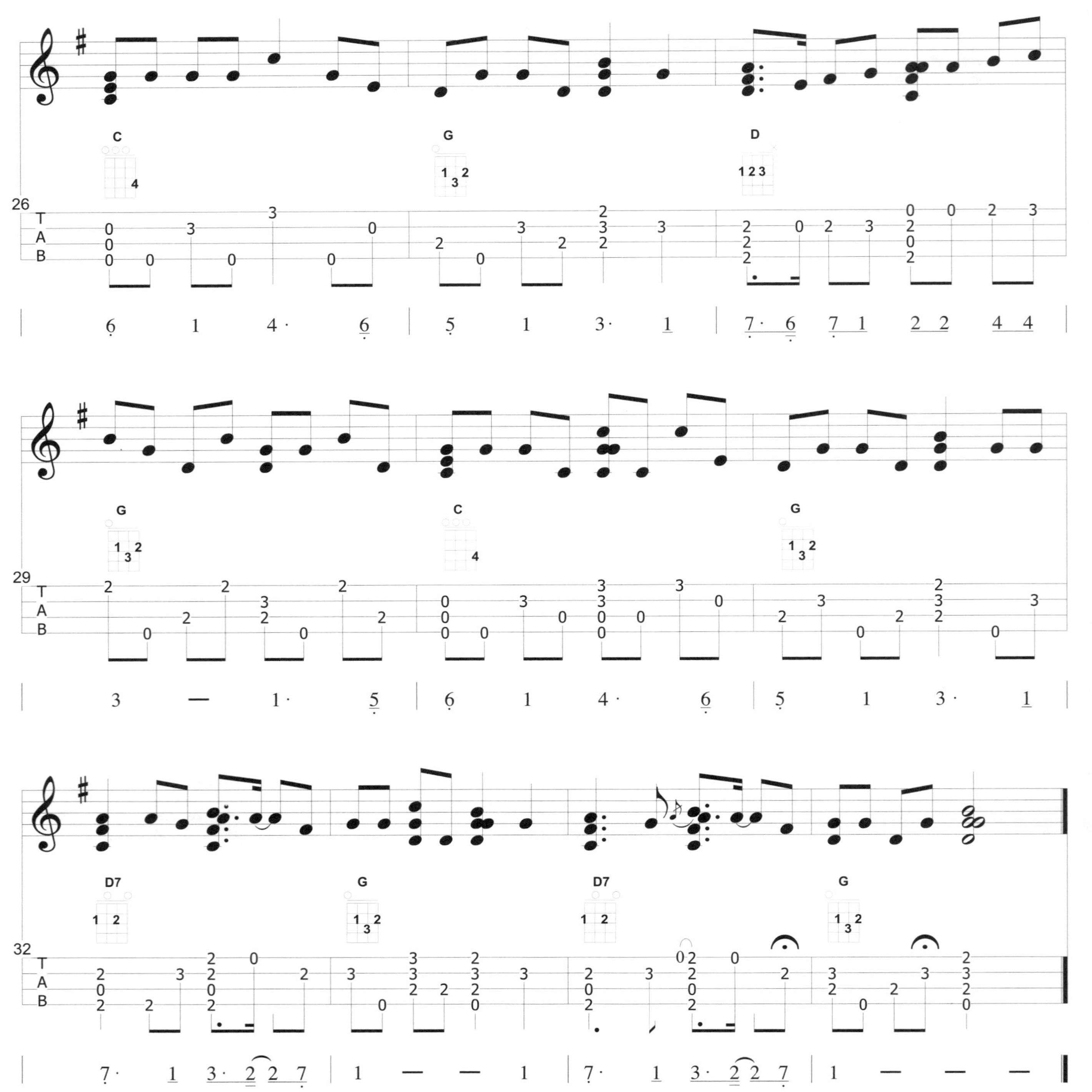

Fine

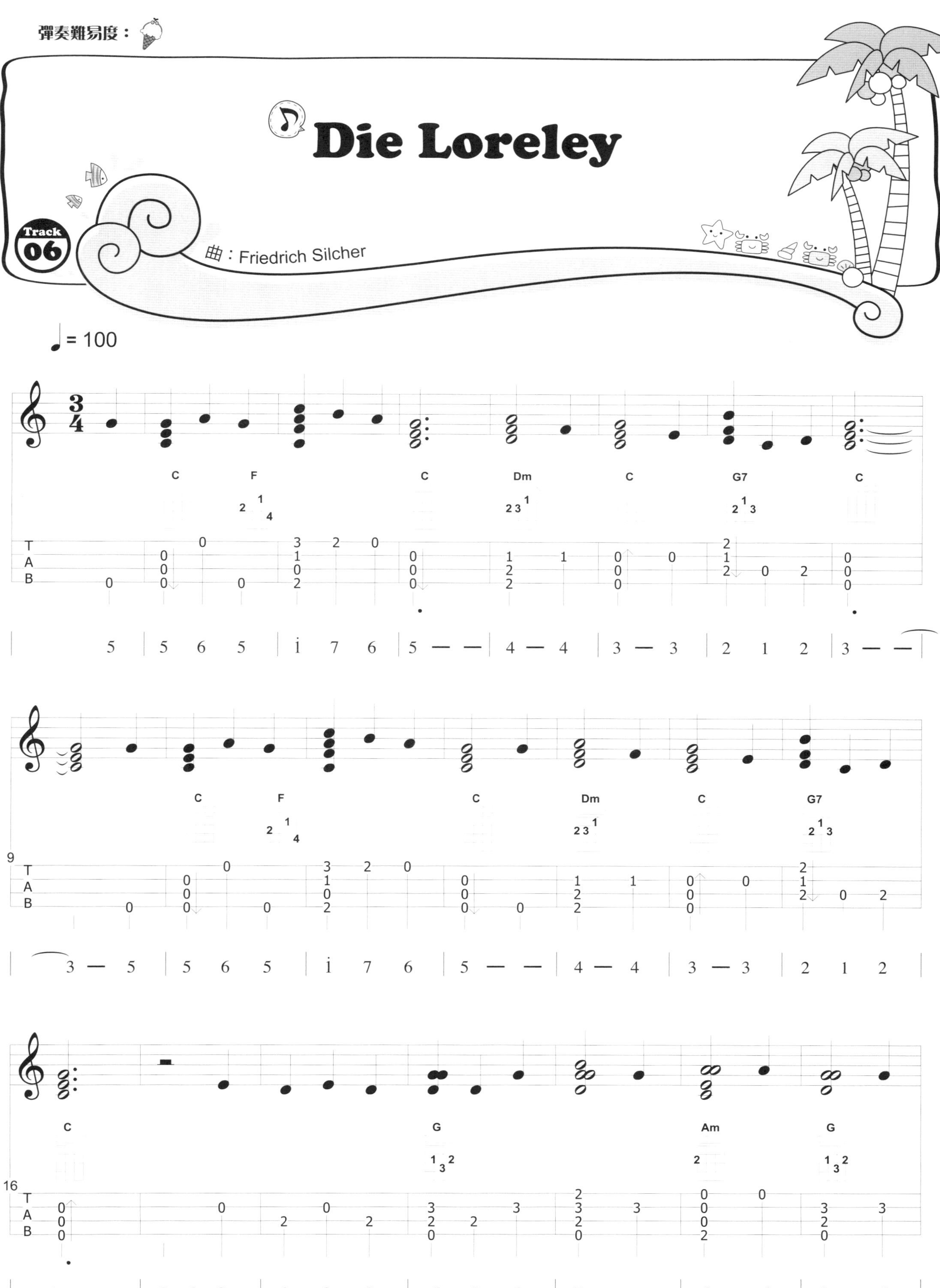
彈奏難易度：
Die Loreley
Track 06
曲：Friedrich Silcher
= 100
C F C Dm C G7 C
C F C Dm C G7
C G Am G

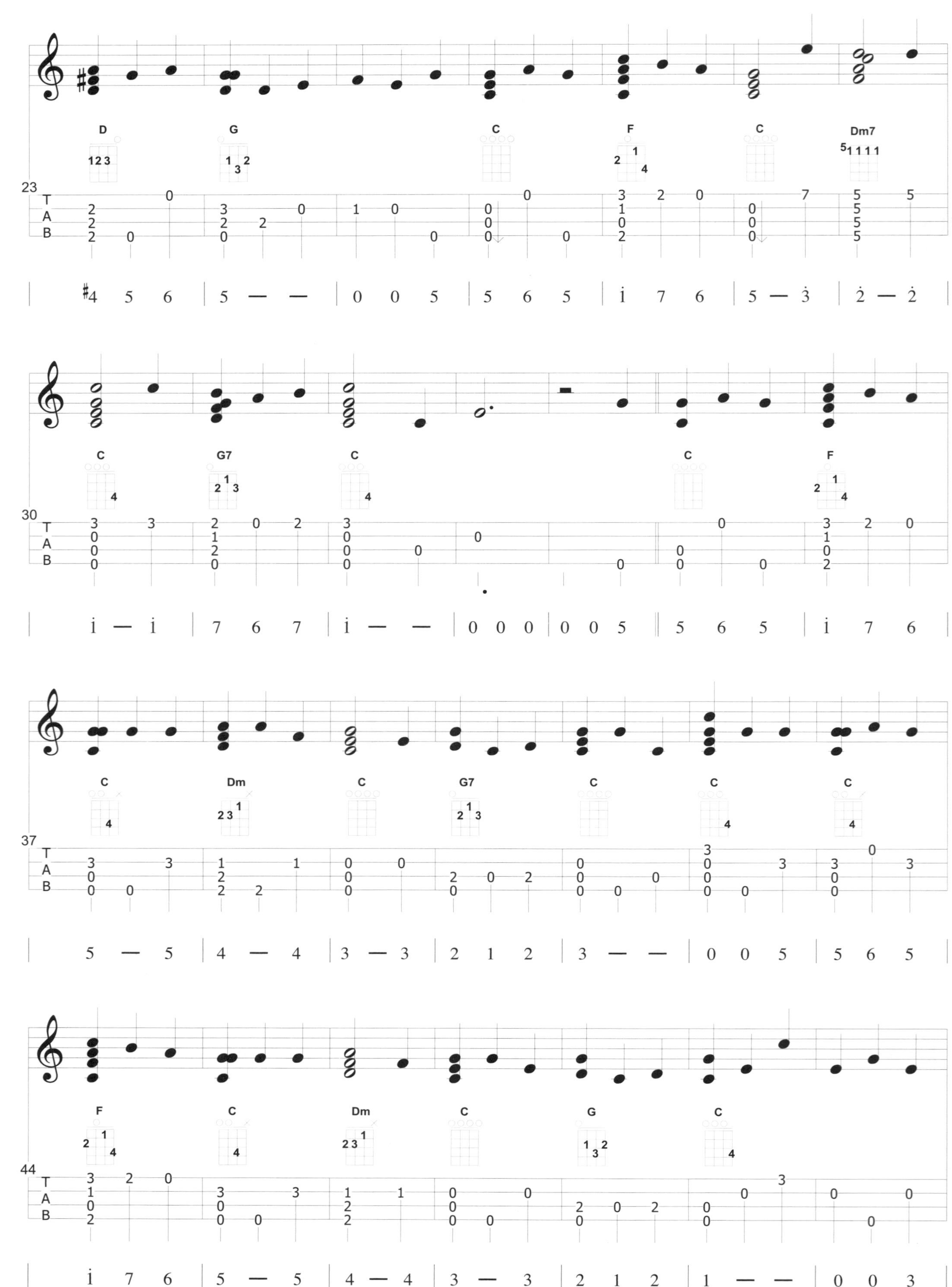
D G C F C Dm7
23
T
A
B
C G7 C C F
30
C Dm C G7 C C C
37
F C Dm C G C
44

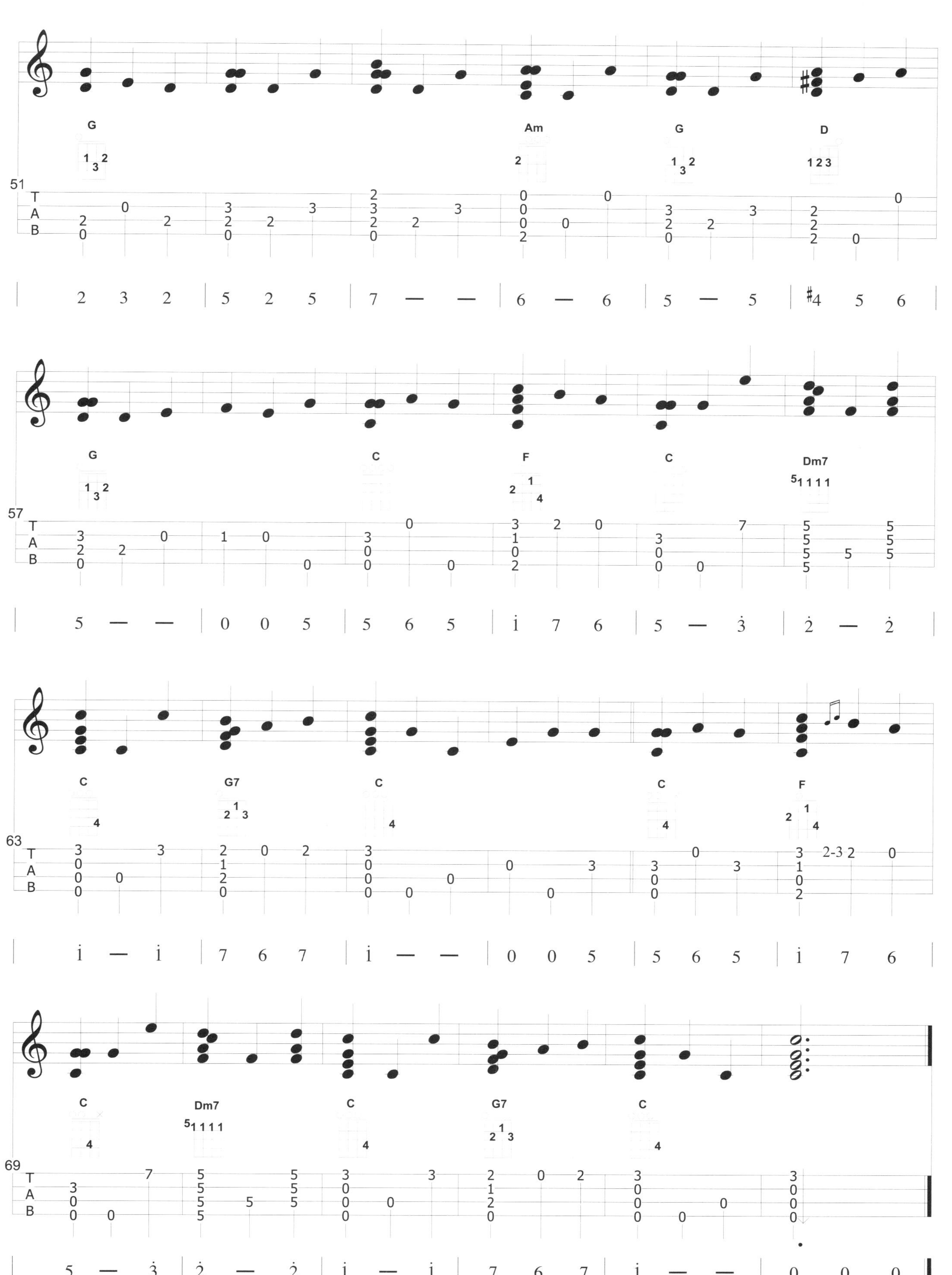
G
Am
G
D
G
C
F
C
Dm7
C
G7
C
C
F
C
Dm7
C
G7
C
Fine

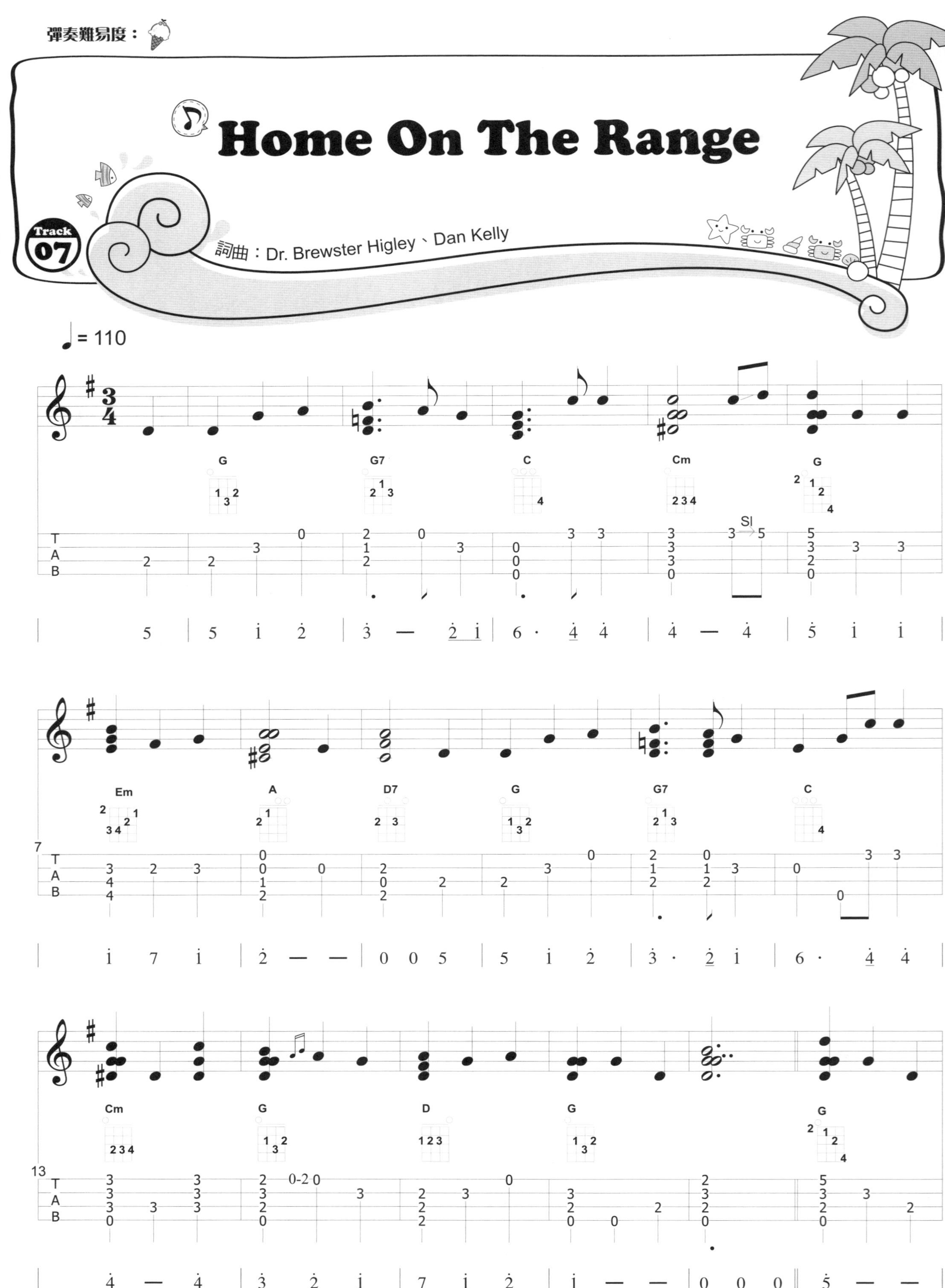
彈奏難易度：
Home On The Range
Track 07
詞曲：Dr. Brewster Higley、Dan Kelly
♩= 110
G G7 C Cm G
Em A D7 G G7 C
Cm G D G G

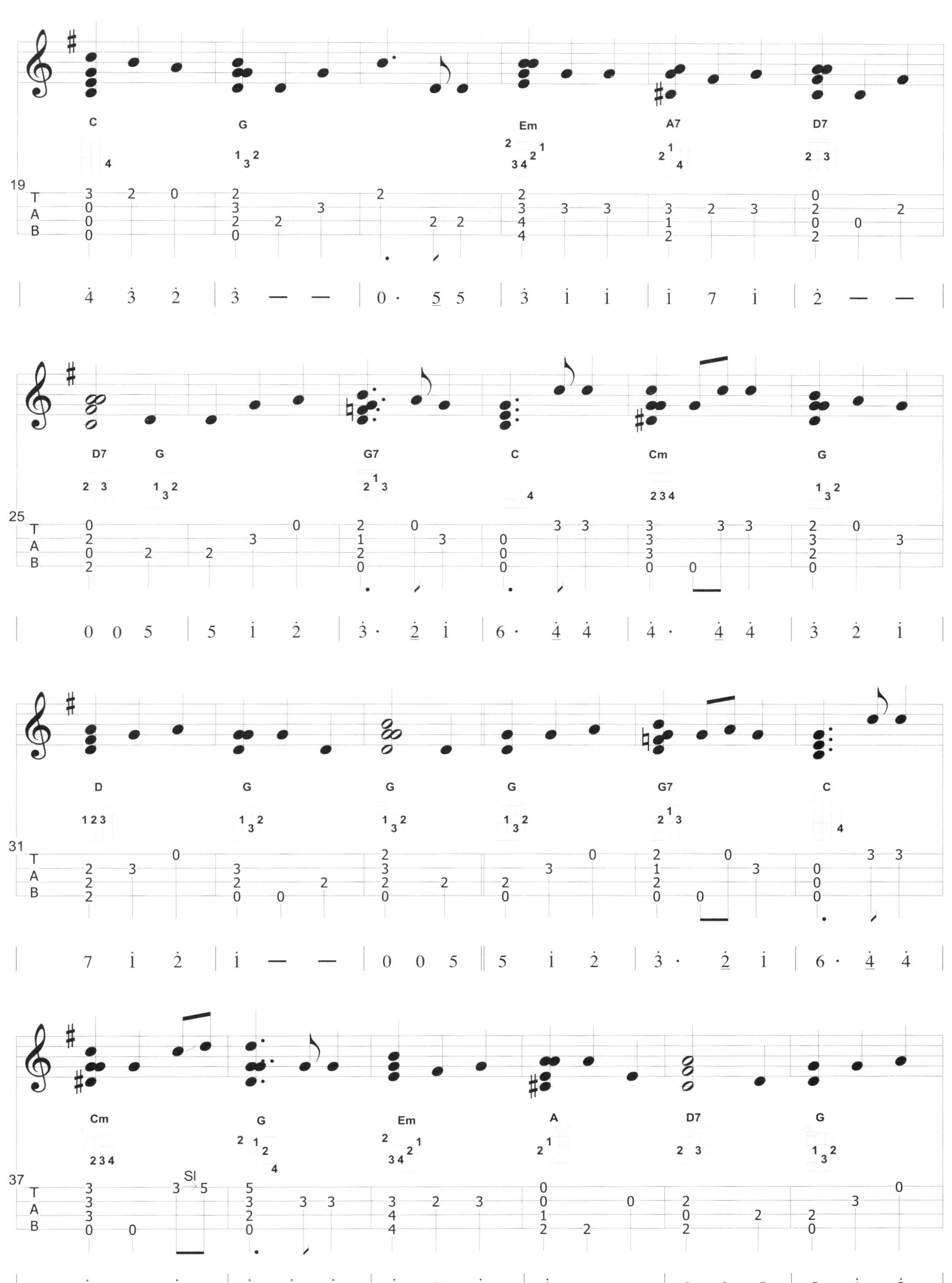
19
C G Em A7 D7
25
D7 G G7 C Cm G
31
D G G G G7 C
37
Cm G Em A D7 G
Sl

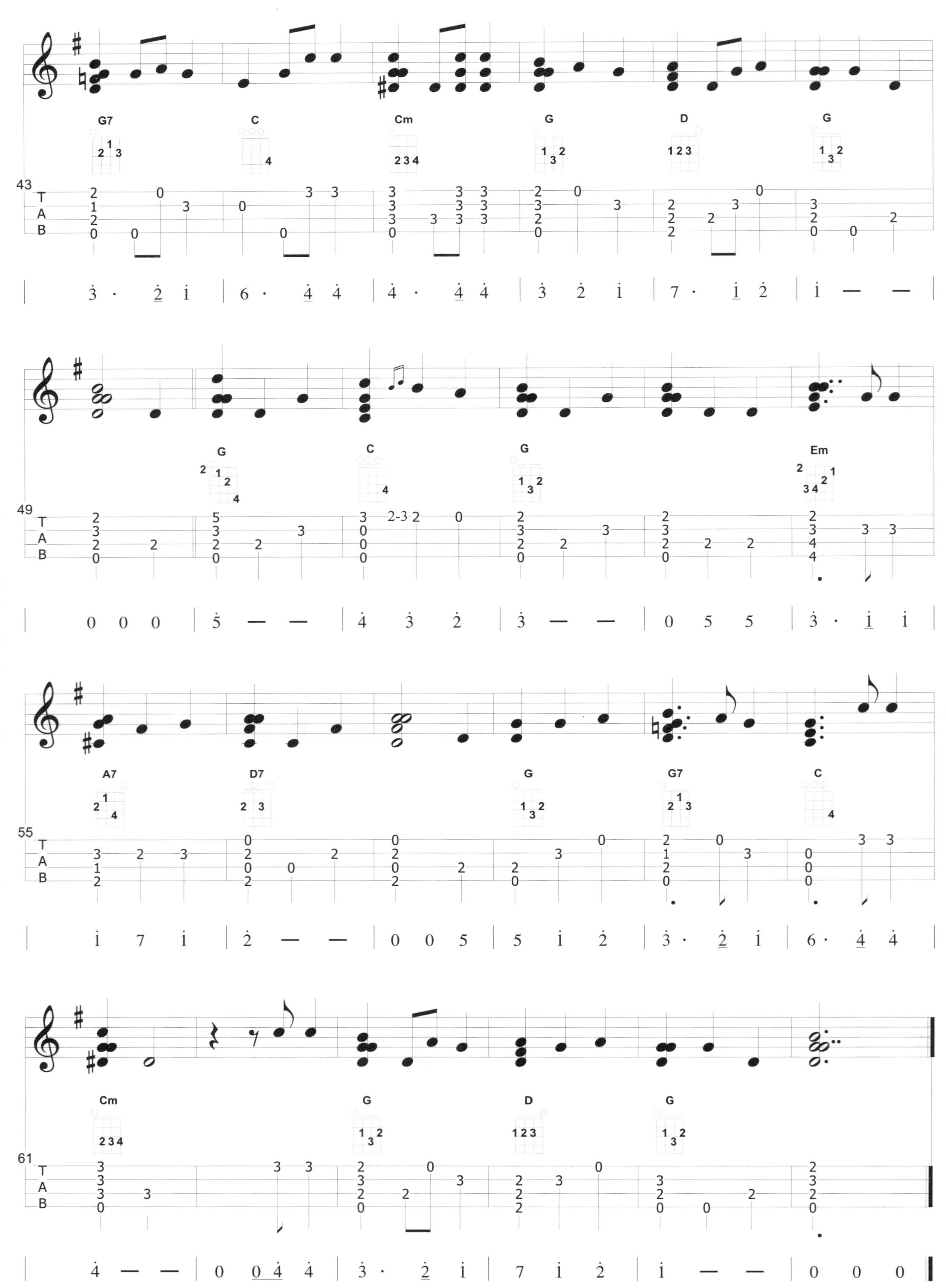
G7
C
Cm
G
D
G
C
G
Em
A7
D7
G
G7
C
Cm
G
D
G
Fine

彈奏難易度：

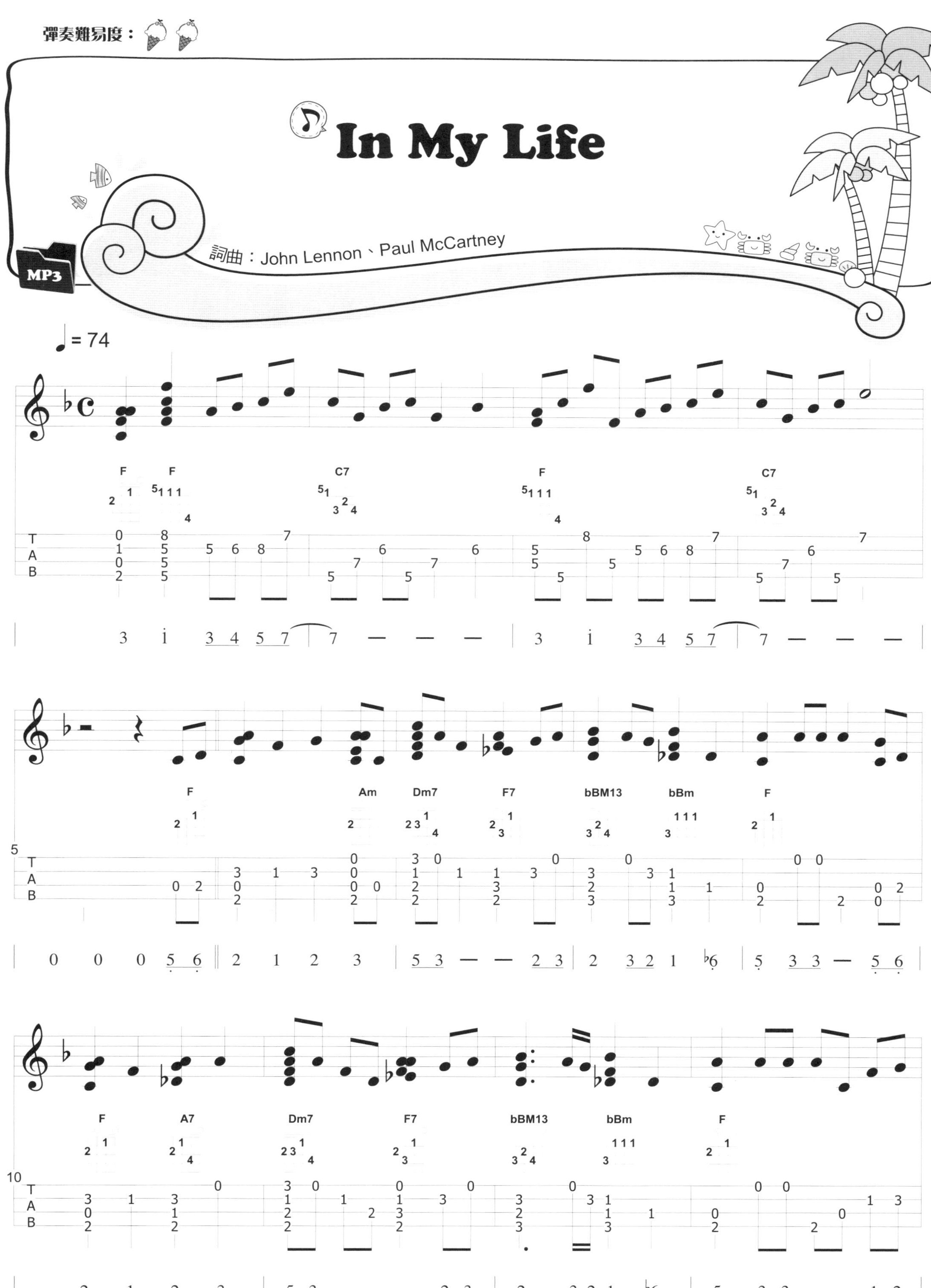
In My Life
詞曲：John Lennon、Paul McCartney
MP3
♩= 74
F
F
C7
F
C7
F
Am
Dm7
F7
bBM13
bBm
F
A7
Dm7
F7
bBM13
bBm
F

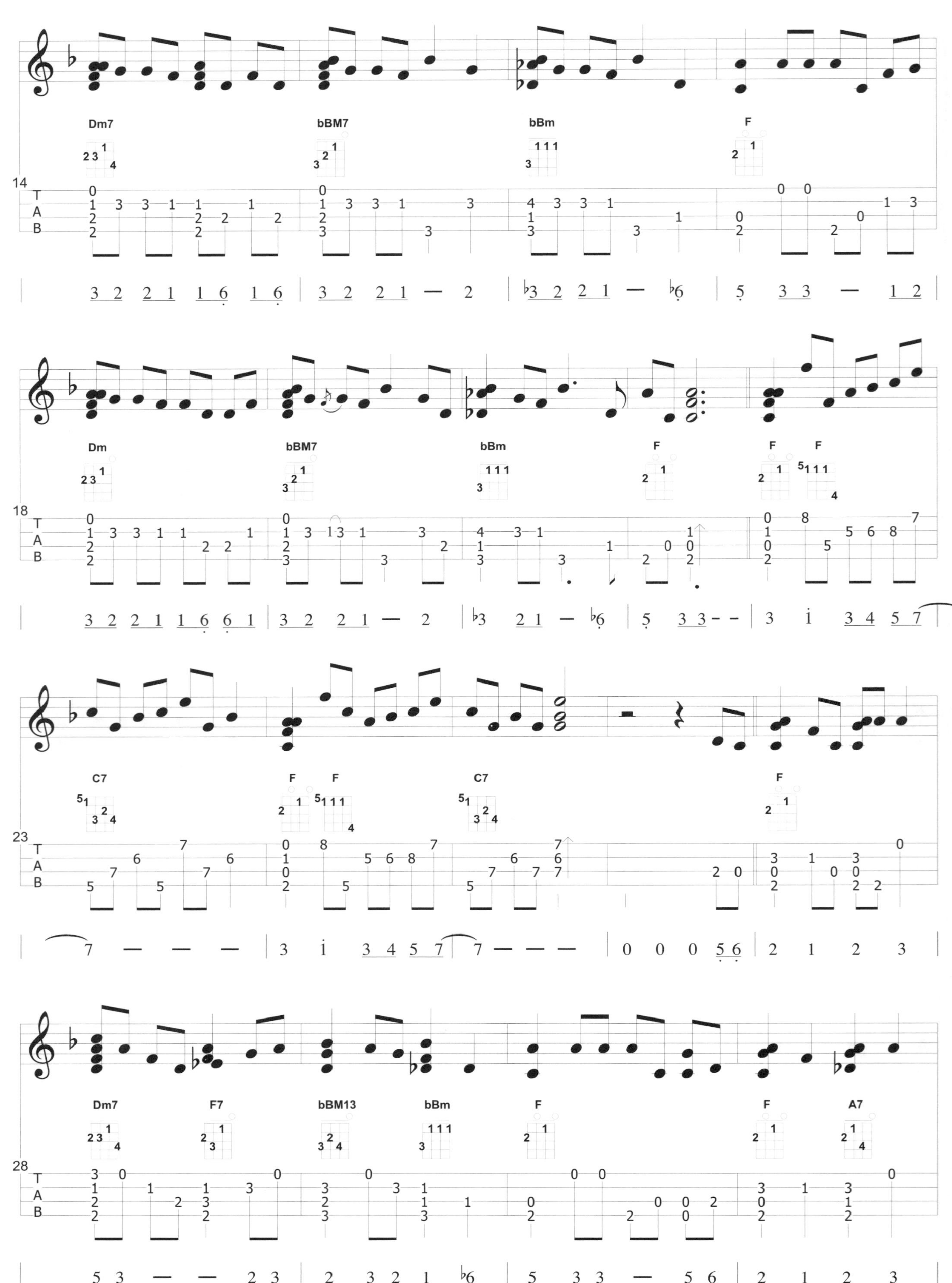
Dm7
bBM7
bBm
F
Dm
bBM7
bBm
F
F
F
C7
F
F
C7
F
Dm7
F7
bBM13
bBm
F
F
A7

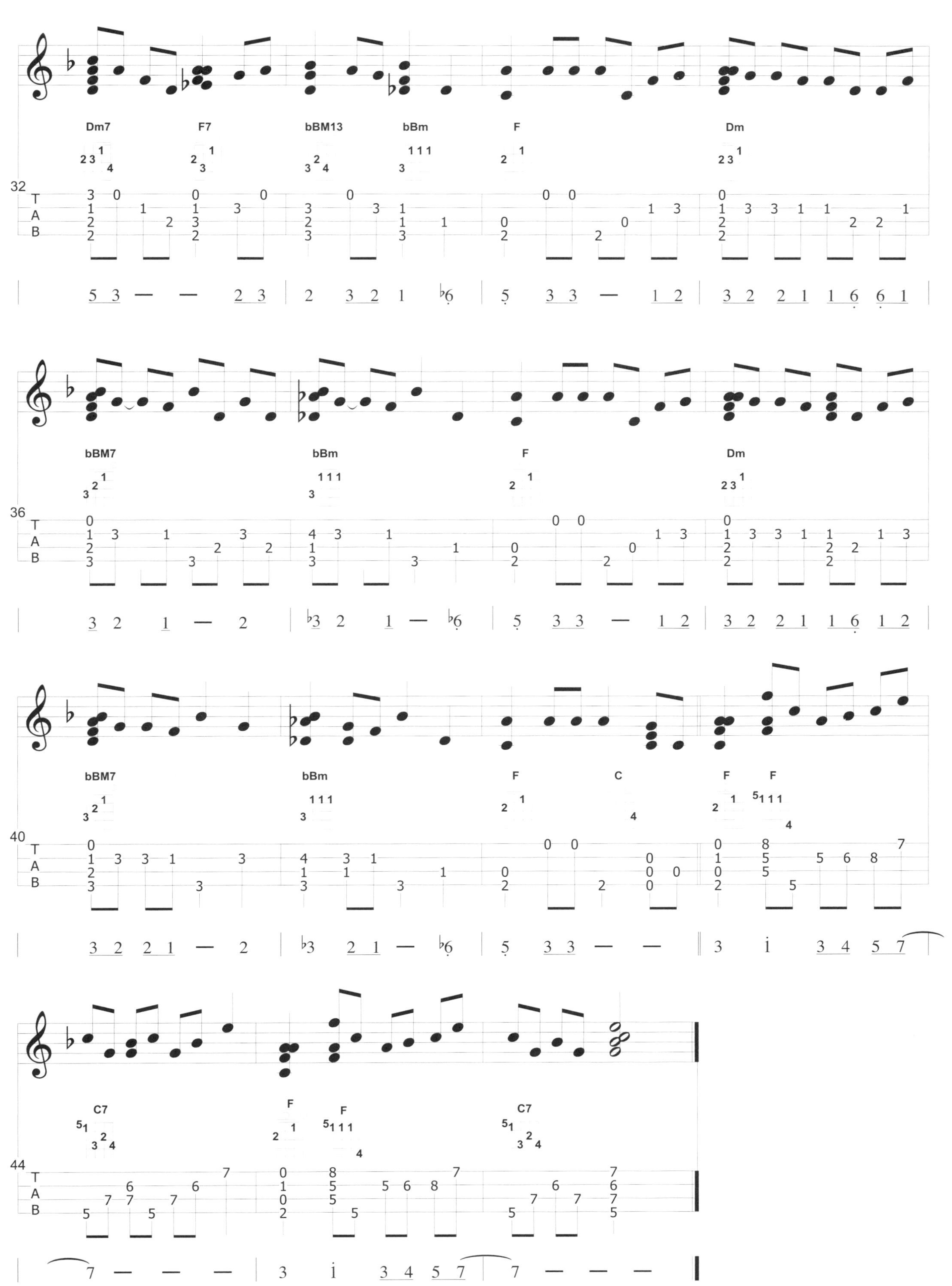
Dm7
F7
bBM13
bBm
F
Dm
bBM7
bBm
F
Dm
bBM7
bBm
F
C
F
F
C7
F
F
C7

Fine

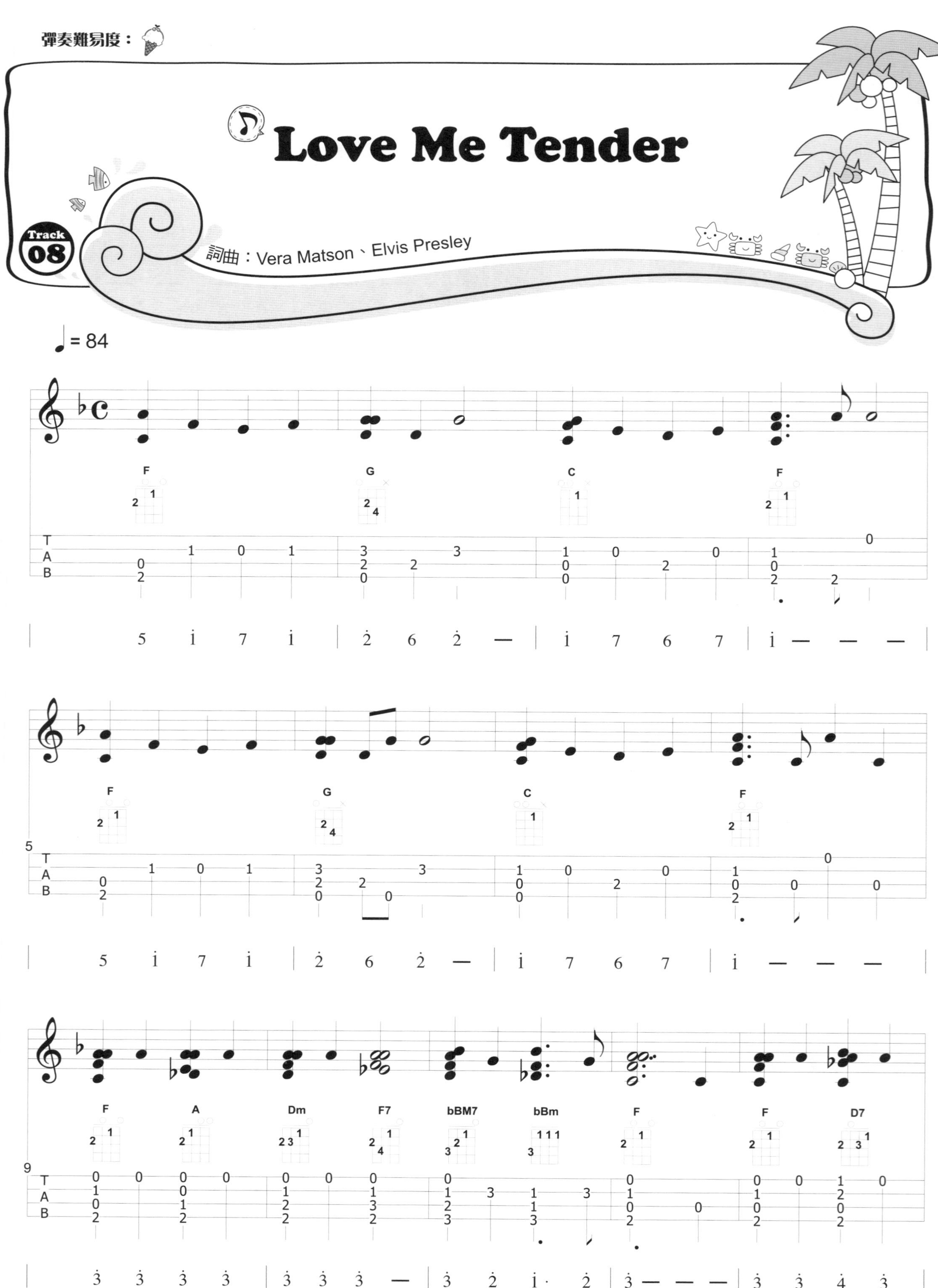
彈奏難易度：
Love Me Tender
Track 08
詞曲：Vera Matson、Elvis Presley
♩= 84
F G C F
F G C F
F A Dm F7 bBM7 bBm F F D7

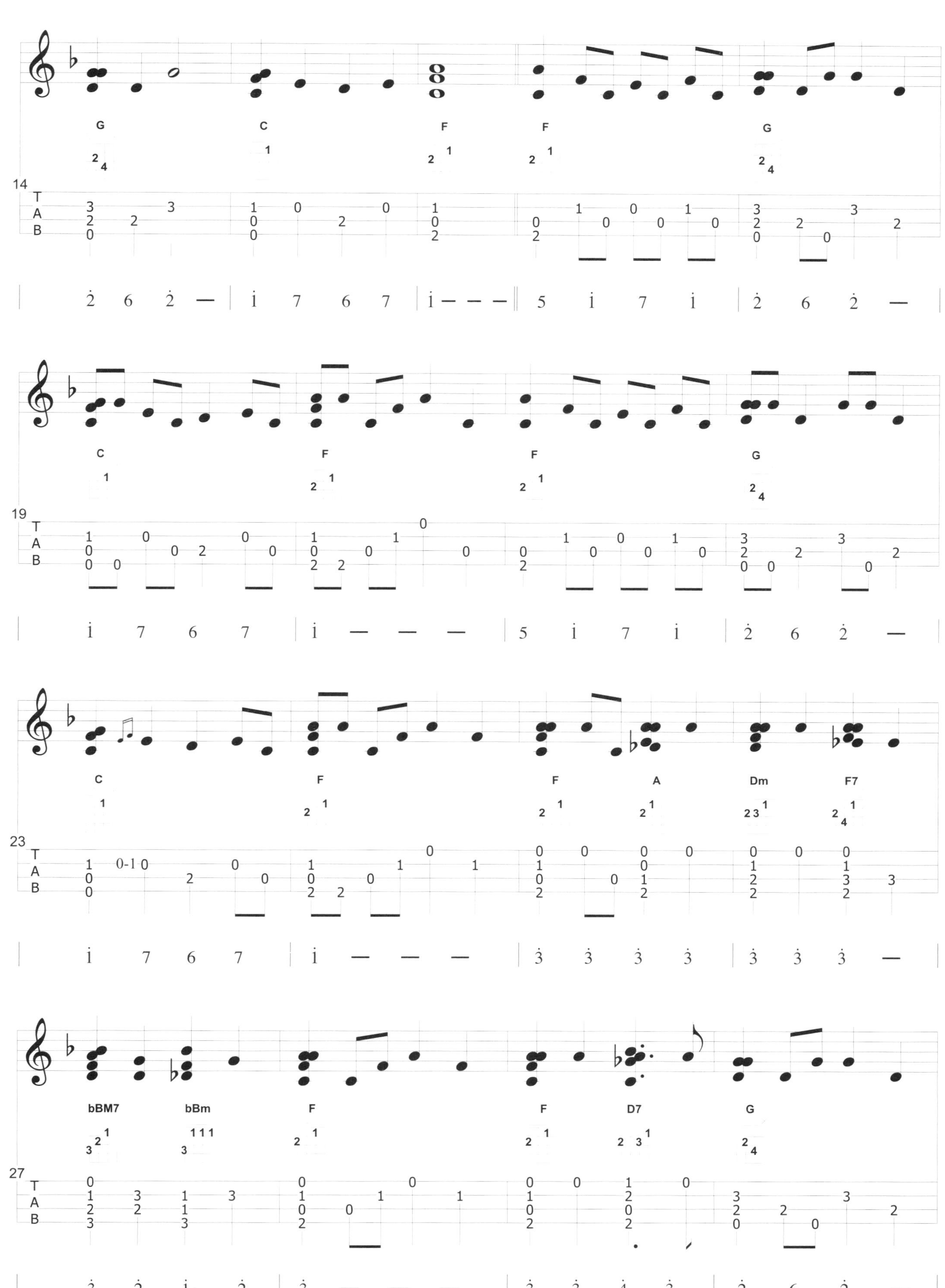
G
C
F
F
G
14
C
F
F
G
19
C
F
F
A
Dm
F7
23
bBM7
bBm
F
F
D7
G
27

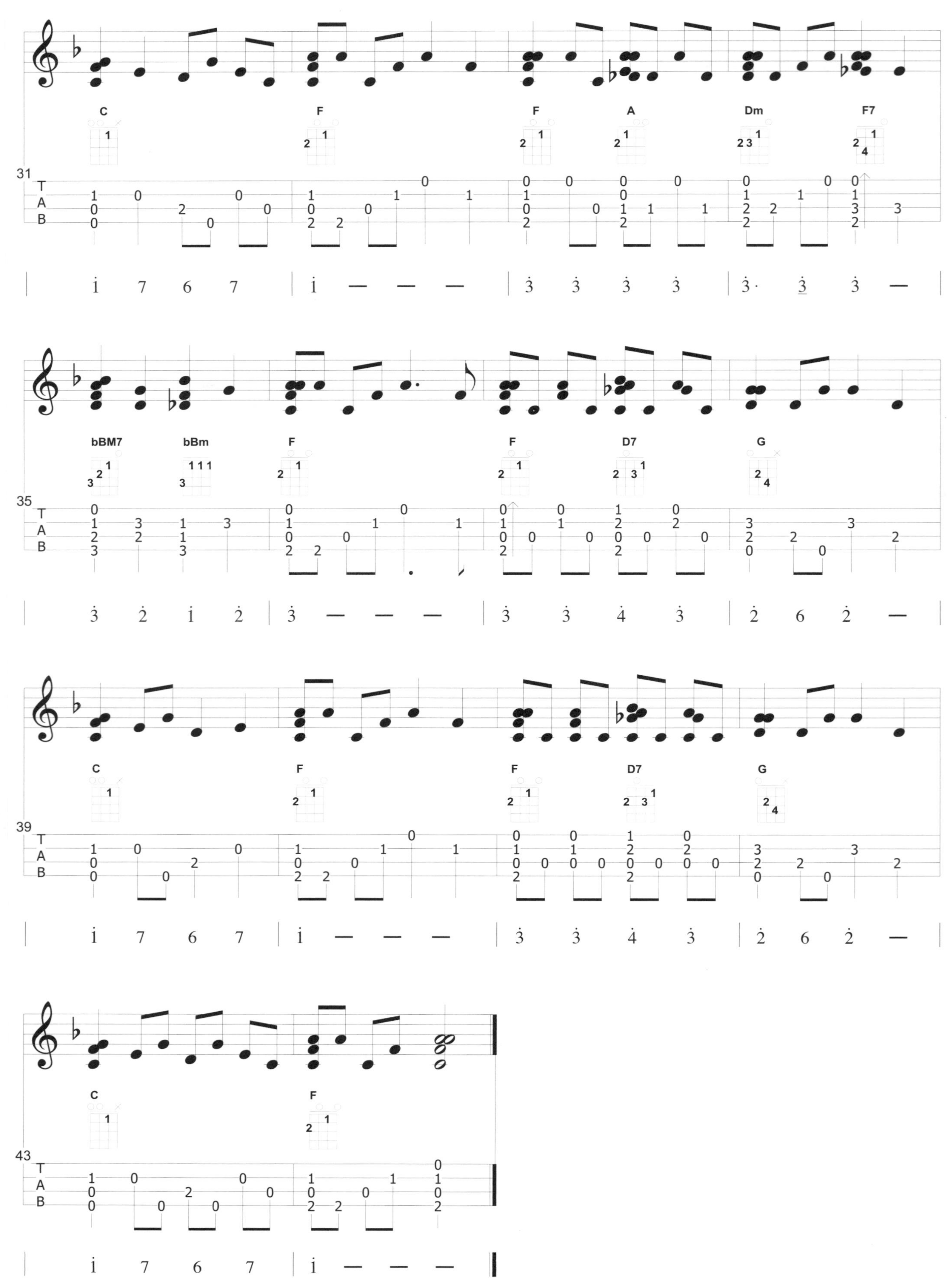
C
F
F
A
Dm
F7
bBM7
bBm
F
F
D7
G
C
F
F
D7
G
C
F

Fine

彈奏難易度：

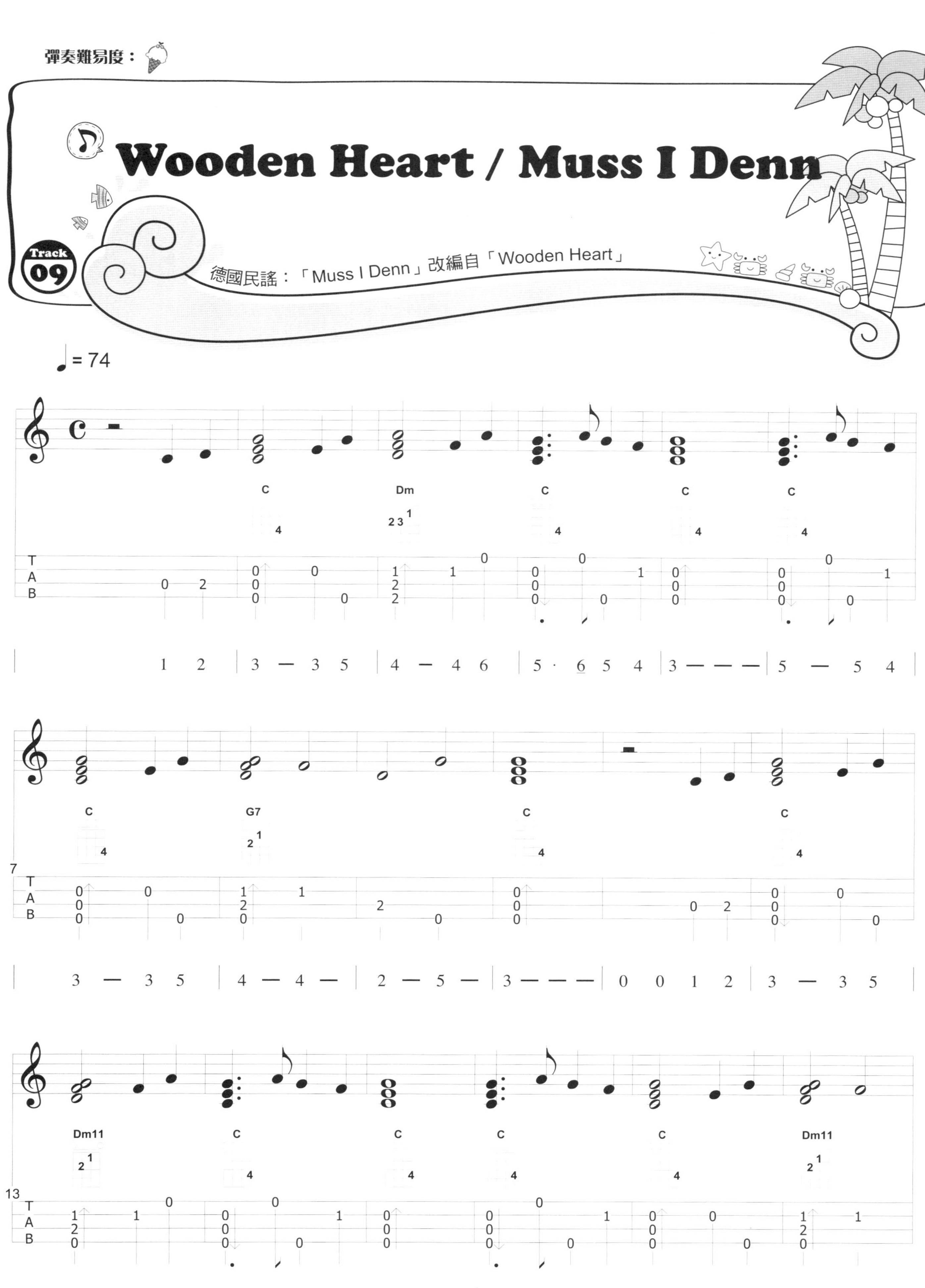

Wooden Heart / Muss I Denn
Track 09
德國民謠：「Muss I Denn」改編自「Wooden Heart」
♩= 74
C Dm C C C
C G7 C C
Dm11 C C C C Dm11

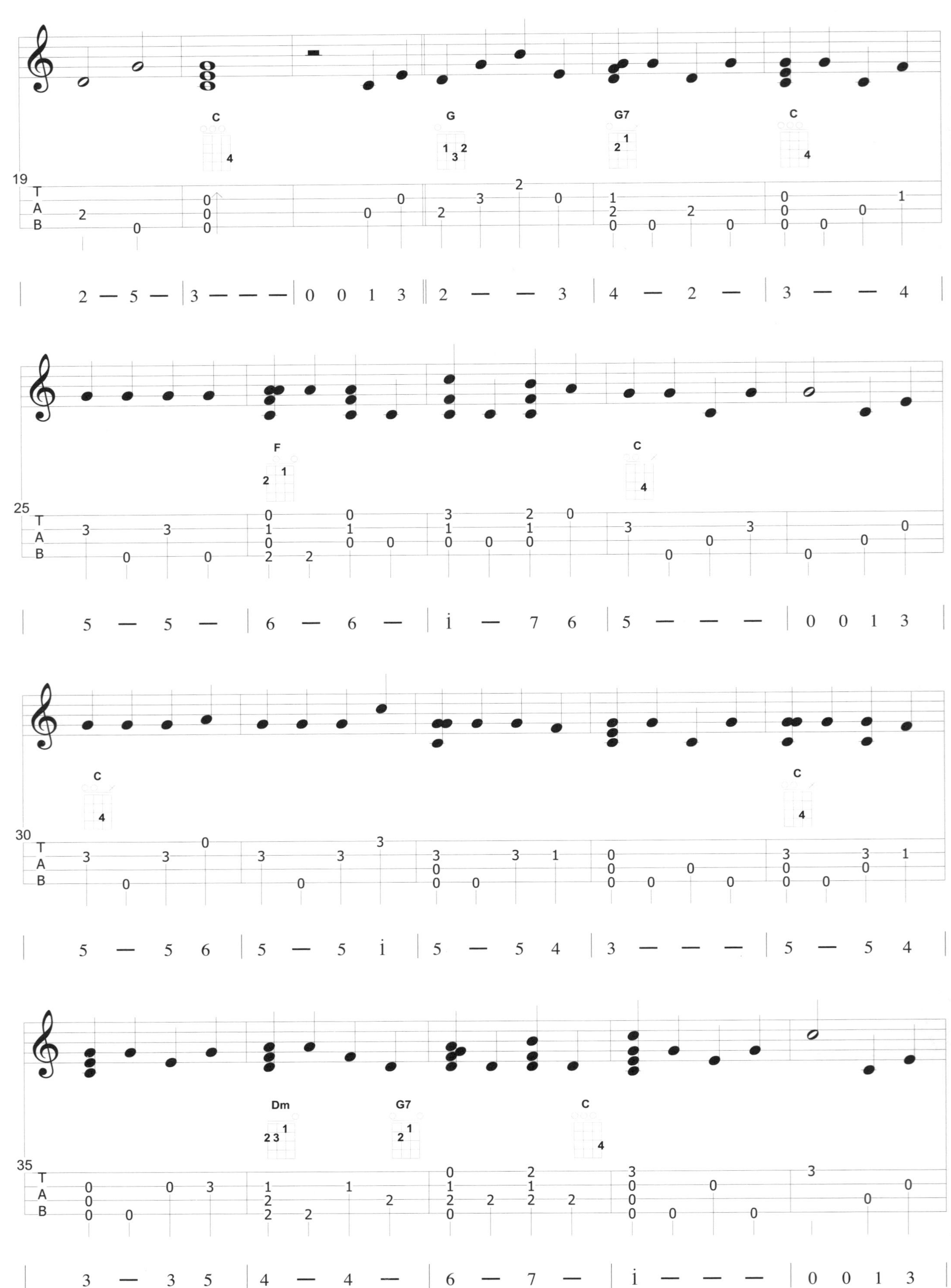

C
4
G
1 3 2
G7
2 1
C
4
19
T
A
B
F
2 1
C
4
25
C
4
C
4
30
Dm
2 3 1
G7
2 1
C
4
35

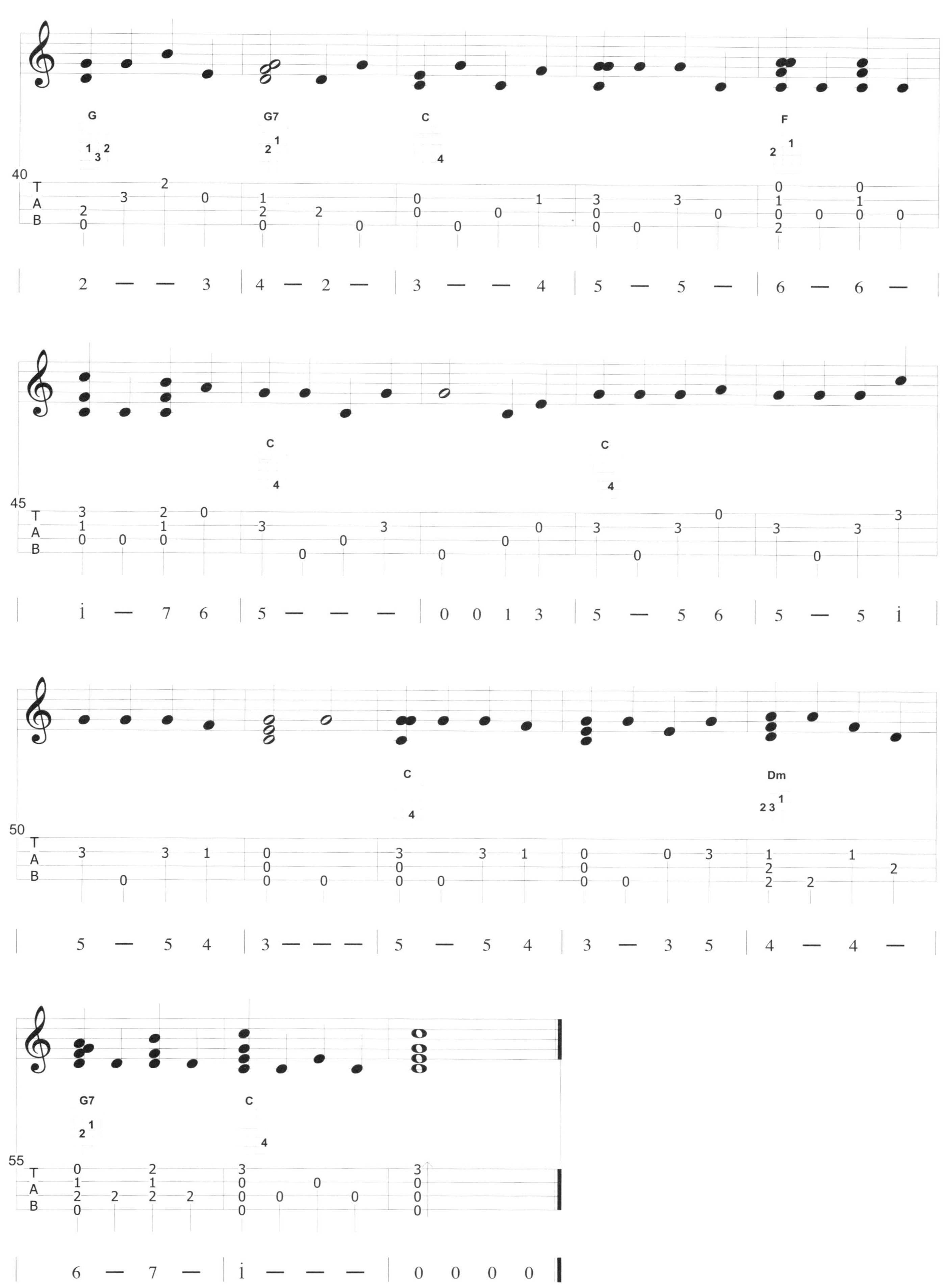
G
G7
C
F
40
T
A
B
2 — — 3
4 — 2 —
3 — — 4
5 — 5 —
6 — 6 —
C
C
45
i — 7 6
5 — — —
0 0 1 3
5 — 5 6
5 — 5 i
C
Dm
50
5 — 5 4
3 — — —
5 — 5 4
3 — 3 5
4 — 4 —
G7
C
55
6 — 7 —
i — — —
0 0 0 0

Fine

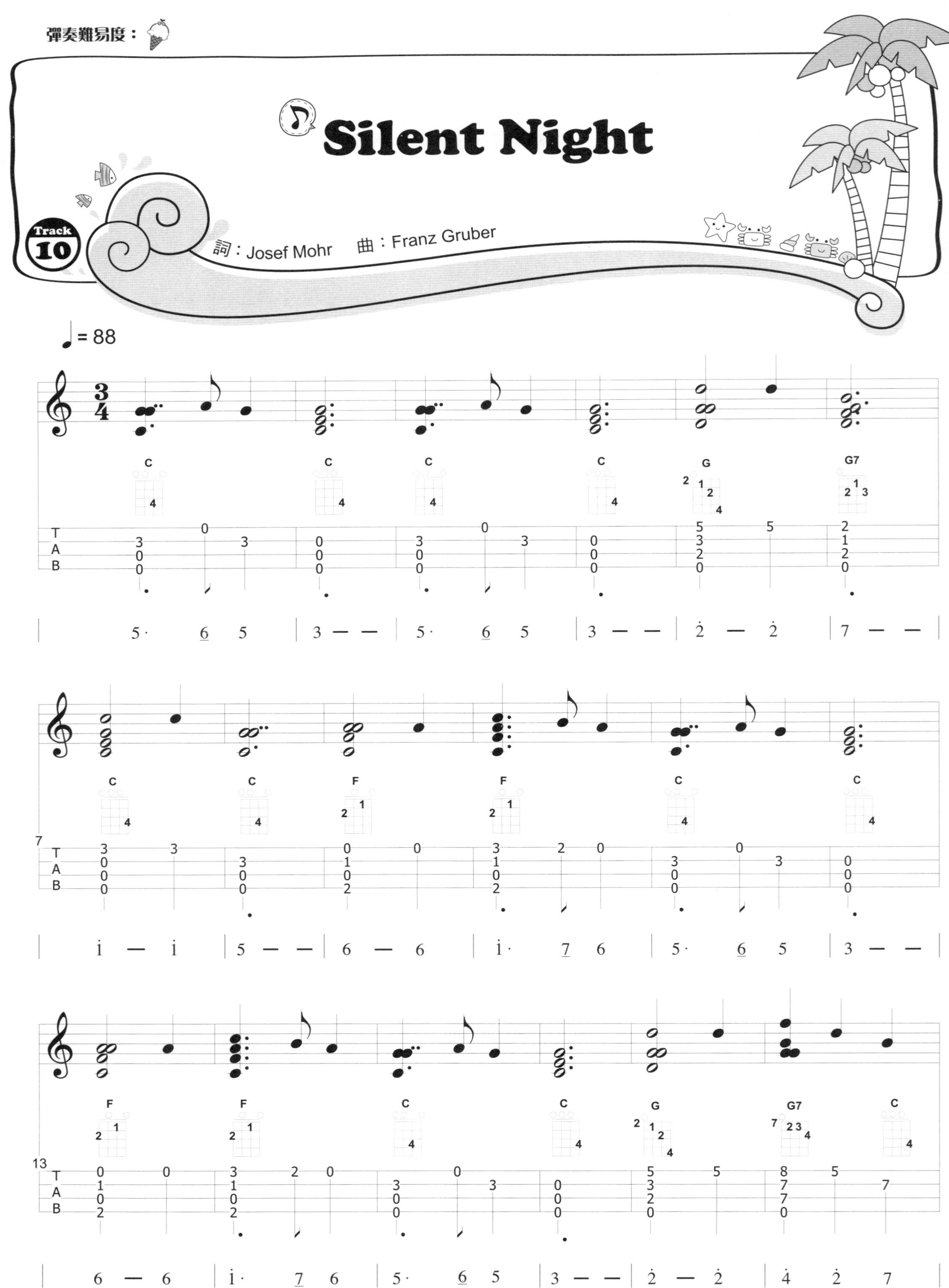
彈奏難易度：
Silent Night
Track 10
詞：Josef Mohr 曲：Franz Gruber
♩= 88
C C C C G G7
C C F F C C
F F C C G G7 C

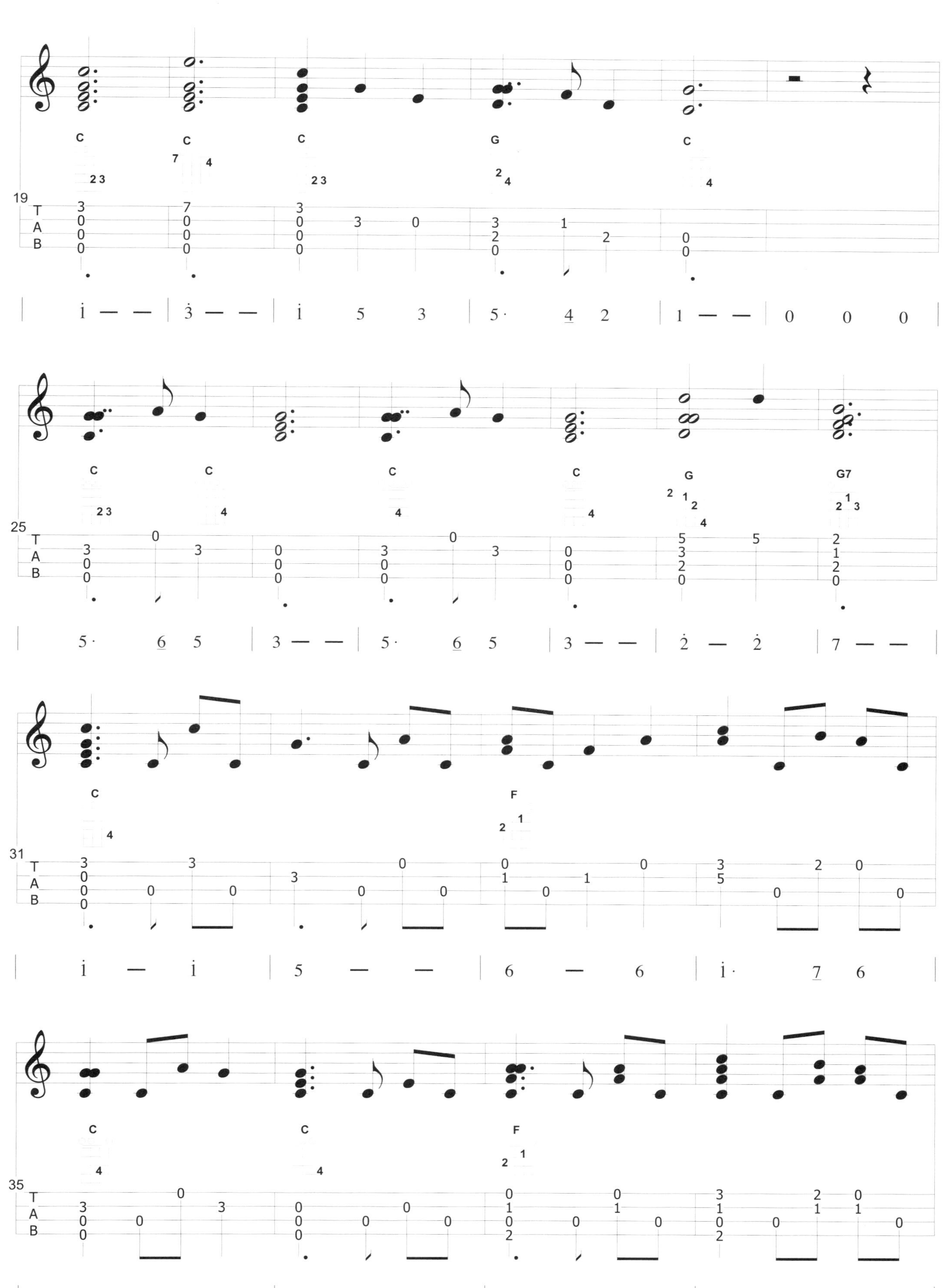

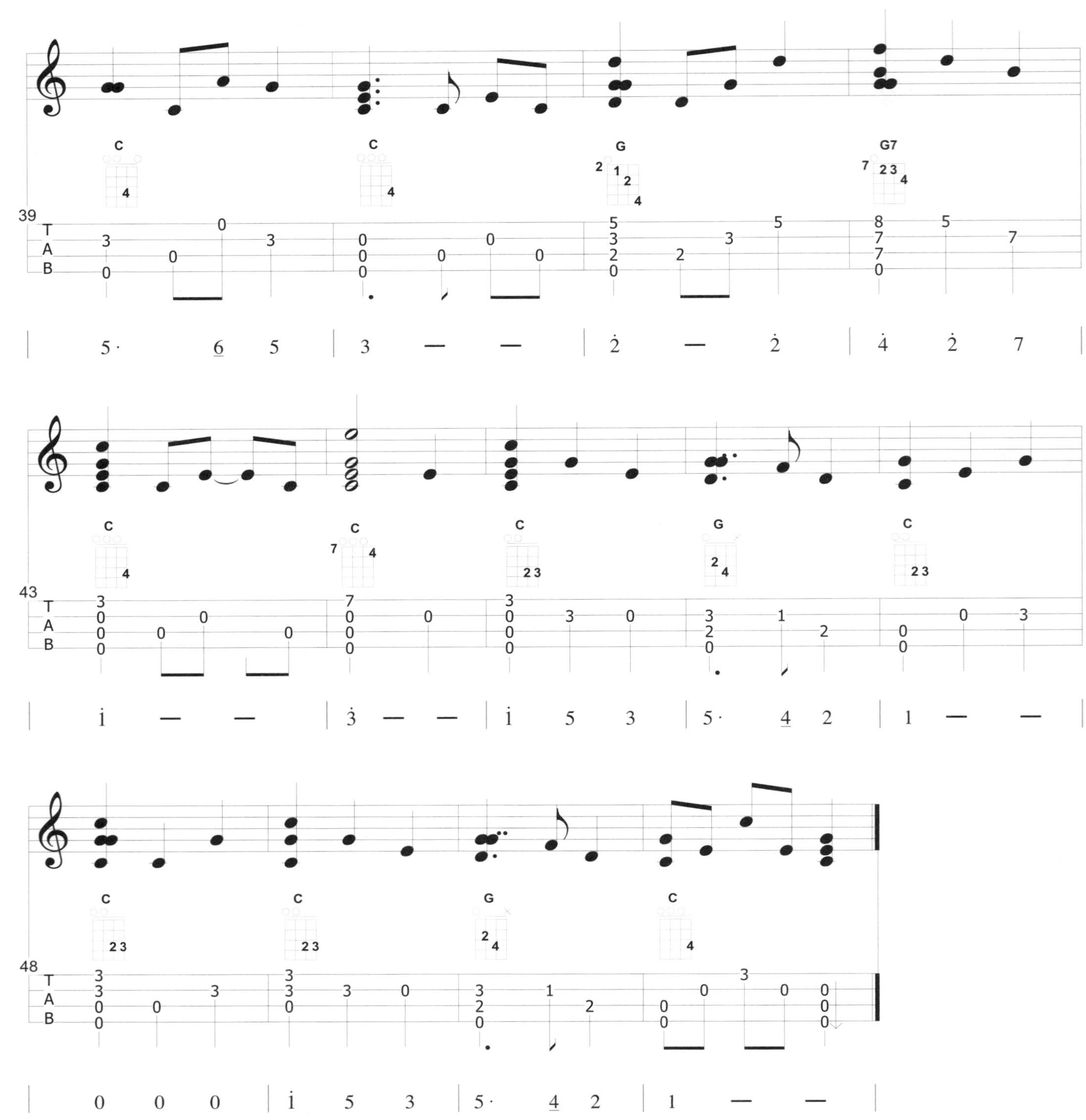
C
C
G
G7
39
T
A
B
5· 6 5 | 3 — — | 2 — 2 | 4 2 7
C
C
C
G
C
43
1 — — | 3 — — | 1 5 3 | 5· 4 2 | 1 — —
C
C
G
C
48
0 0 0 | 1 5 3 | 5· 4 2 | 1 — —

Fine

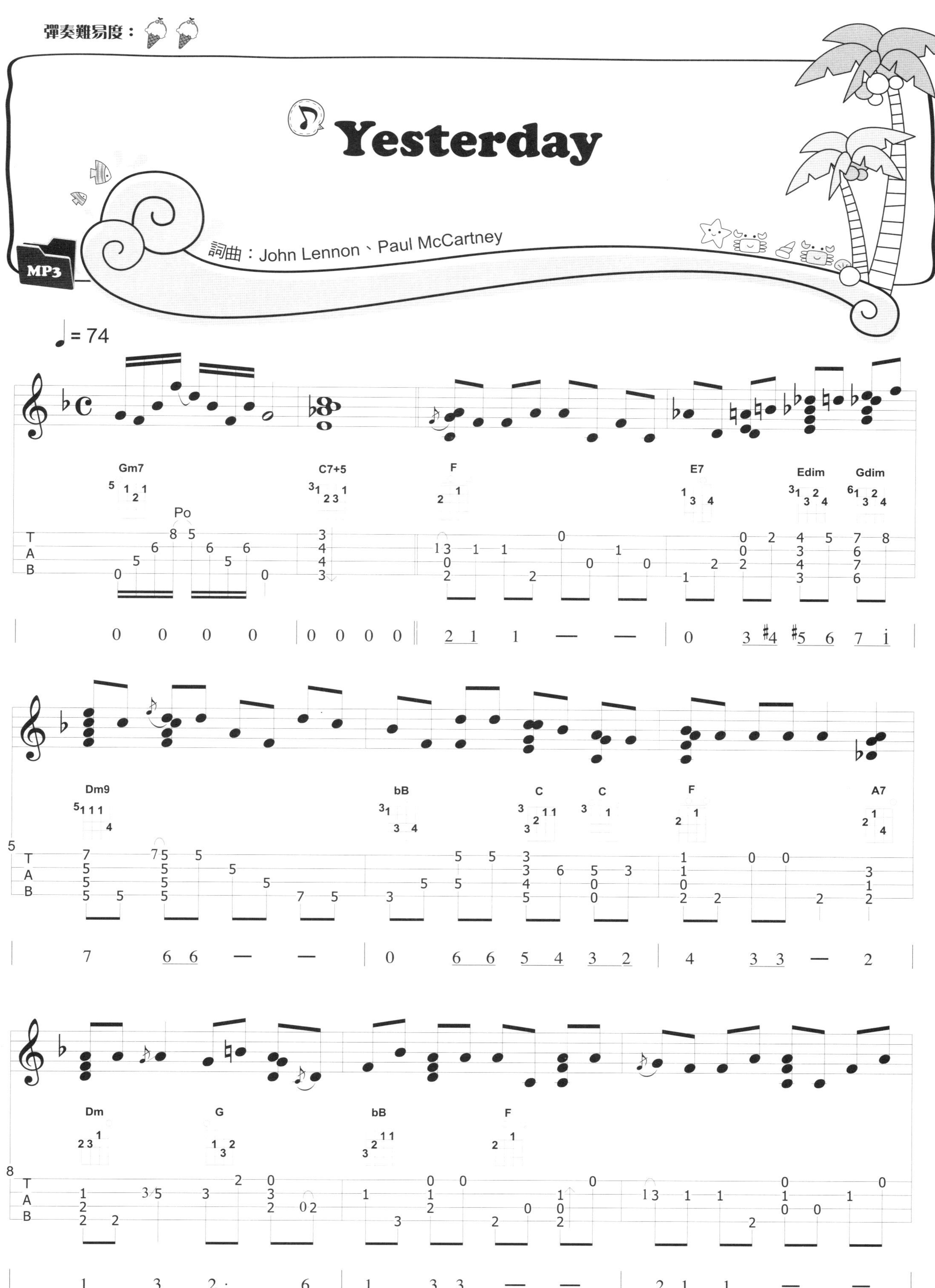
彈奏難易度：
Yesterday
詞曲：John Lennon、Paul McCartney
MP3
= 74
Gm7
C7+5
F
E7
Edim
Gdim
Po
Dm9
bB
C
C
F
A7
Dm
G
bB
F

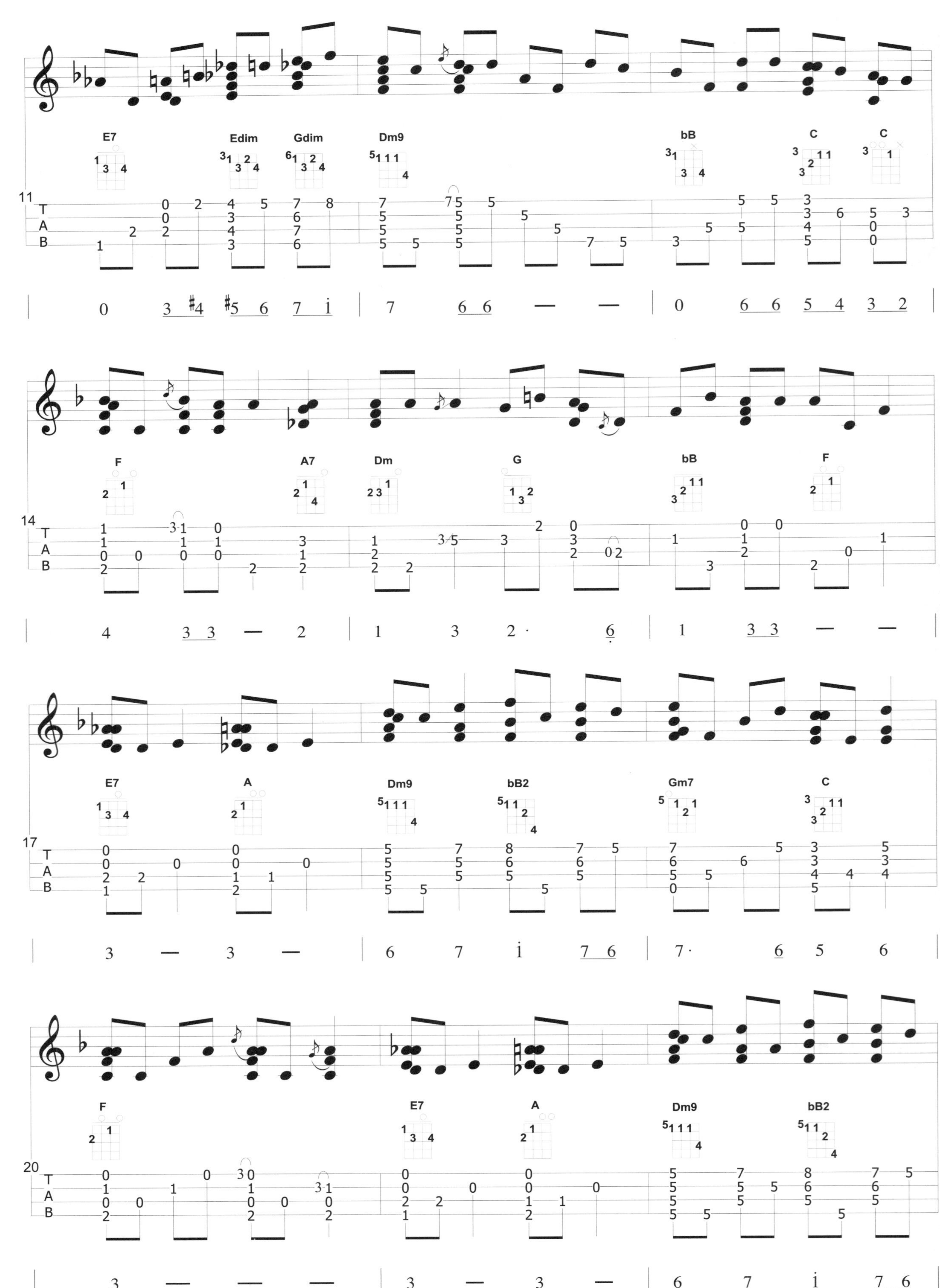
E7 Edim Gdim Dm9 bB C C
F A7 Dm G bB F
E7 A Dm9 bB2 Gm7 C
F E7 A Dm9 bB2

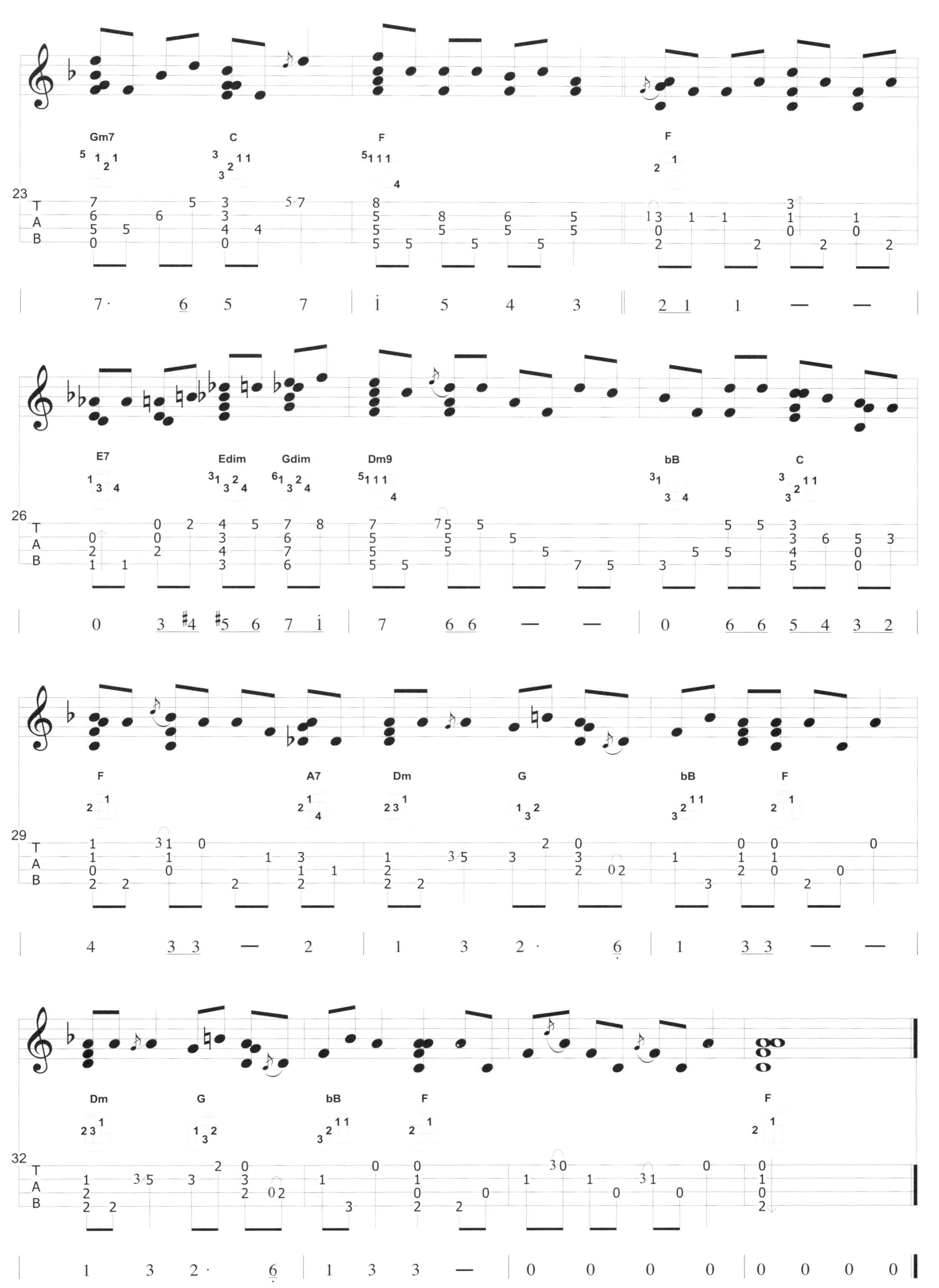
Gm7 C F F
E7 Edim Gdim Dm9 bB C
F A7 Dm G bB F
Dm G bB F F

Fine

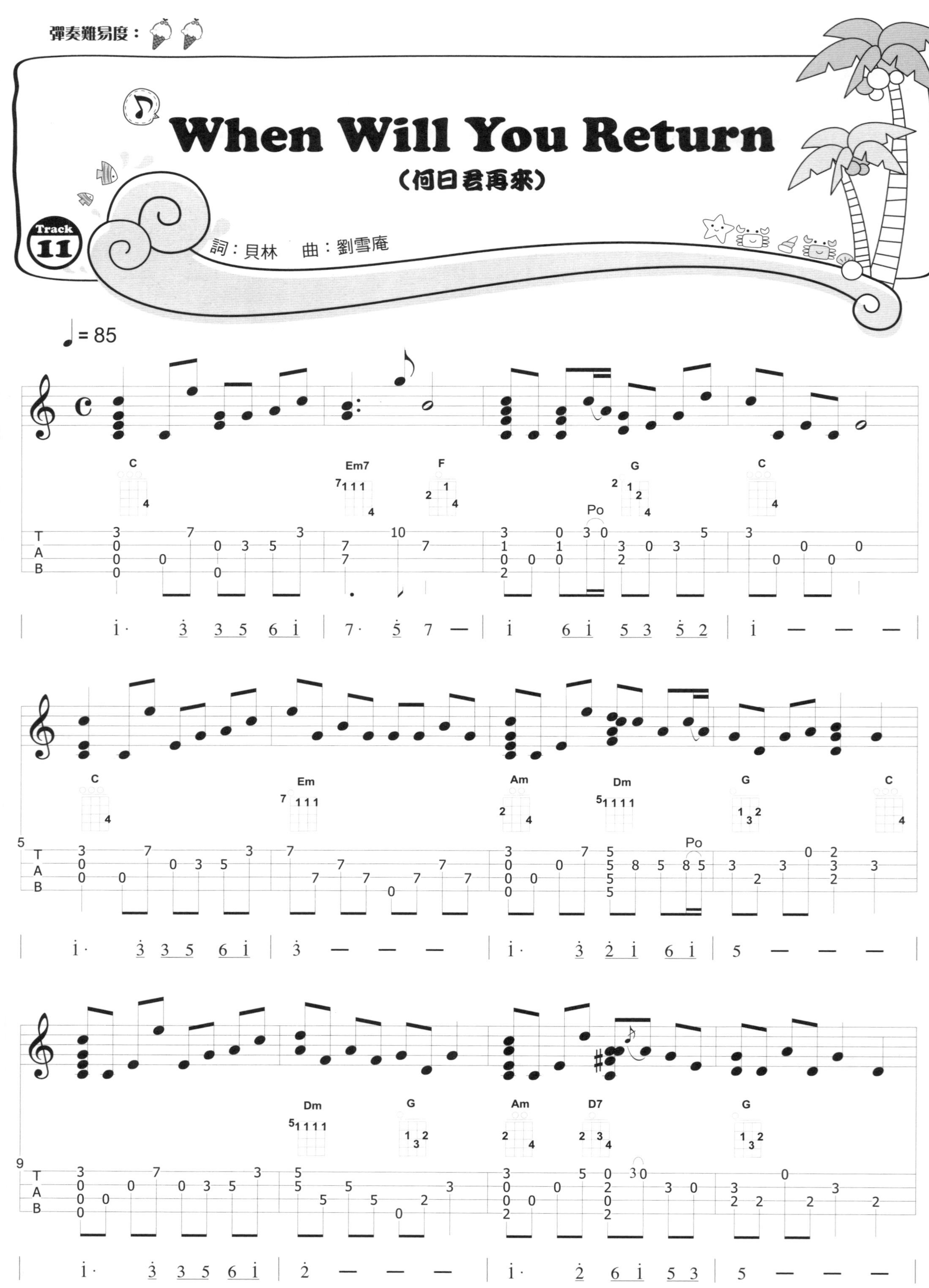
彈奏難易度：
When Will You Return
（何日君再來）
Track 11
詞：貝林 曲：劉雪庵
♩= 85
C
Em7
F
G
C
Em
Am
Dm
G
C
Dm
G
Am
D7
G

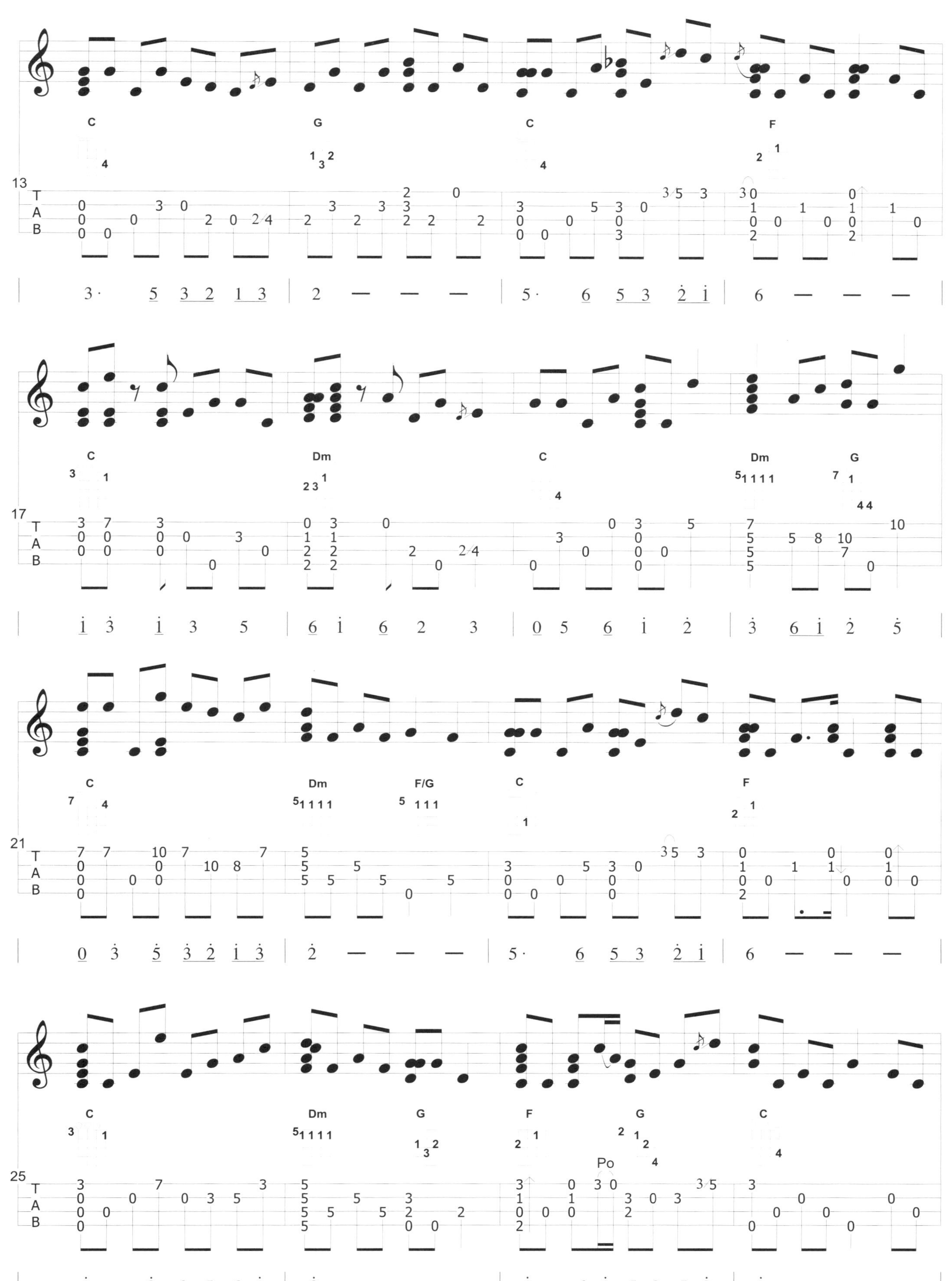

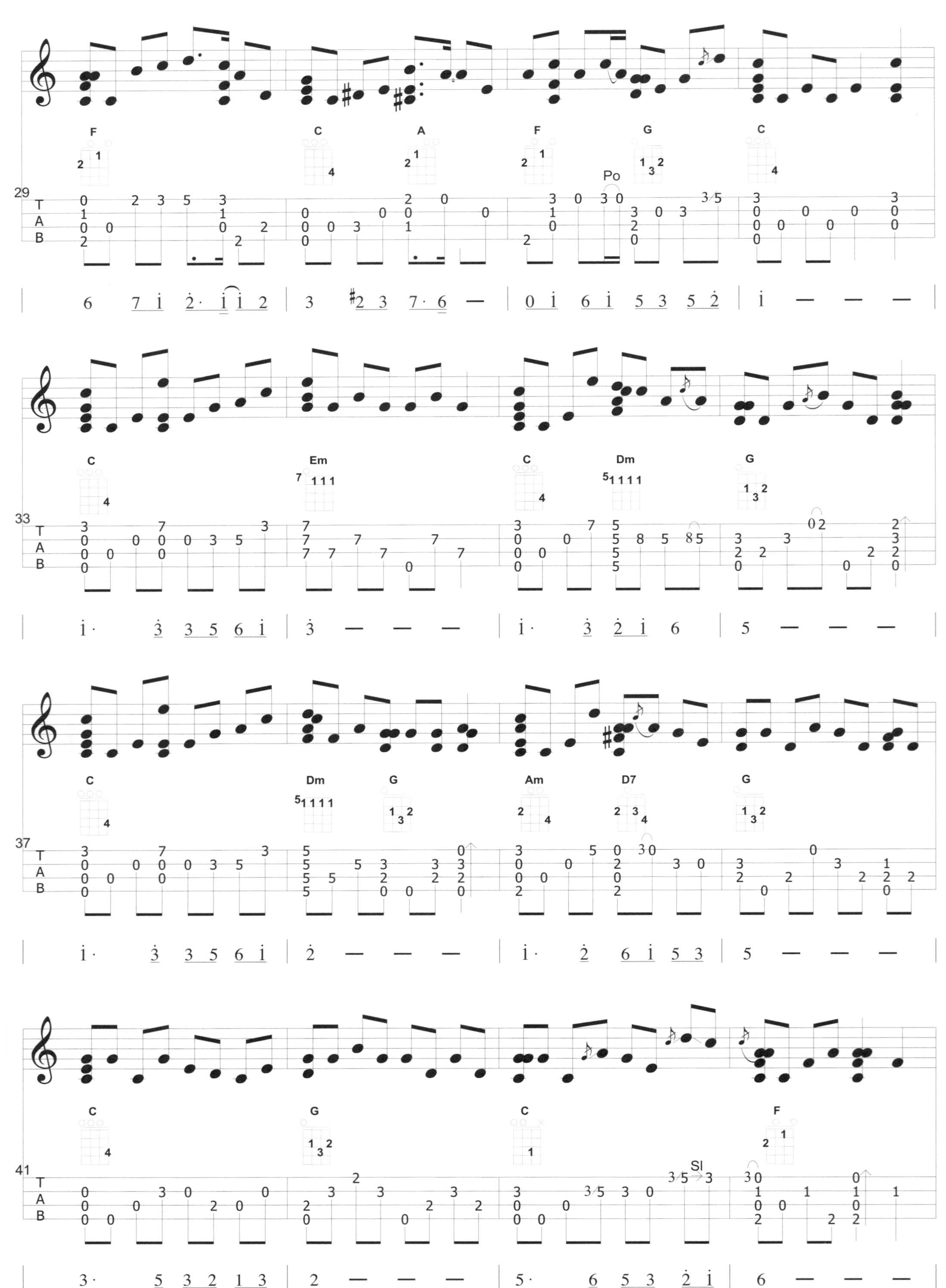
29
F C A F G C
Po
TAB
33
C Em C Dm G
TAB
37
C Dm G Am D7 G
TAB
41
C G C F
Sl
TAB

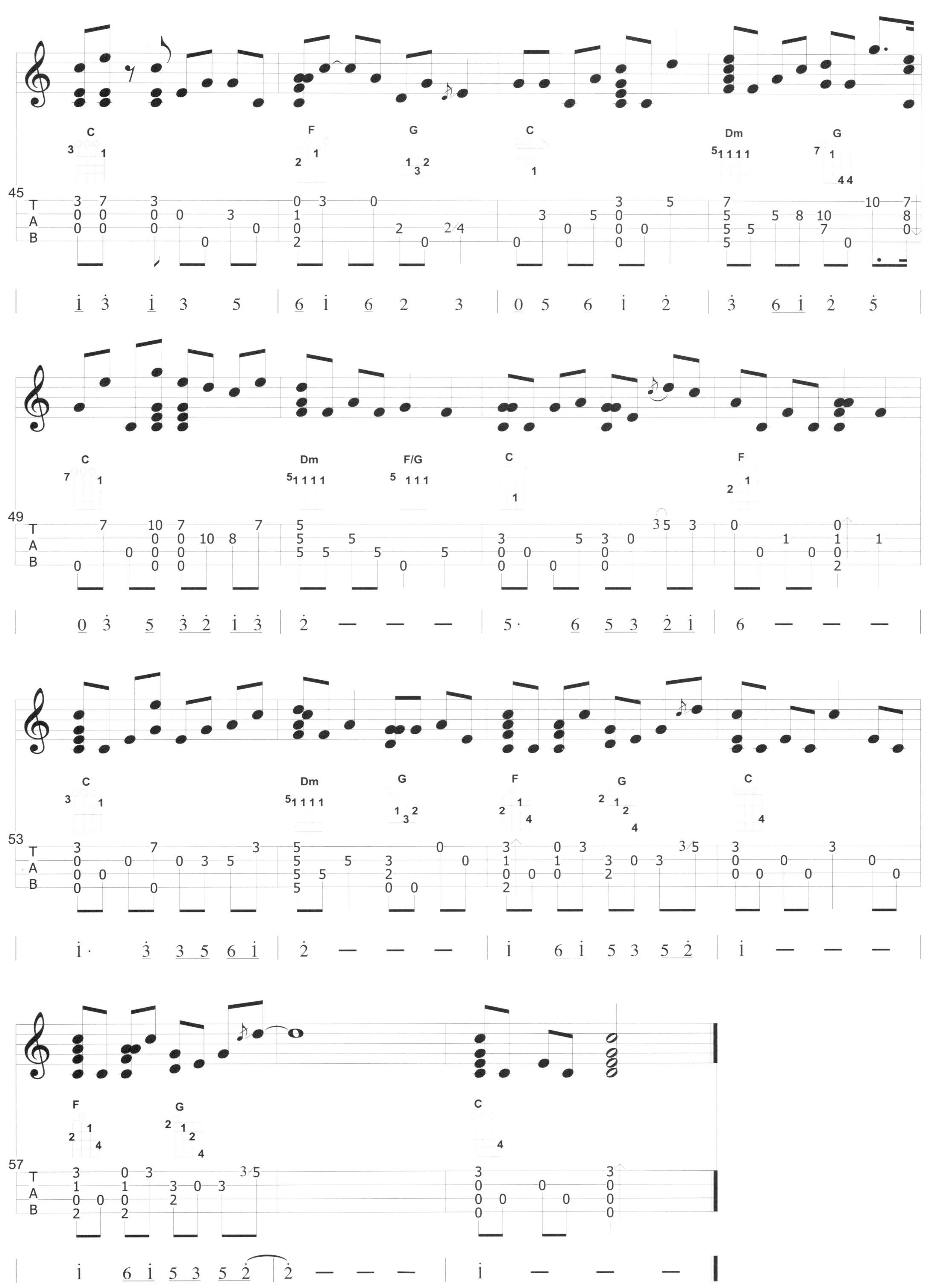

Fine

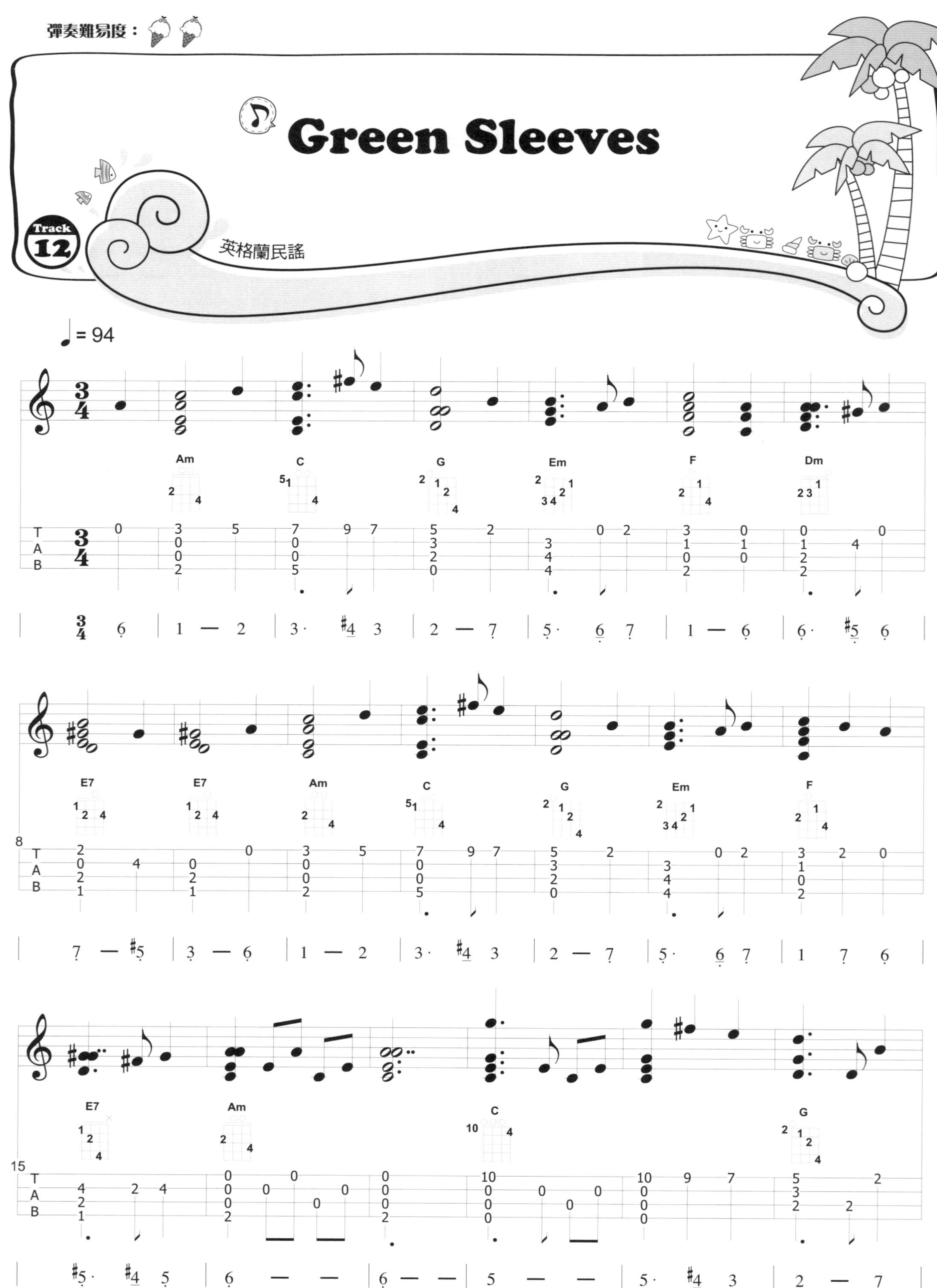
彈奏難易度：
Green Sleeves
Track 12
英格蘭民謠
♩= 94
Am C G Em F Dm
3/4 6 | 1 — 2 | 3· #4 3 | 2 — 7 | 5· 6 7 | 1 — 6 | 6· #5 6 |
E7 E7 Am C G Em F
7 — #5 | 3 — 6 | 1 — 2 | 3· #4 3 | 2 — 7 | 5· 6 7 | 1 7 6 |
E7 Am C G
#5· #4 5 | 6 — — | 6 — — | 5 — — | 5· #4 3 | 2 — 7 |

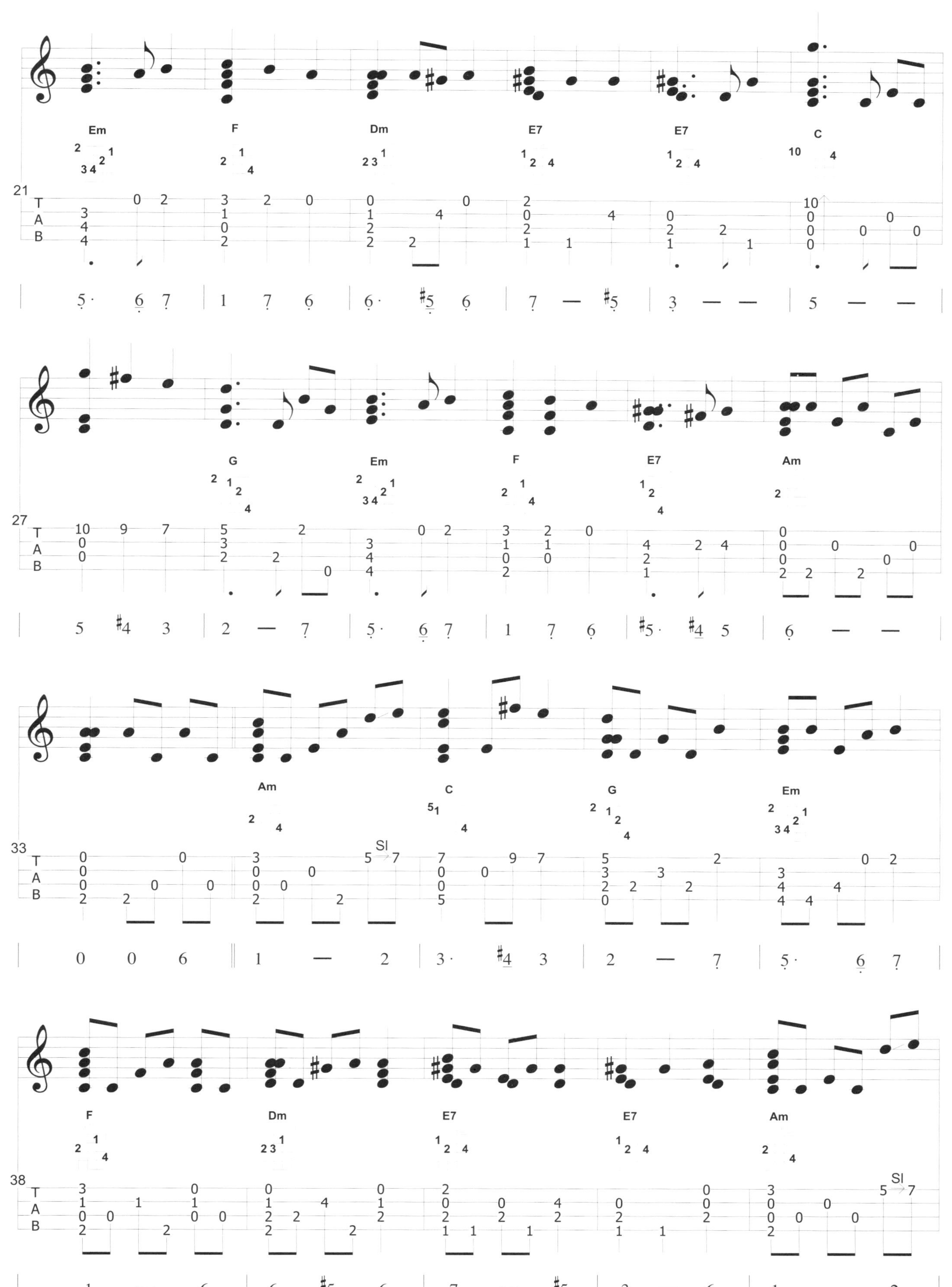
Em
F
Dm
E7
E7
C
G
Em
F
E7
Am
Am
C
G
Em
Sl
F
Dm
E7
E7
Am
Sl
T
A
B

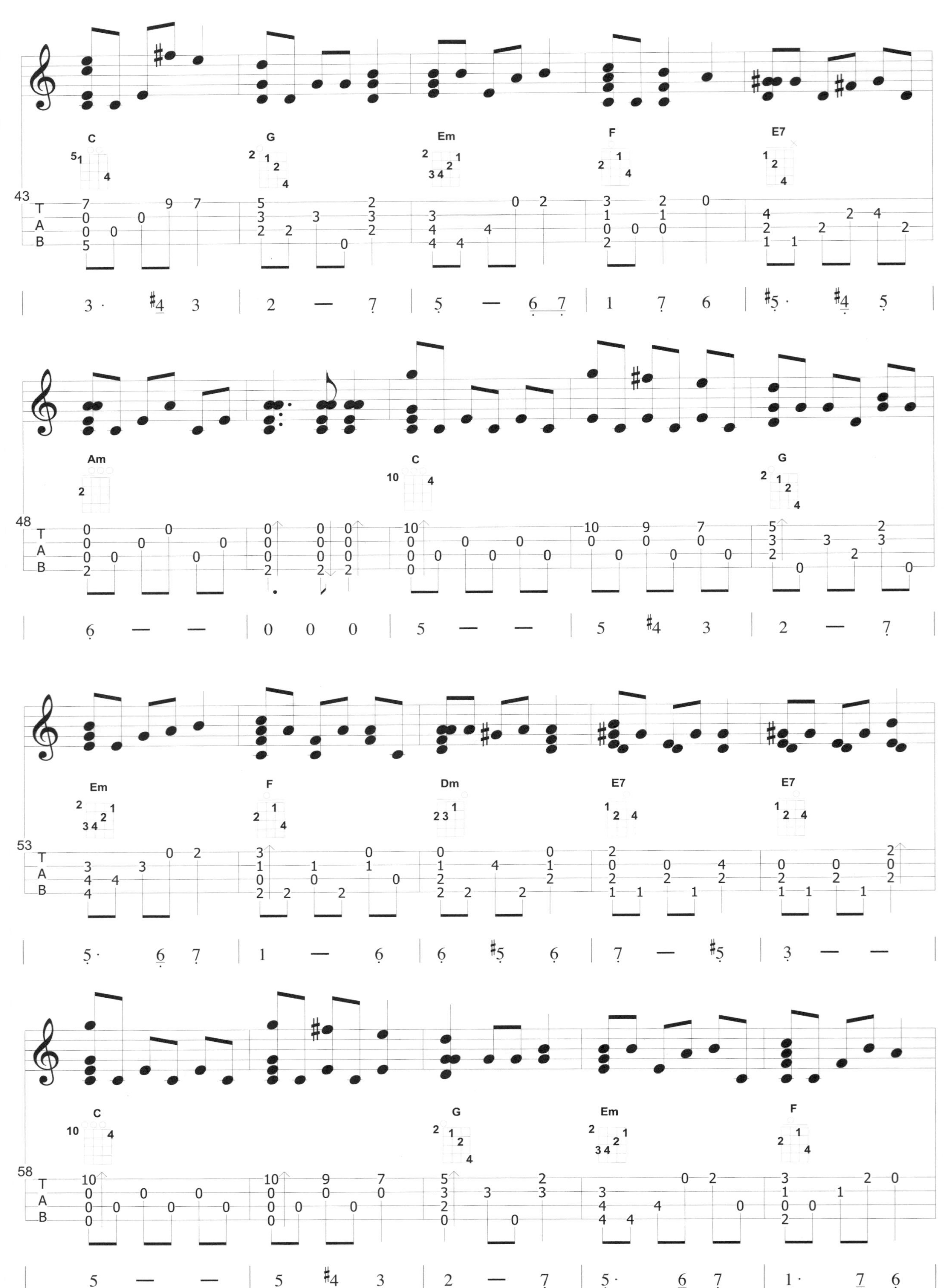
C
G
Em
F
E7
Am
Dm
T
A
B

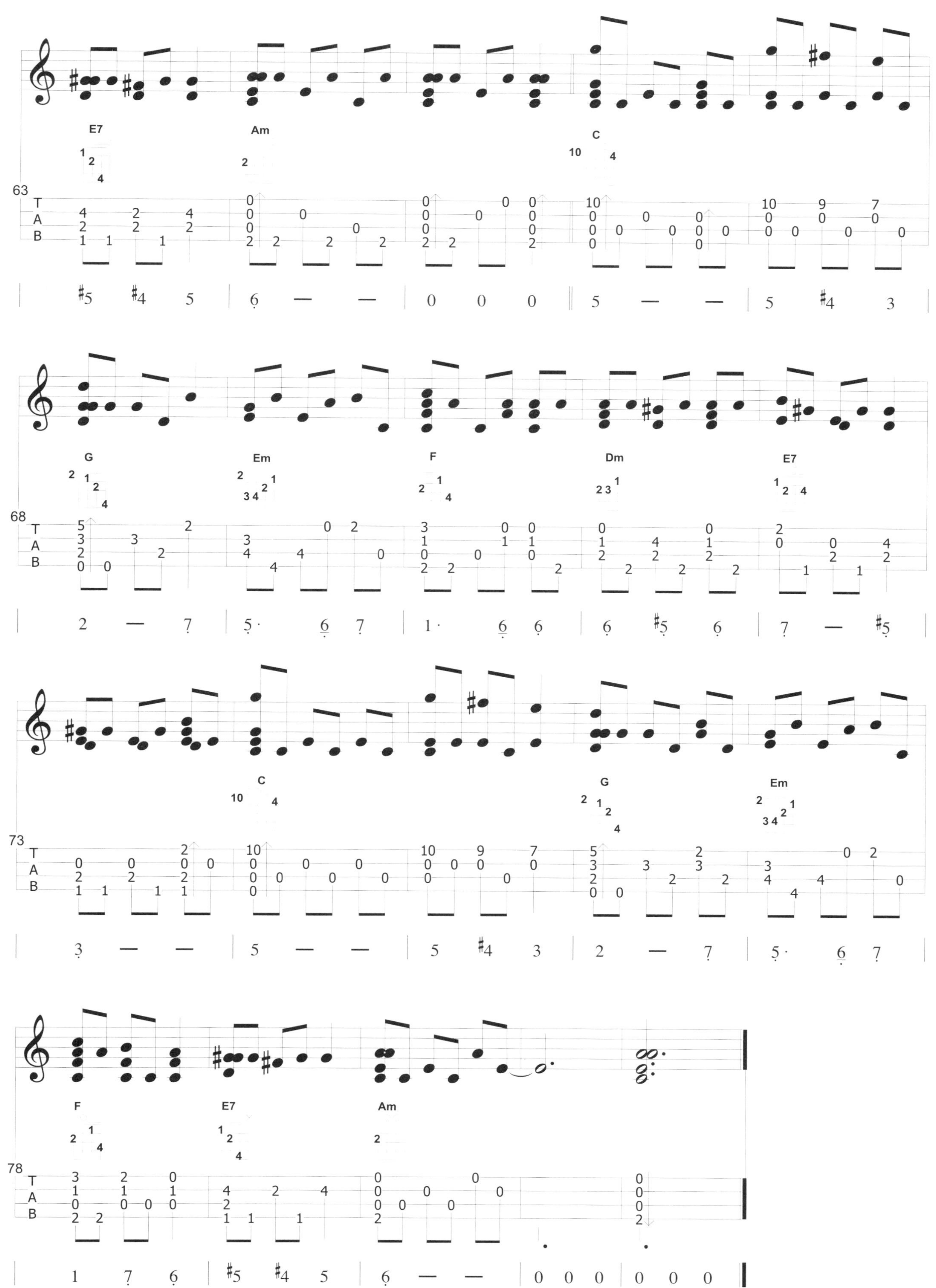
E7
Am
C
G
Em
F
Dm
E7
C
G
Em
F
E7
Am
Fine

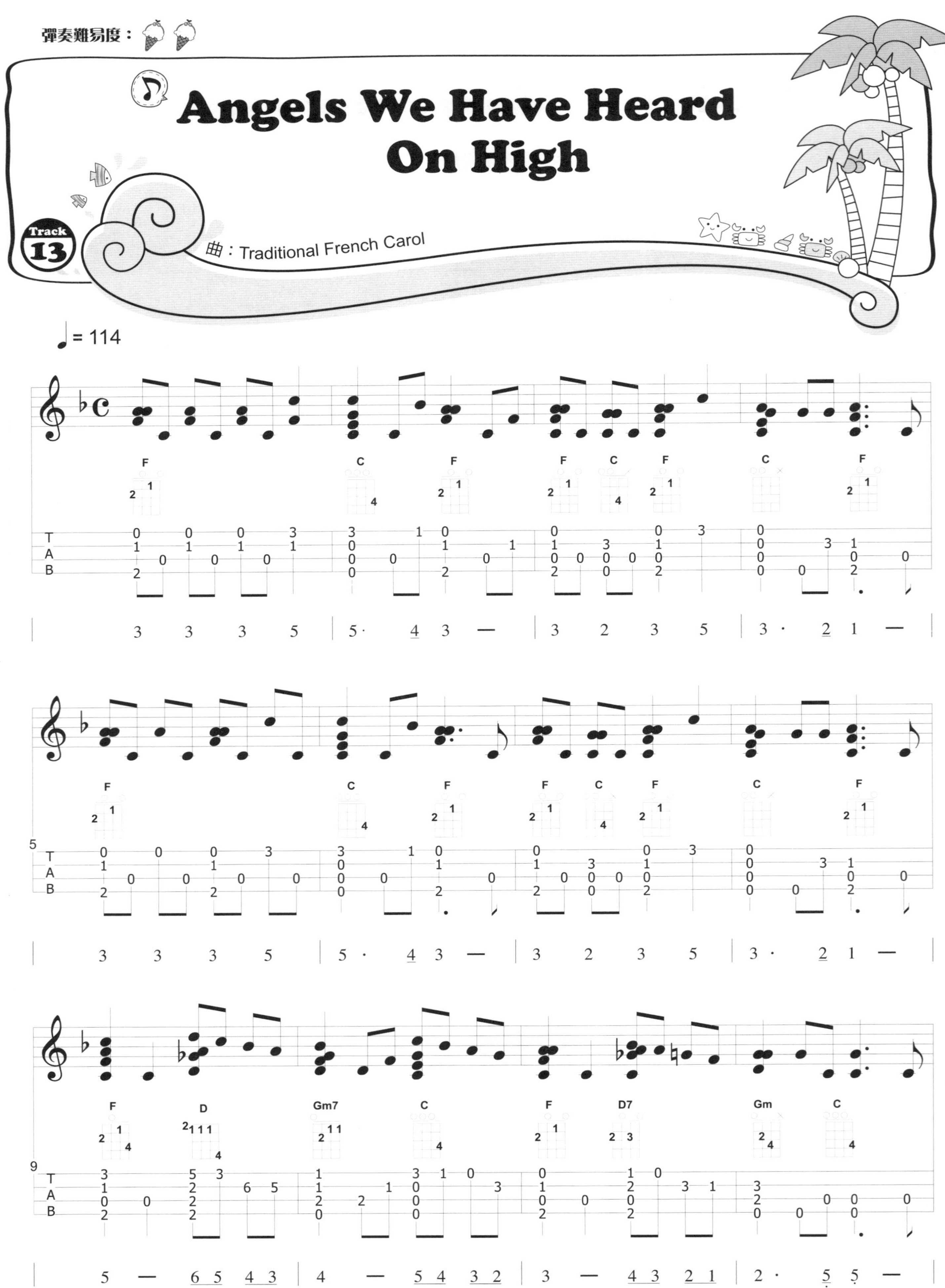
彈奏難易度：
Angels We Have Heard On High
Track 13
曲：Traditional French Carol
♩= 114
F C F F C F C F
F C F F C F C F
F D Gm7 C F D7 Gm C

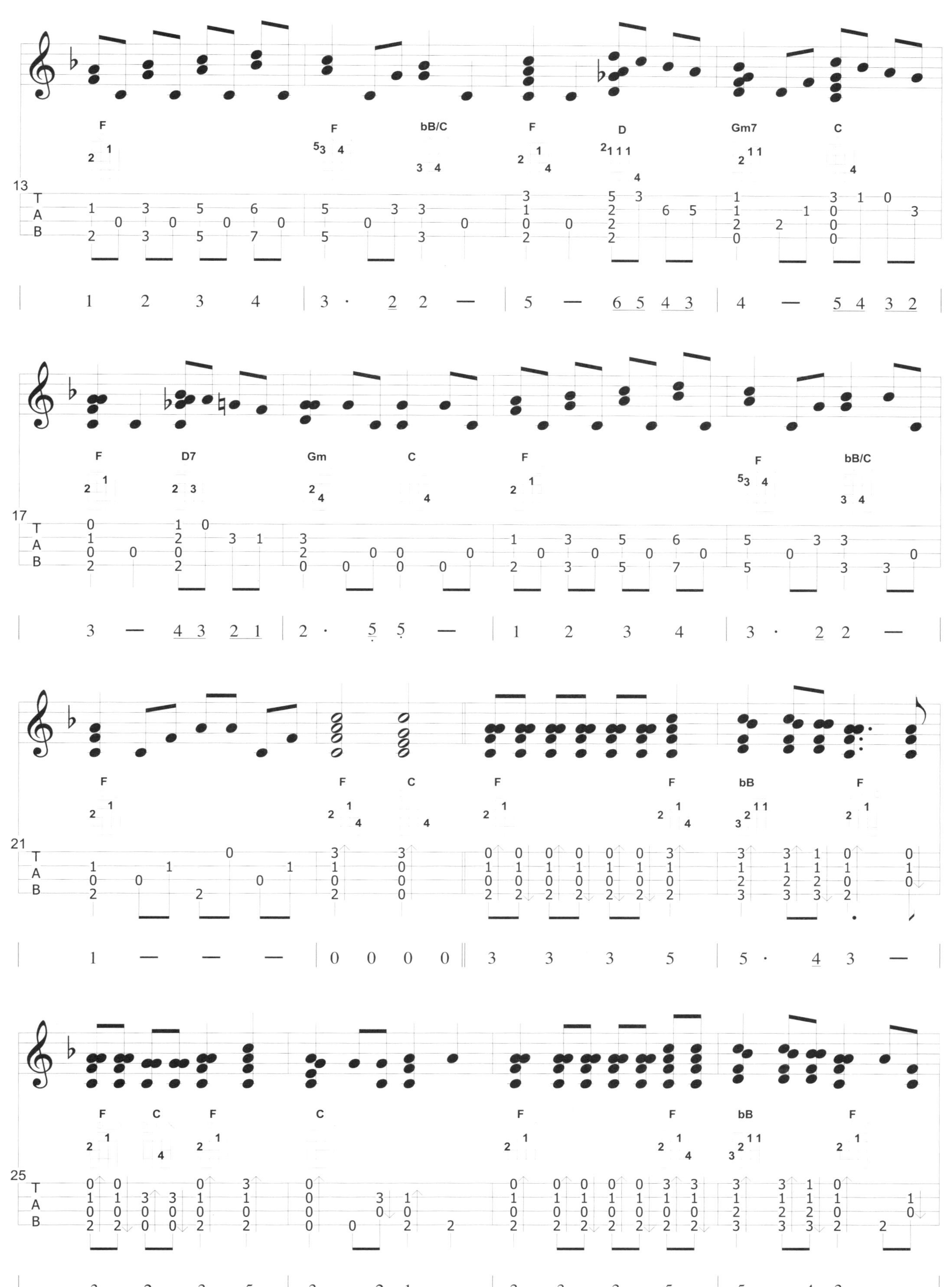
F
F
bB/C
F
D
Gm7
C
F
D7
Gm
C
F
F
bB/C
F
F
C
F
F
bB
F
F
C
F
C
F
F
bB
F

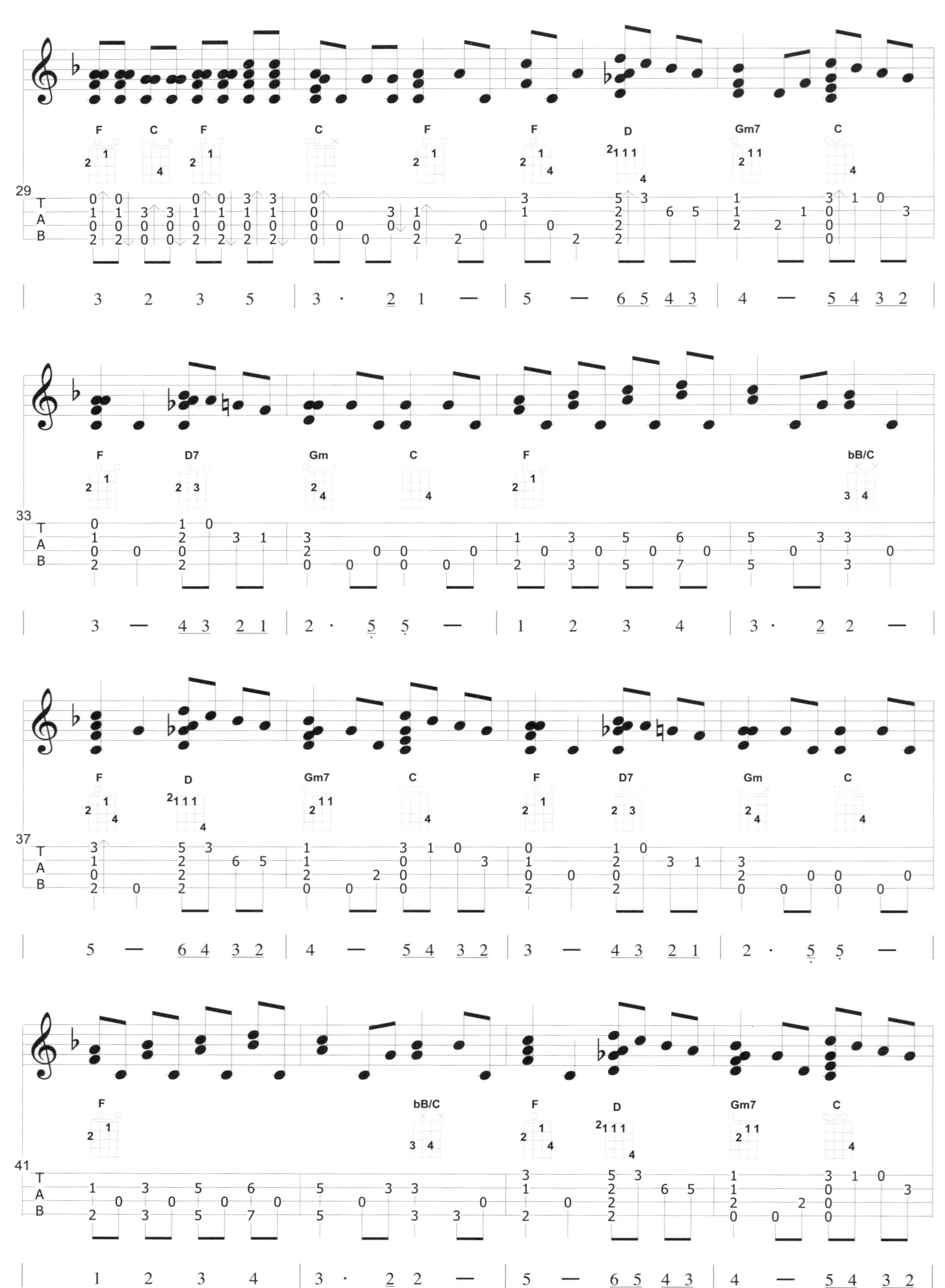
29
F C F C F F D Gm7 C
33
F D7 Gm C F bB/C
37
F D Gm7 C F D7 Gm C
41
F bB/C F D Gm7 C

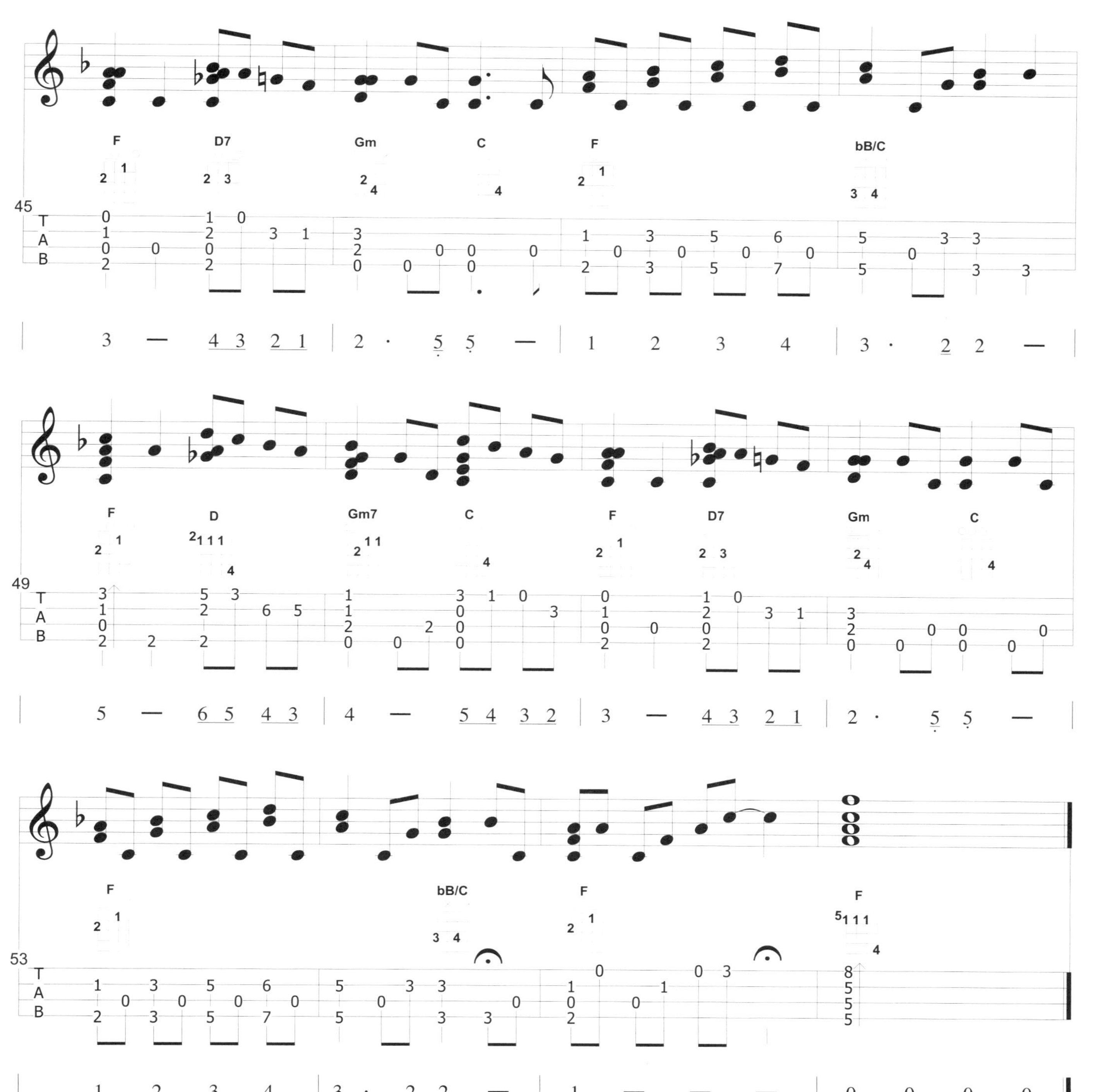
F
D7
Gm
C
F
bB/C
45
T
A
B
F
D
Gm7
C
F
D7
Gm
C
49
F
bB/C
F
F
53
Fine

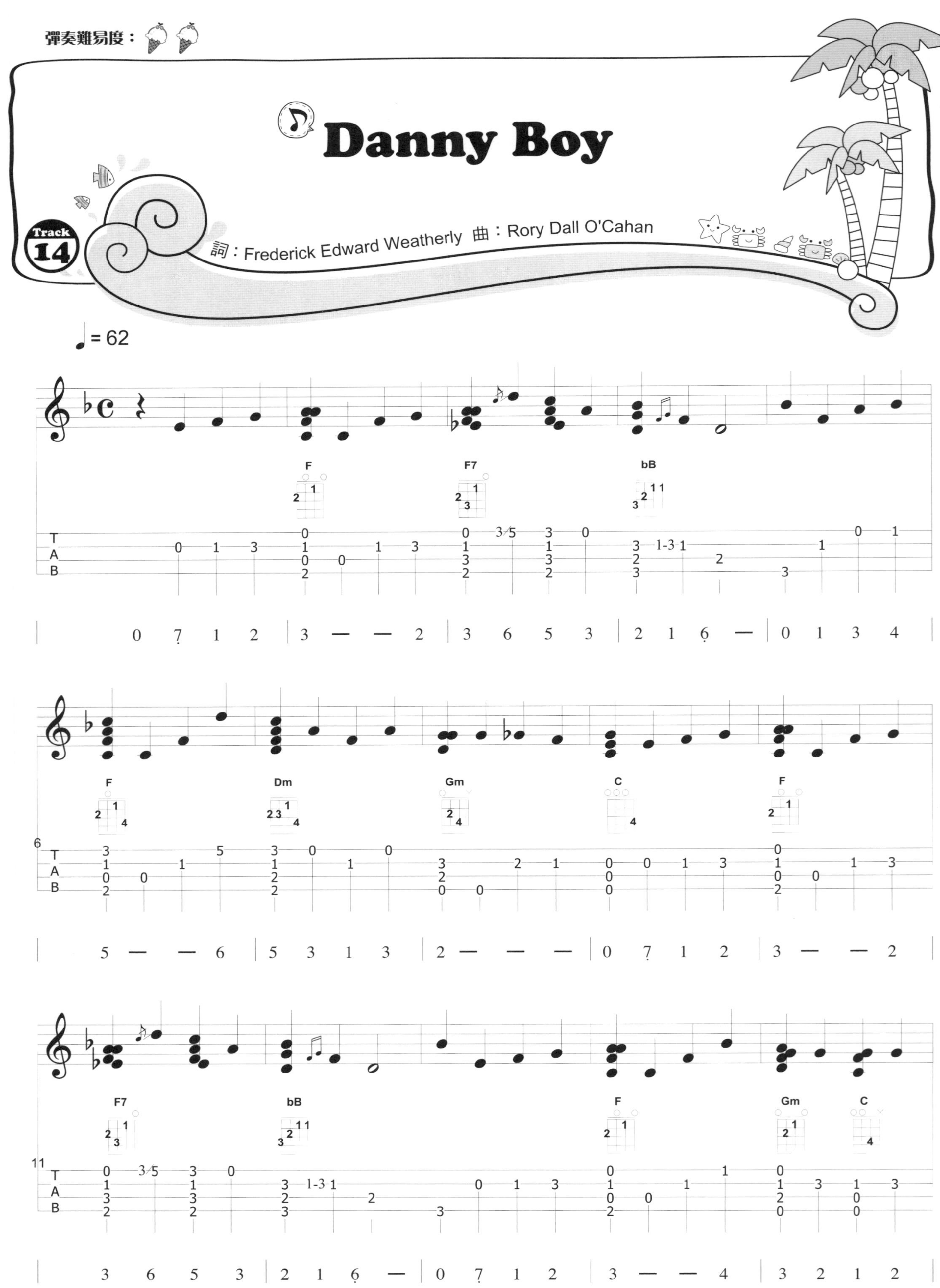

彈奏難易度：
Danny Boy
Track 14
詞：Frederick Edward Weatherly 曲：Rory Dall O'Cahan
= 62
F
F7
bB
| 0 7 1 2 | 3 — — 2 | 3 6 5 3 | 2 1 6 — | 0 1 3 4 |
F
Dm
Gm
C
F
| 5 — — 6 | 5 3 1 3 | 2 — — — | 0 7 1 2 | 3 — — 2 |
F7
bB
F
Gm
C
| 3 6 5 3 | 2 1 6 — | 0 7 1 2 | 3 — — 4 | 3 2 1 2 |

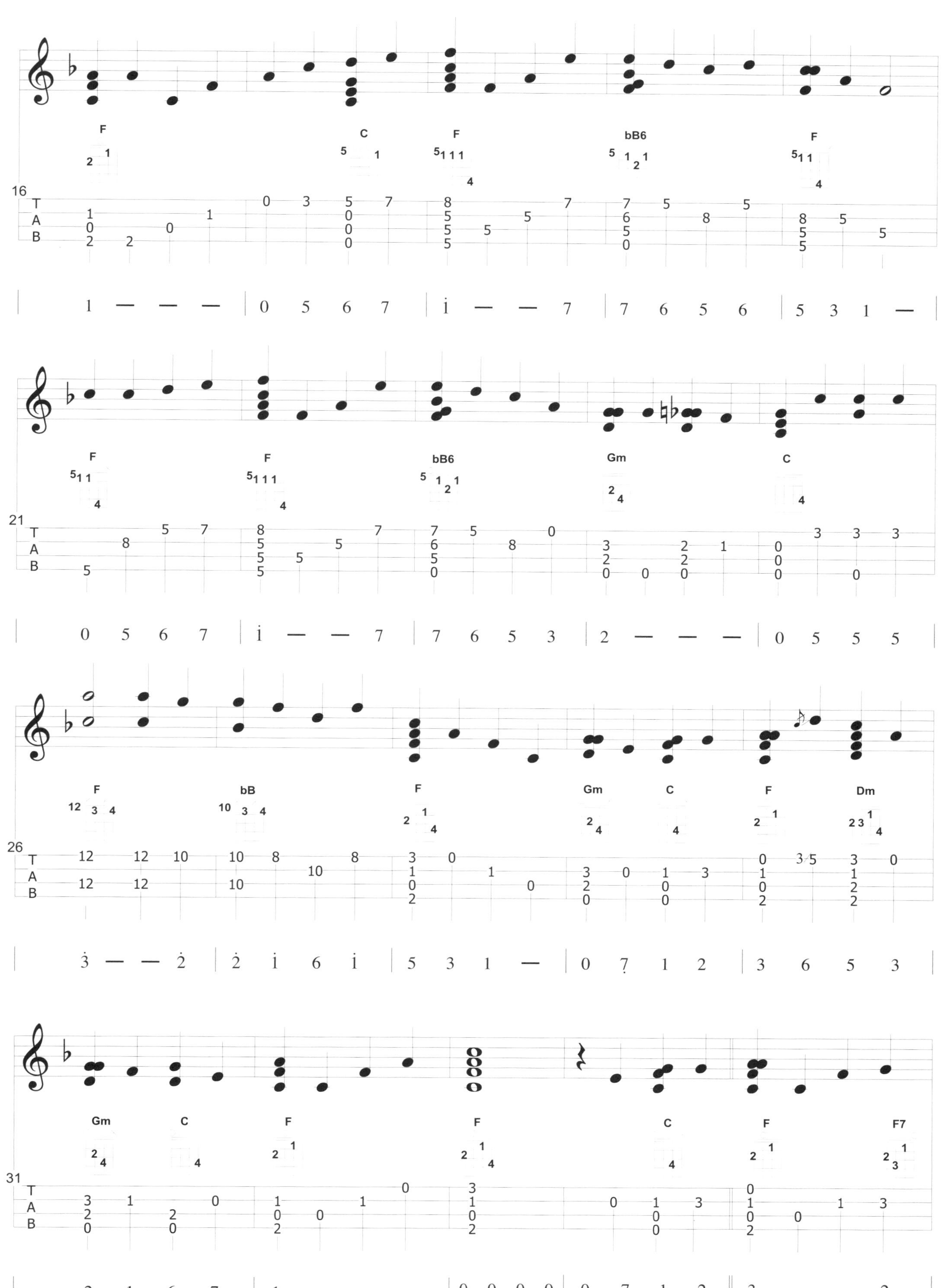
F
C
F
bB6
F
16
T
A
B
1 — — —
0 5 6 7
i — — 7
7 6 5 6
5 3 1 —
F
F
bB6
Gm
C
21
0 5 6 7
i — — 7
7 6 5 3
2 — — —
0 5 5 5
F
bB
F
Gm
C
F
Dm
26
3 — — 2
2 i 6 i
5 3 1 —
0 7 1 2
3 6 5 3
Gm
C
F
F
C
F
F7
31
2 1 6 7
1 — — —
0 0 0 0
0 7 1 2
3 — — 2

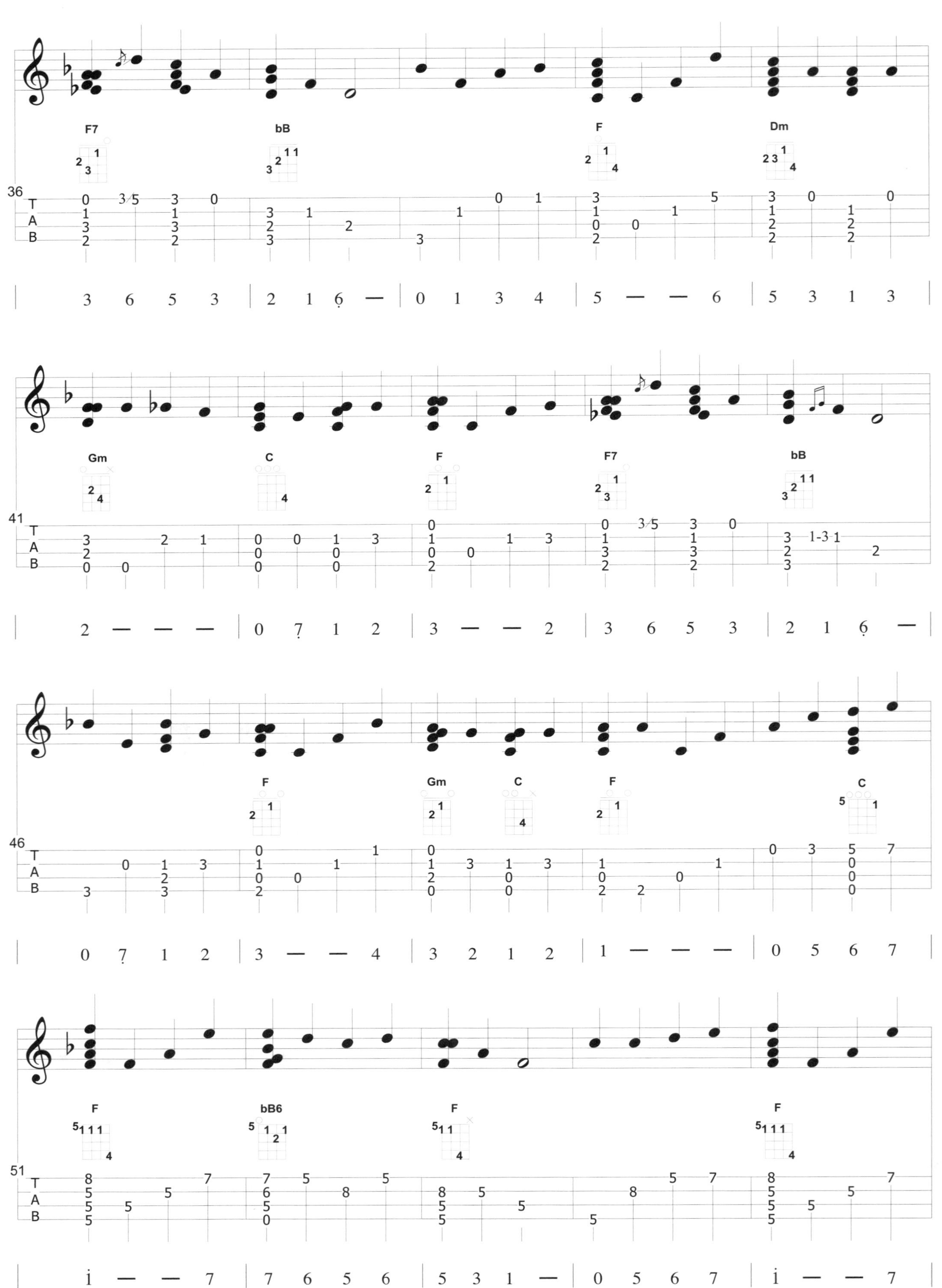
36
F7
bB
F
Dm
41
Gm
C
F
F7
bB
46
F
Gm
C
F
C
51
F
bB6
F
F

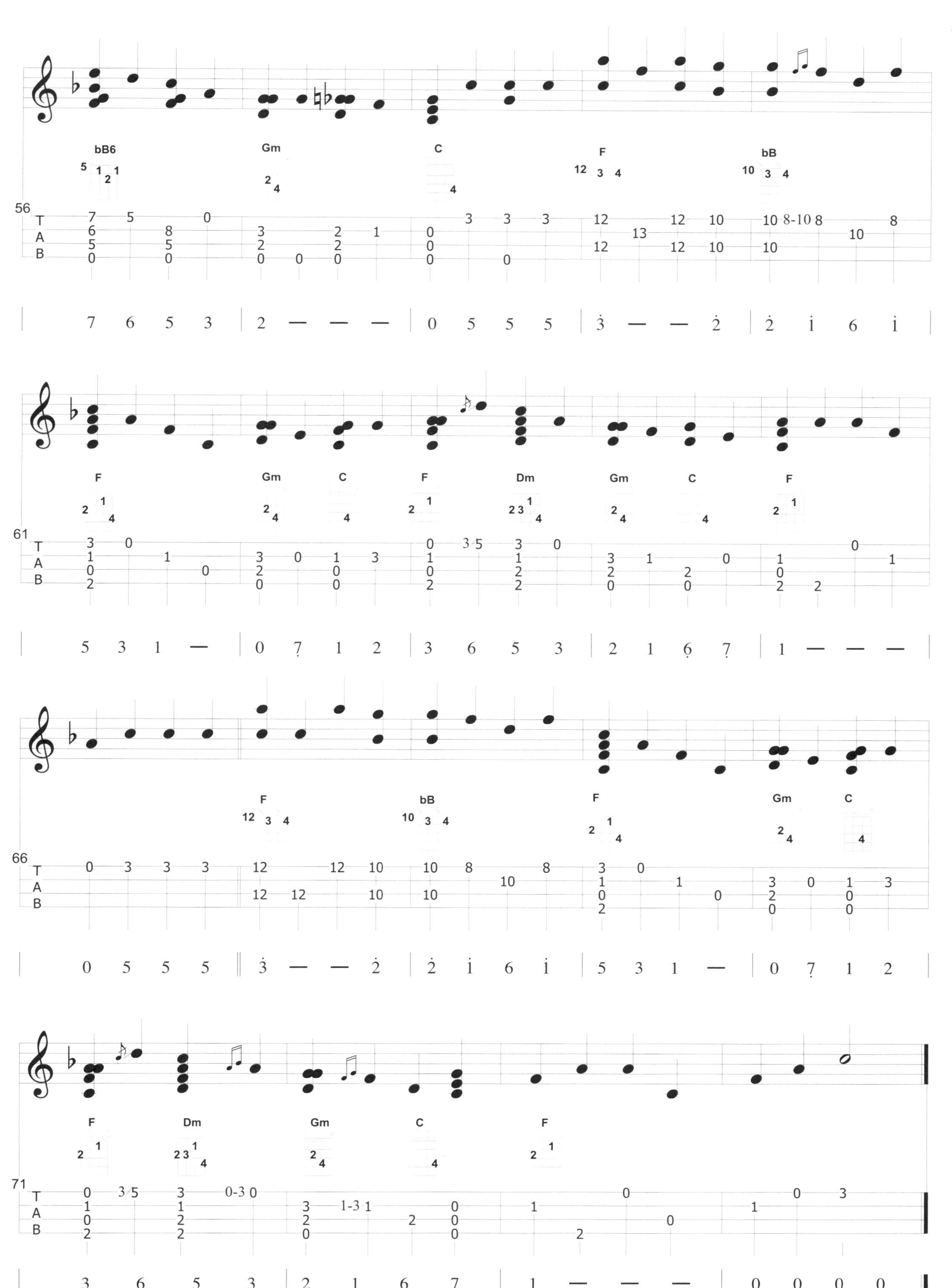
bB6 Gm C F bB
F Gm C F Dm Gm C F
F bB F Gm C
F Dm Gm C F

Fine

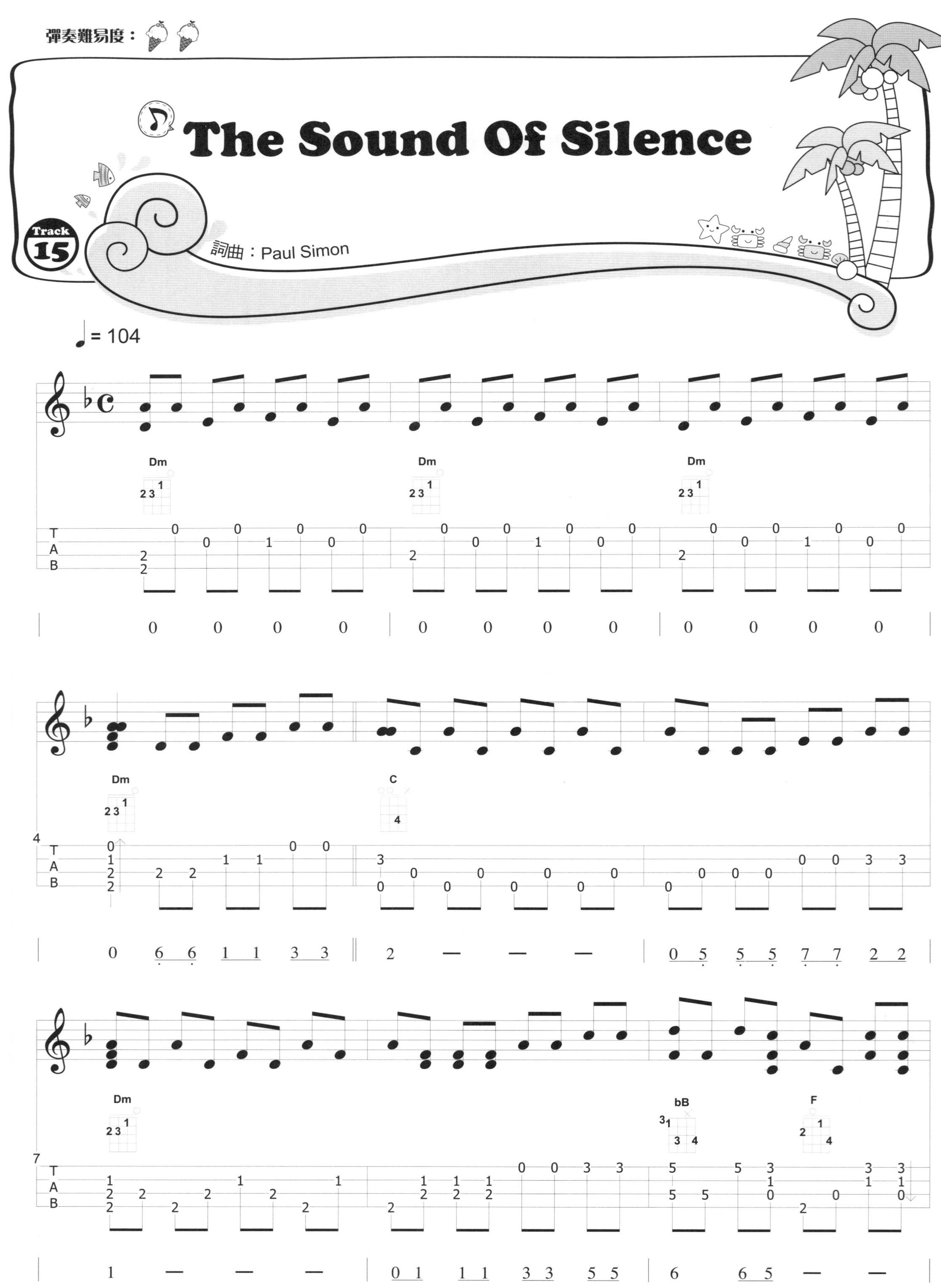
彈奏難易度：
The Sound Of Silence
Track 15
詞曲：Paul Simon
♩= 104
Dm
Dm
Dm
Dm
C
Dm
bB
F

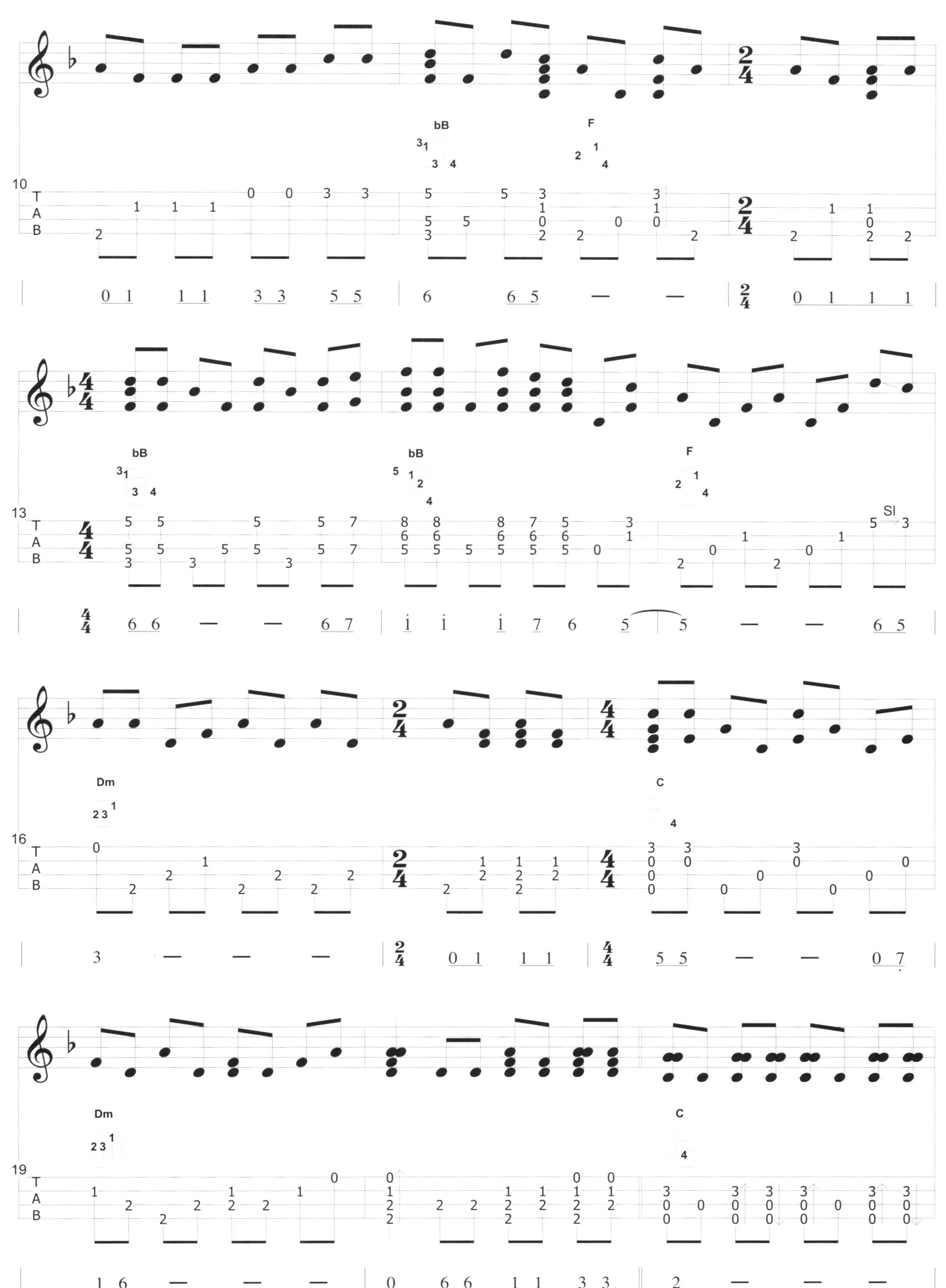
bB
F
Sl
Dm
C

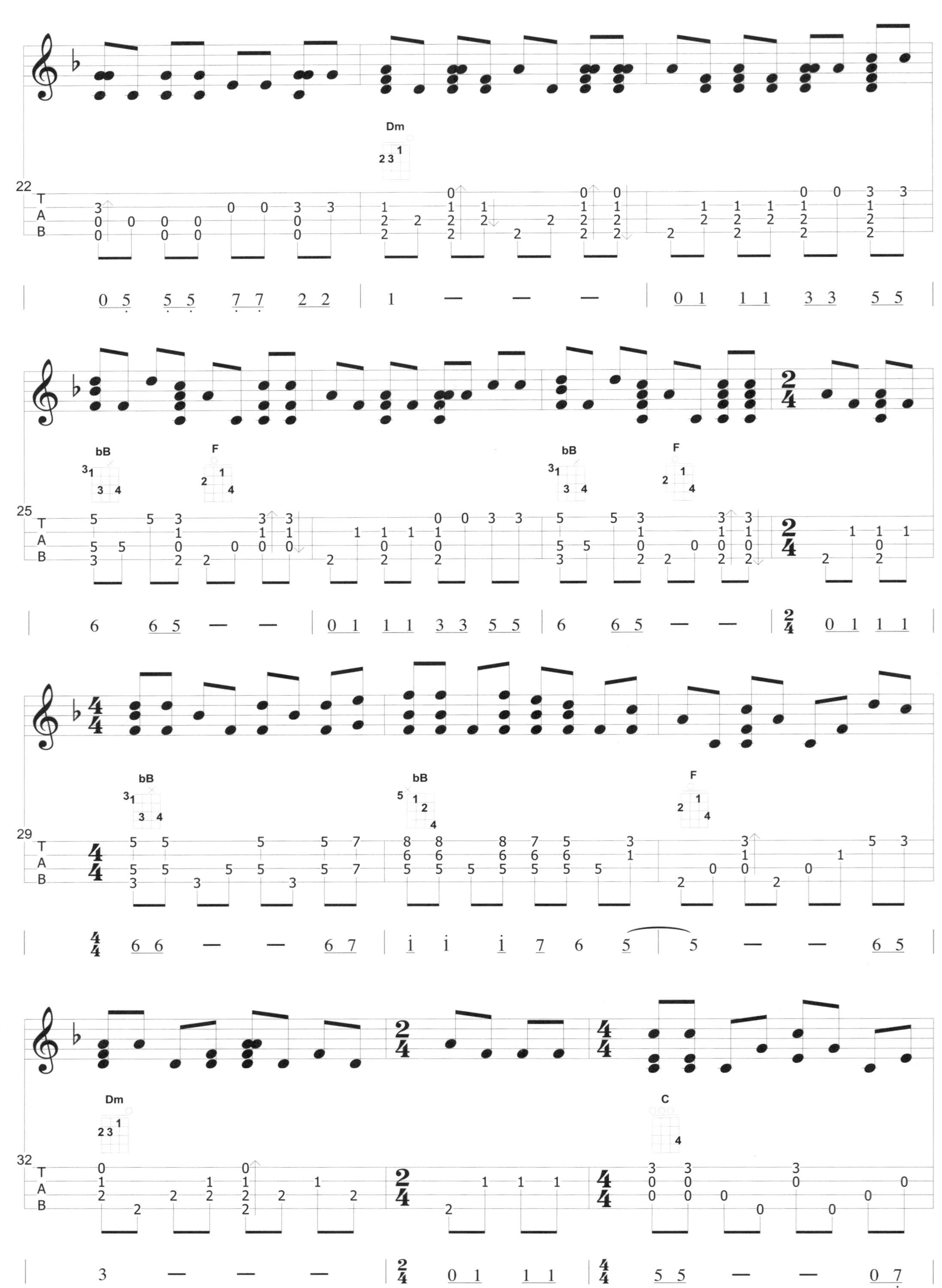

Dm
bB
F
bB
F
bB
bB
F
Dm
C

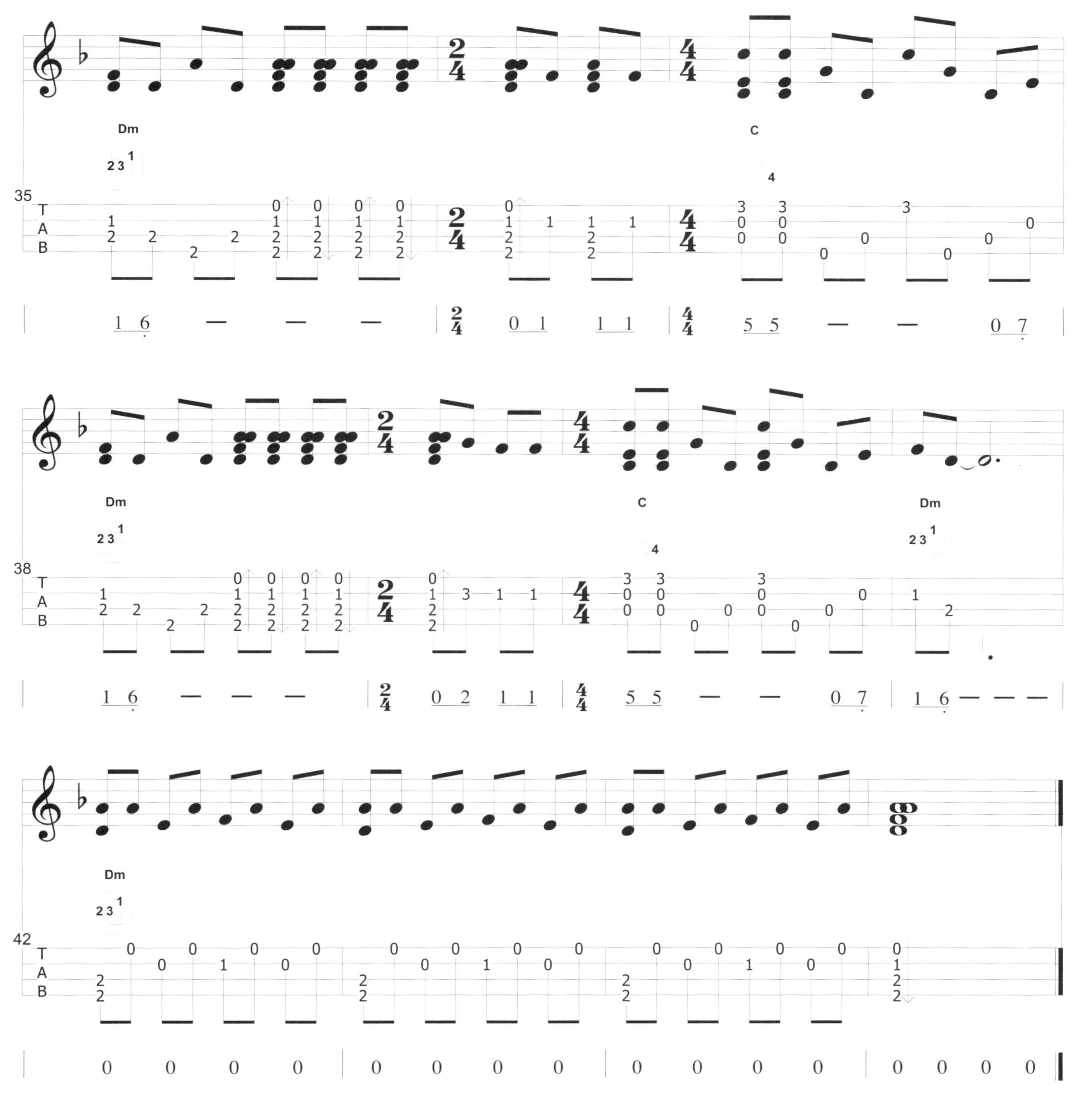

Fine

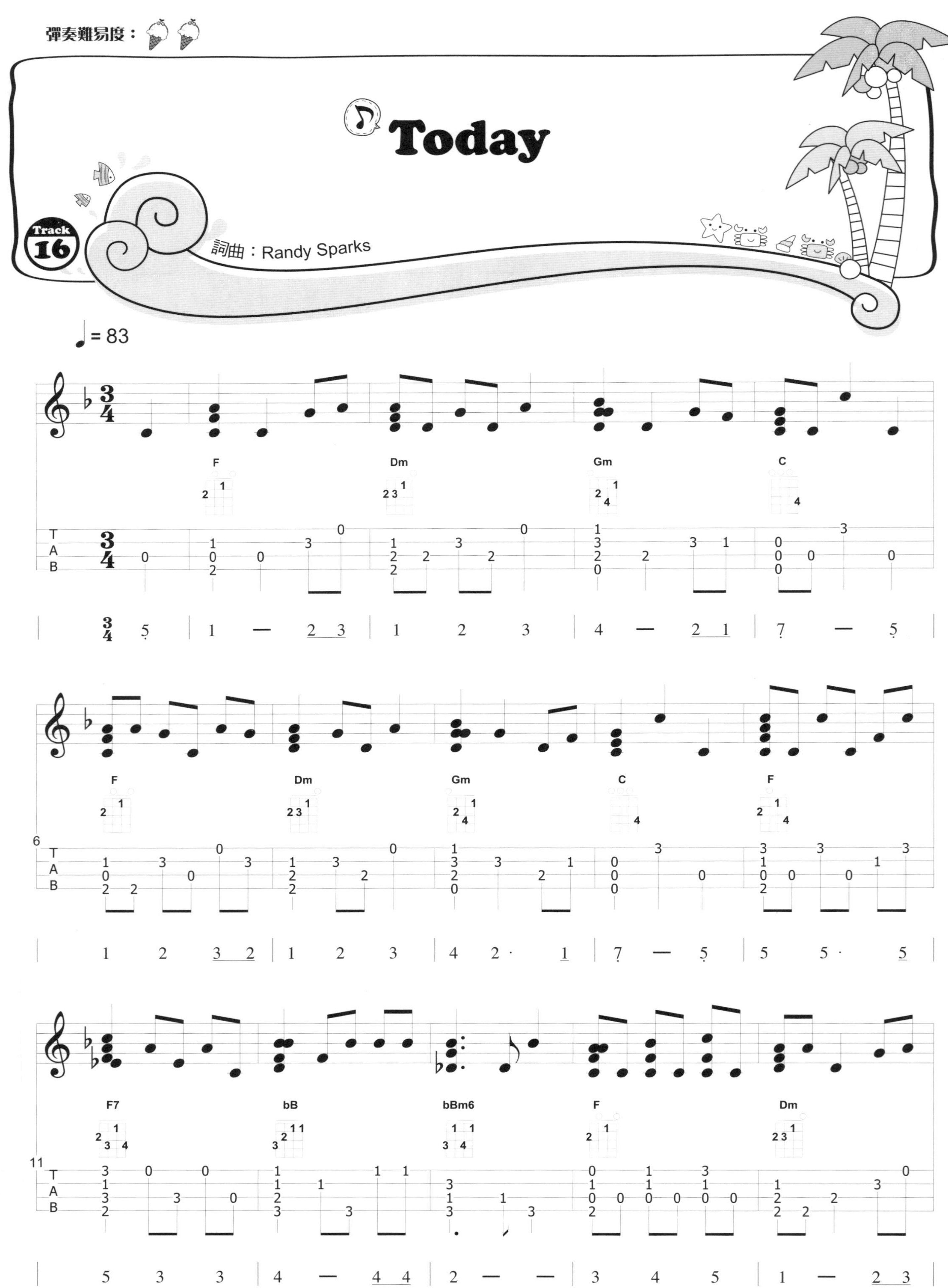
彈奏難易度：
Today
Track 16
詞曲：Randy Sparks
♩= 83
F Dm Gm C
F Dm Gm C F
F7 bB bBm6 F Dm

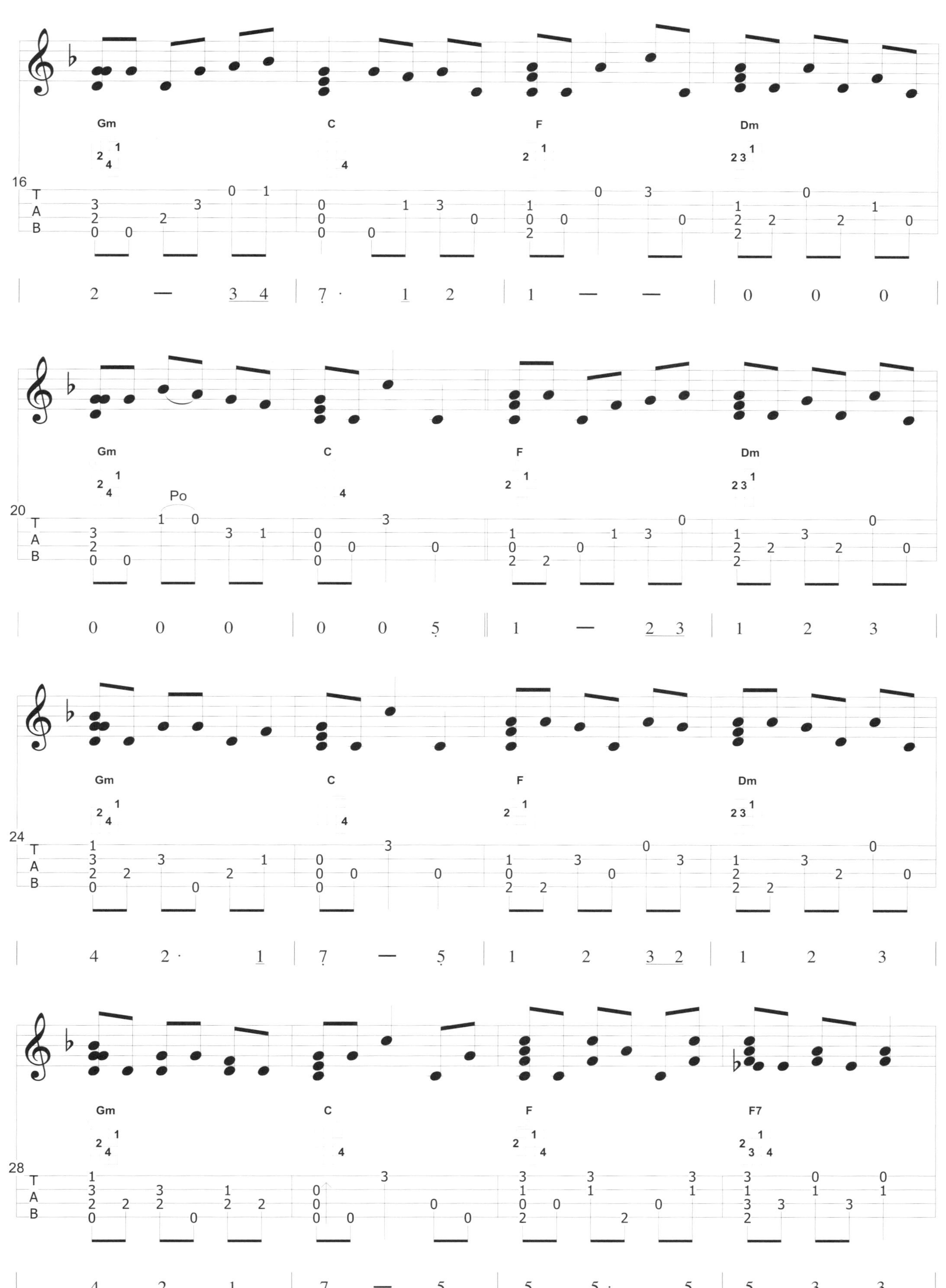
16
Gm C F Dm
20
Gm Po C F Dm
24
Gm C F Dm
28
Gm C F F7

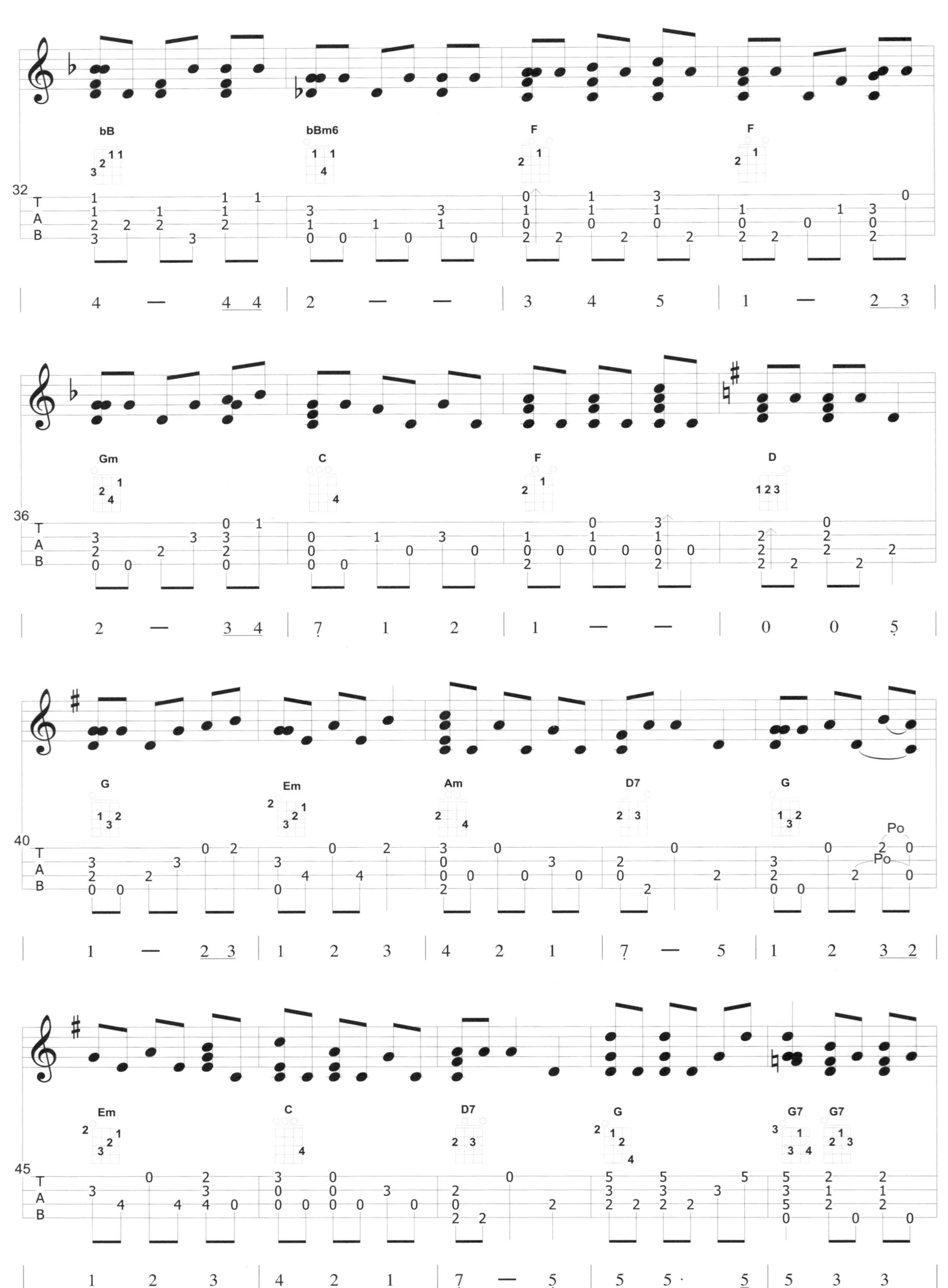
bB
bBm6
F
F
Gm
C
F
D
G
Em
Am
D7
G
Po
Po
Em
C
D7
G
G7
G7

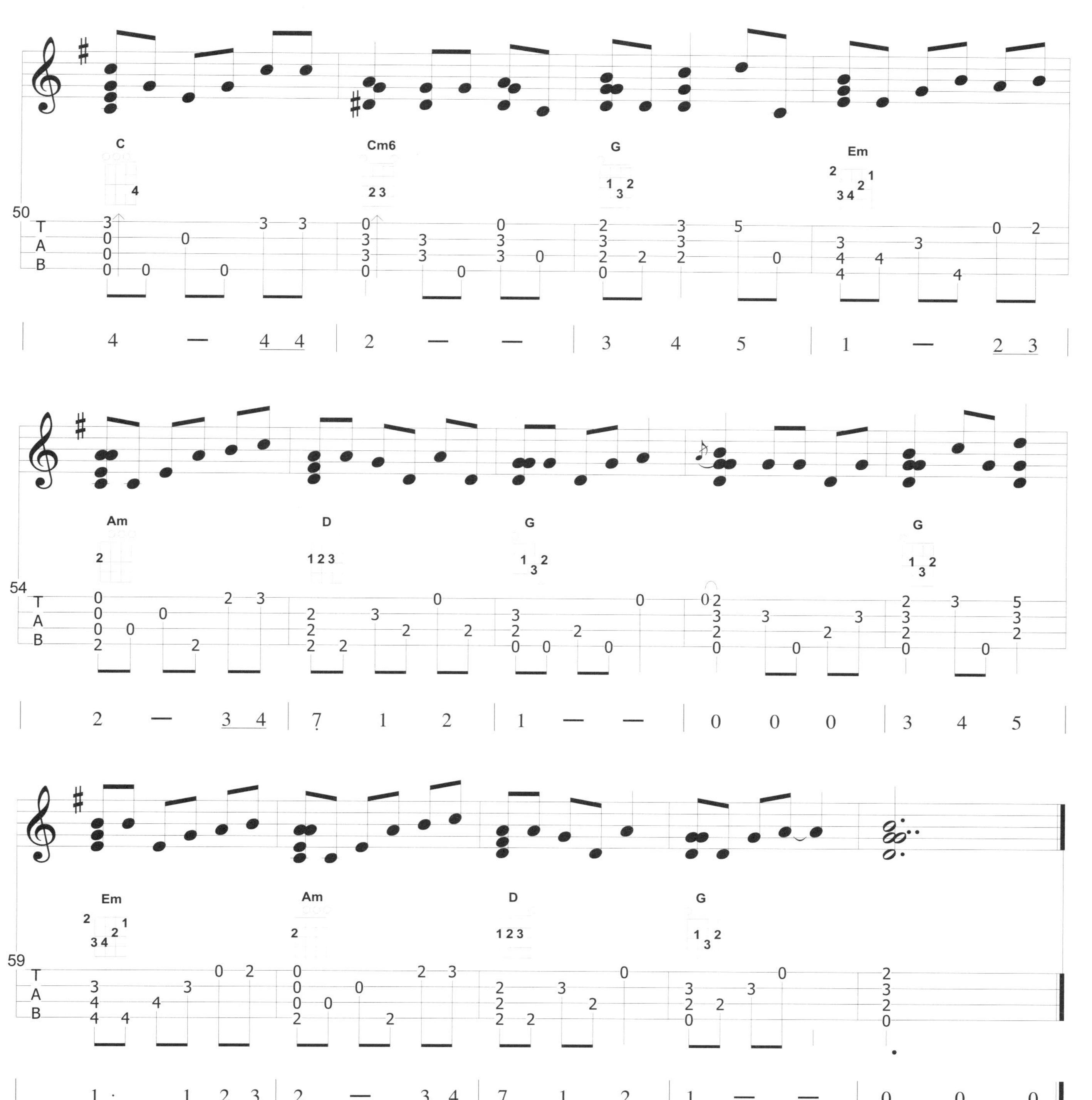

Fine

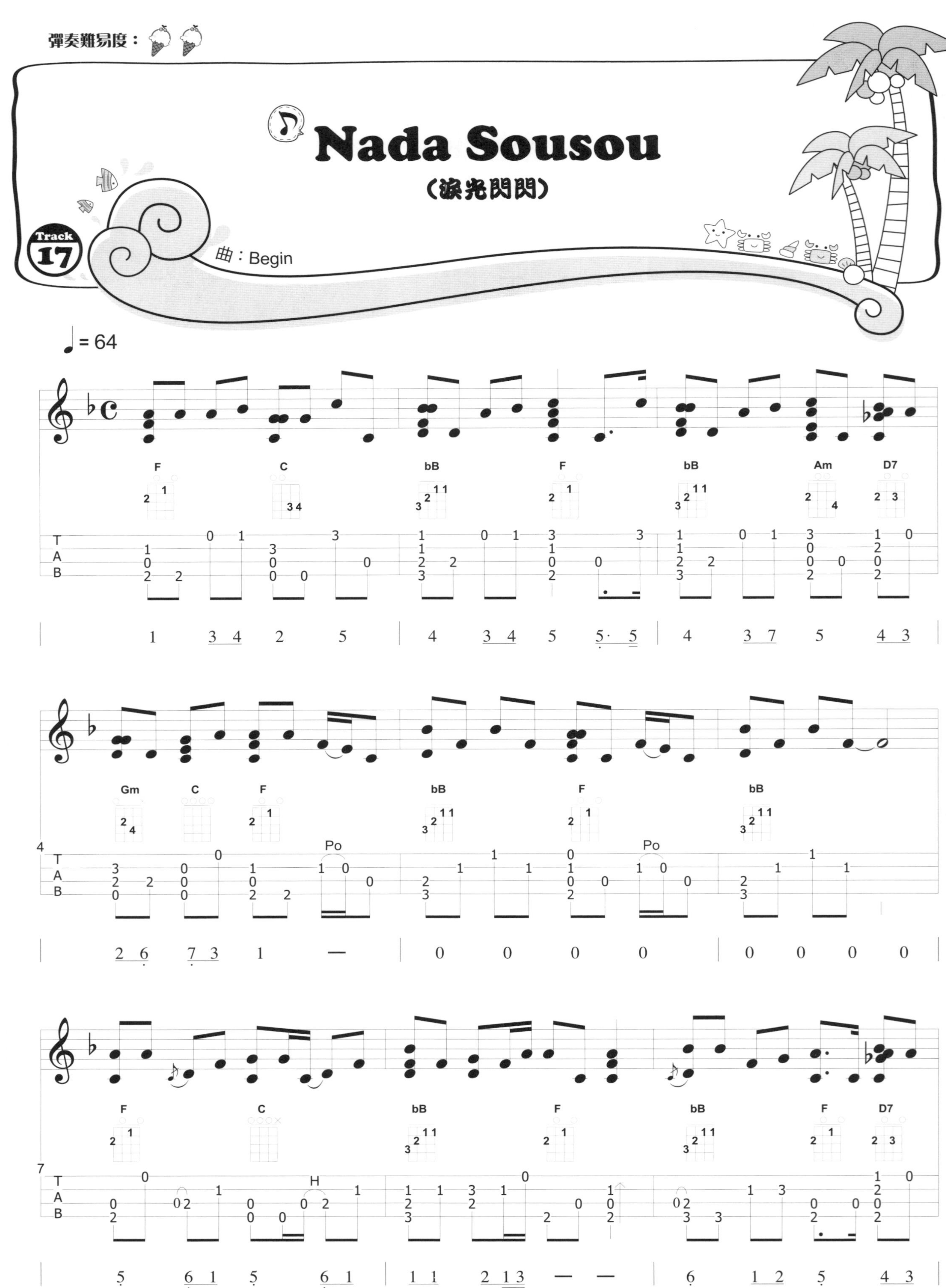
彈奏難易度：
Nada Sousou
(淚光閃閃)
Track 17
曲：Begin
♩= 64
F C bB F bB Am D7
Gm C F bB F bB
Po
F C bB F bB F D7
H

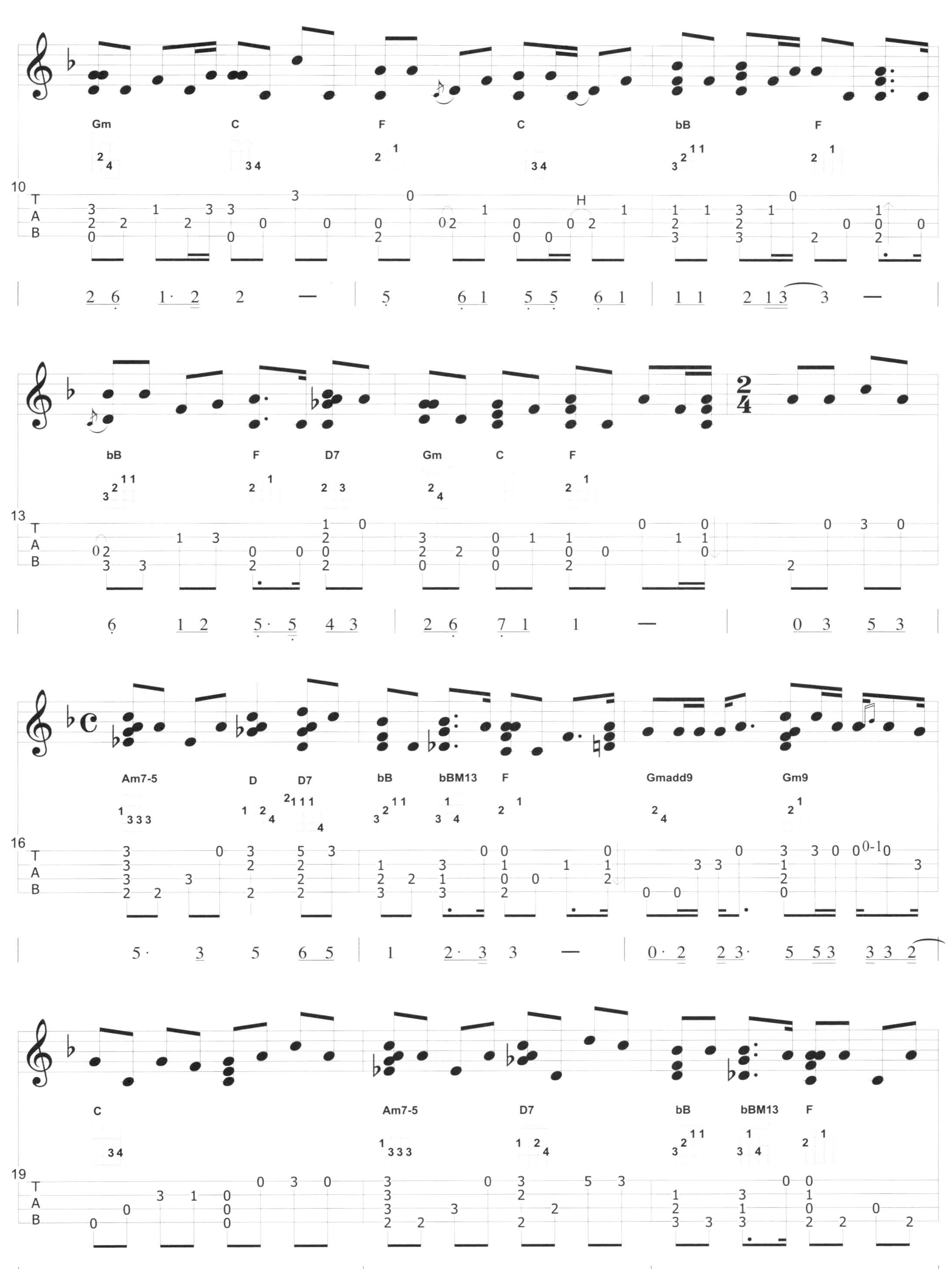
Gm
C
F
C
bB
F
D7
Am7-5
D
bBM13
Gmadd9
Gm9
H

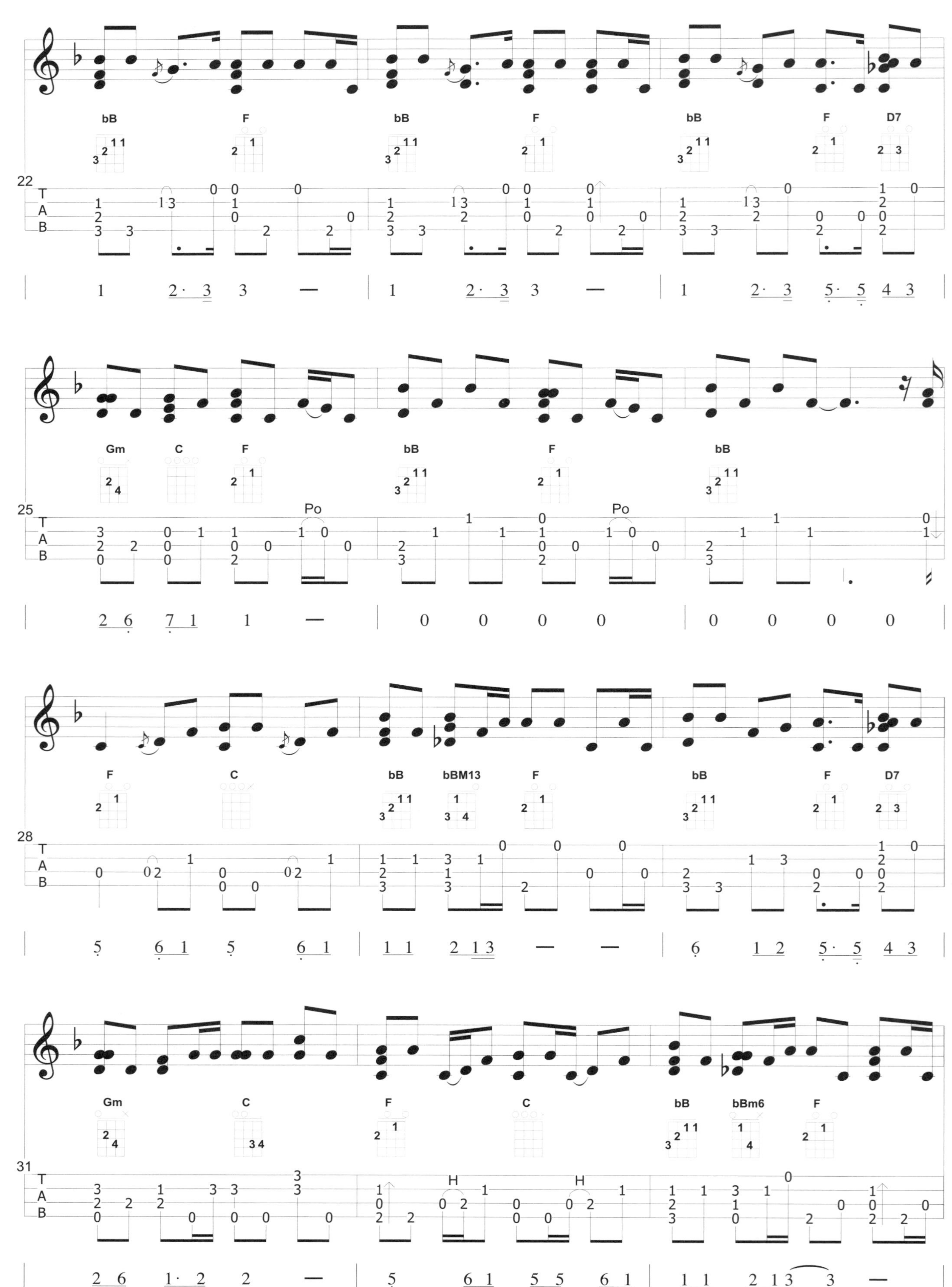
bB F bB F bB F D7
22
Gm C F bB F bB
25
F C bB bBM13 F bB F D7
28
Gm C F C bB bBm6 F
31

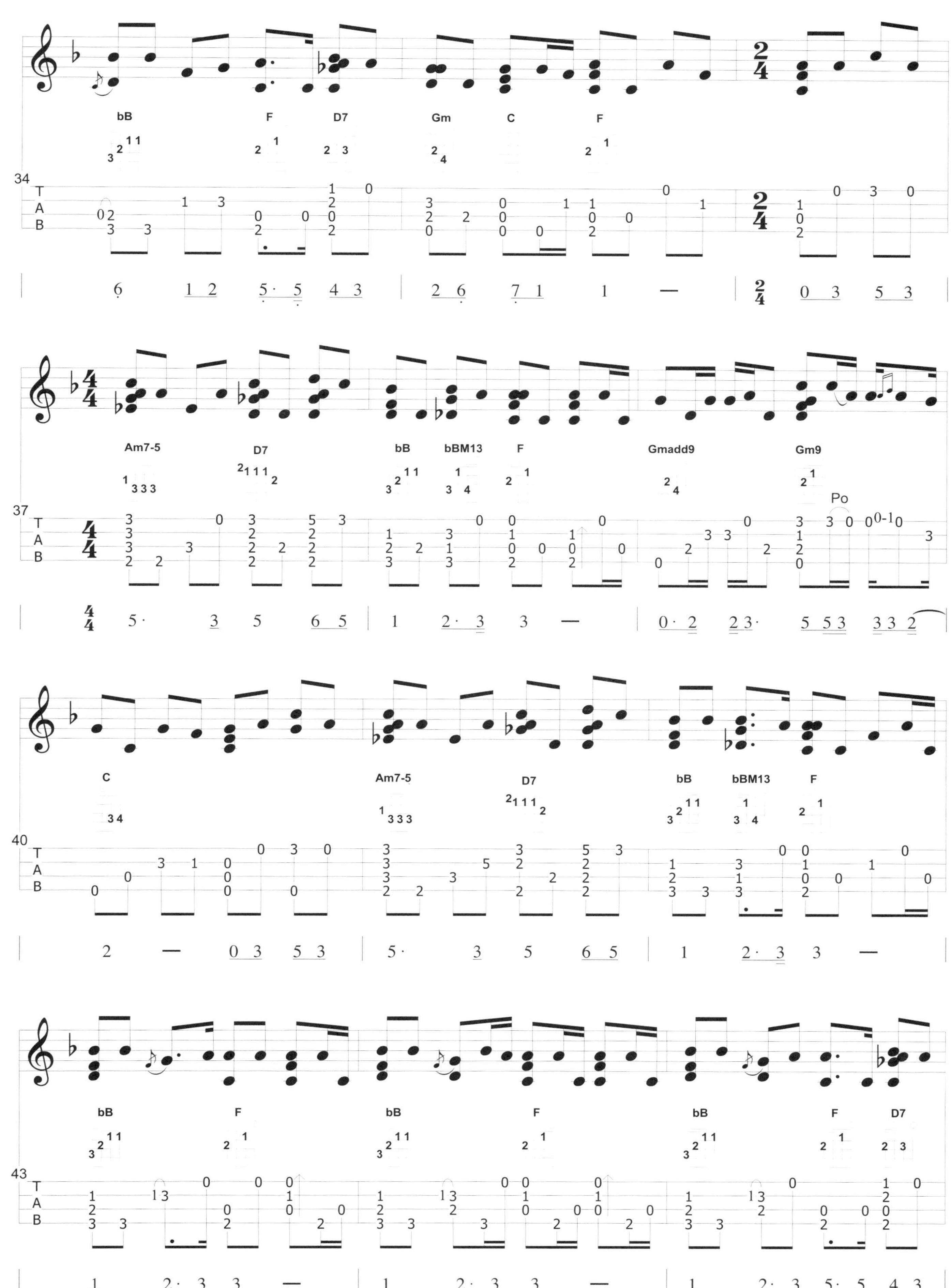
34
bB F D7 Gm C F
37
Am7-5 D7 bB bBM13 F Gmadd9 Gm9
Po
40
C Am7-5 D7 bB bBM13 F
43
bB F bB F bB F D7

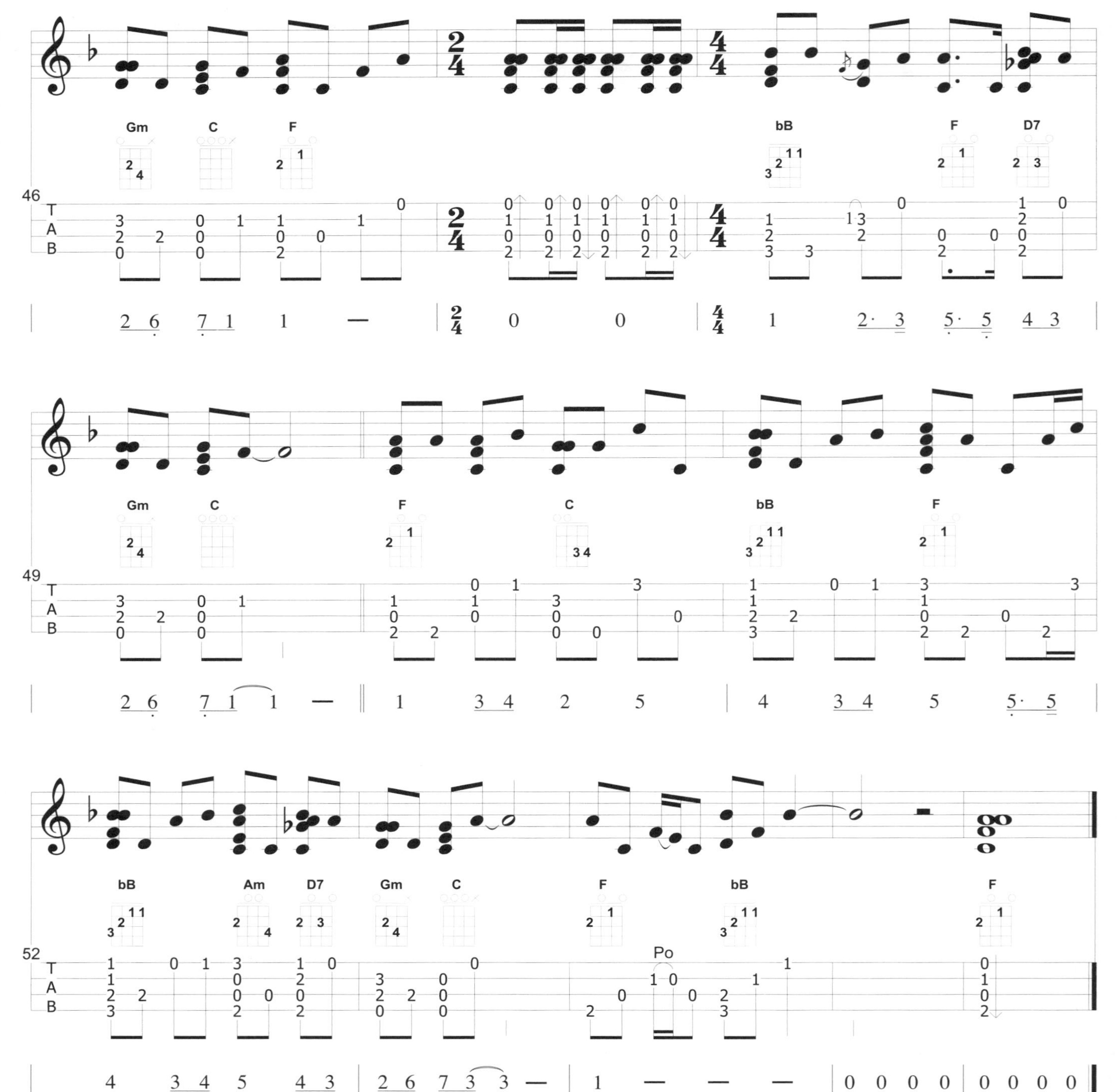
Gm C F bB F D7
46
TAB
Gm C F C bB F
49
TAB
bB Am D7 Gm C F bB F
52
TAB
Po

Fine

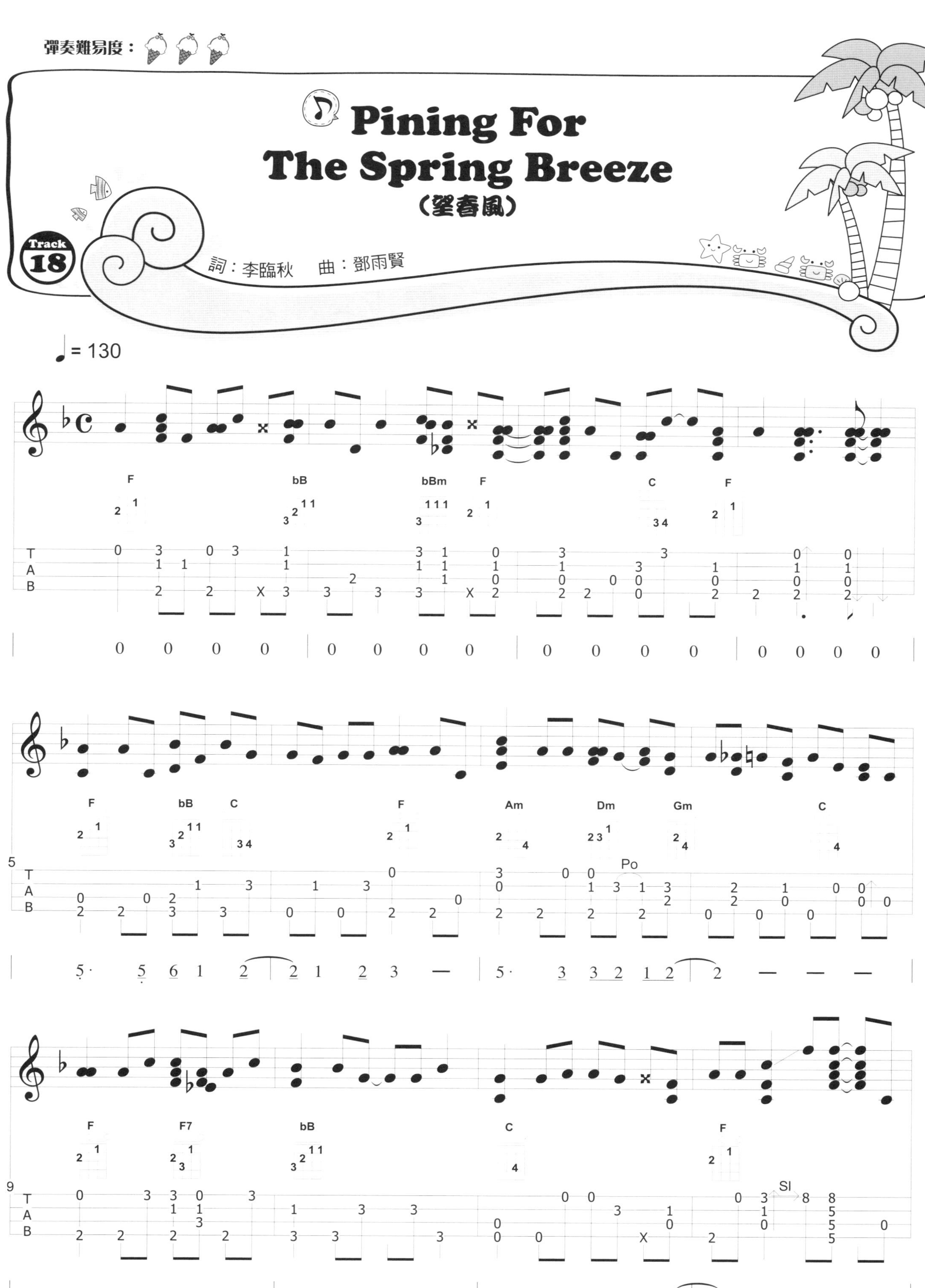
彈奏難易度：
Pining For The Spring Breeze
（望春風）
Track 18
詞：李臨秋　曲：鄧雨賢
♩= 130
F
bB
bBm
C
Am
Dm
Gm
F7
Po
Sl

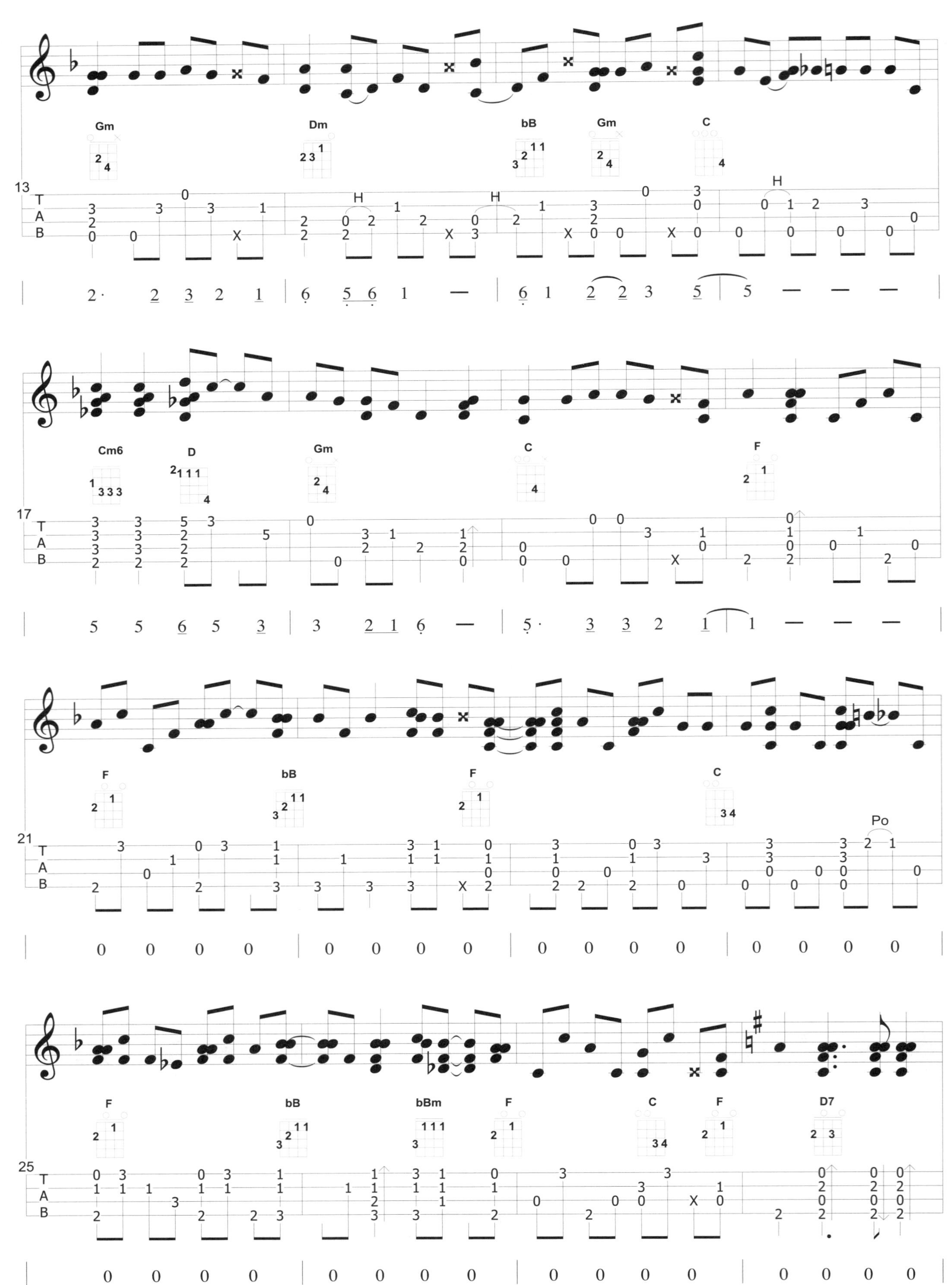
Gm
Dm
bB
Gm
C
H
H
H
Cm6
D
Gm
C
F
F
bB
F
C
Po
F
bB
bBm
F
C
F
D7

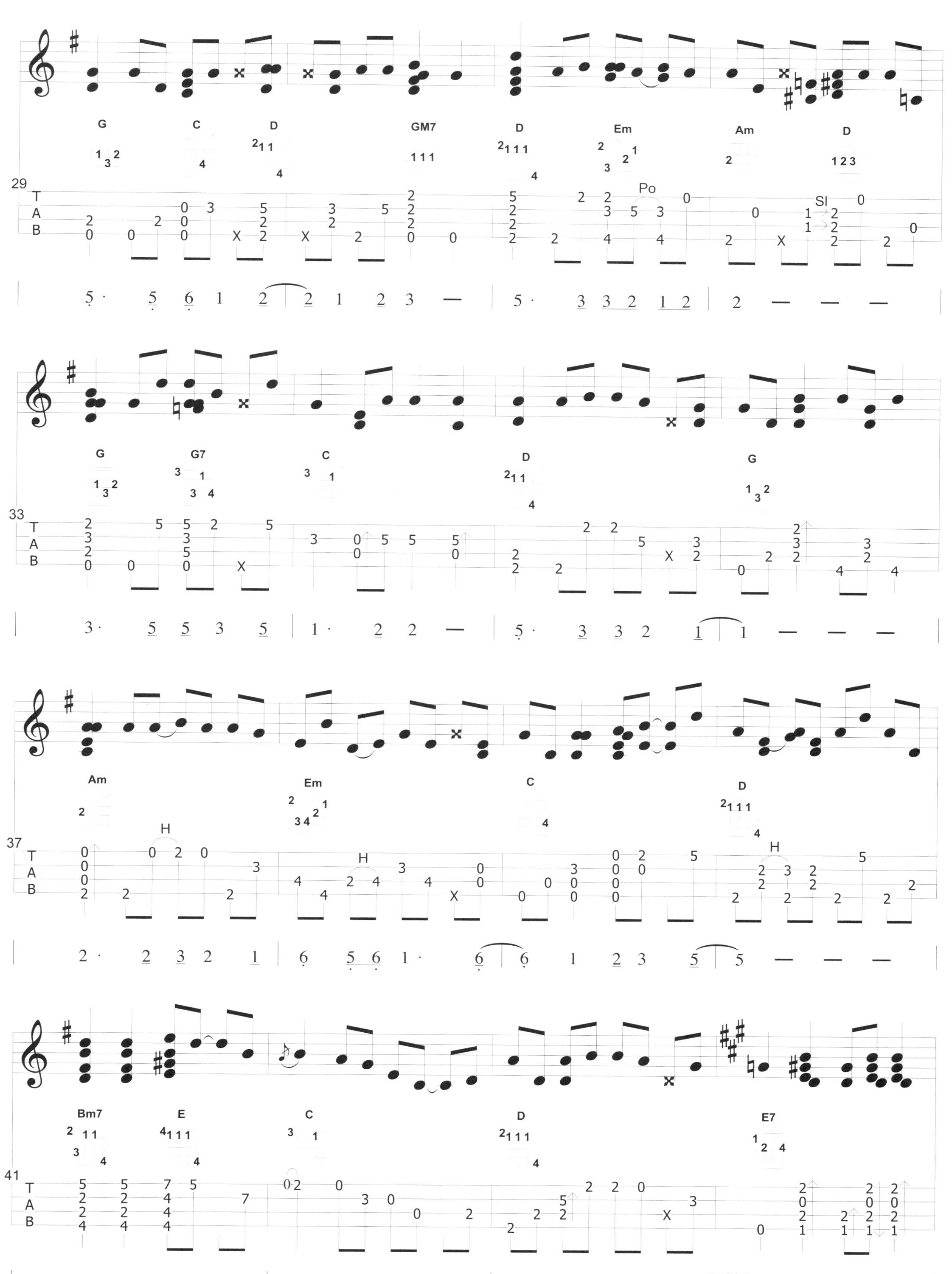

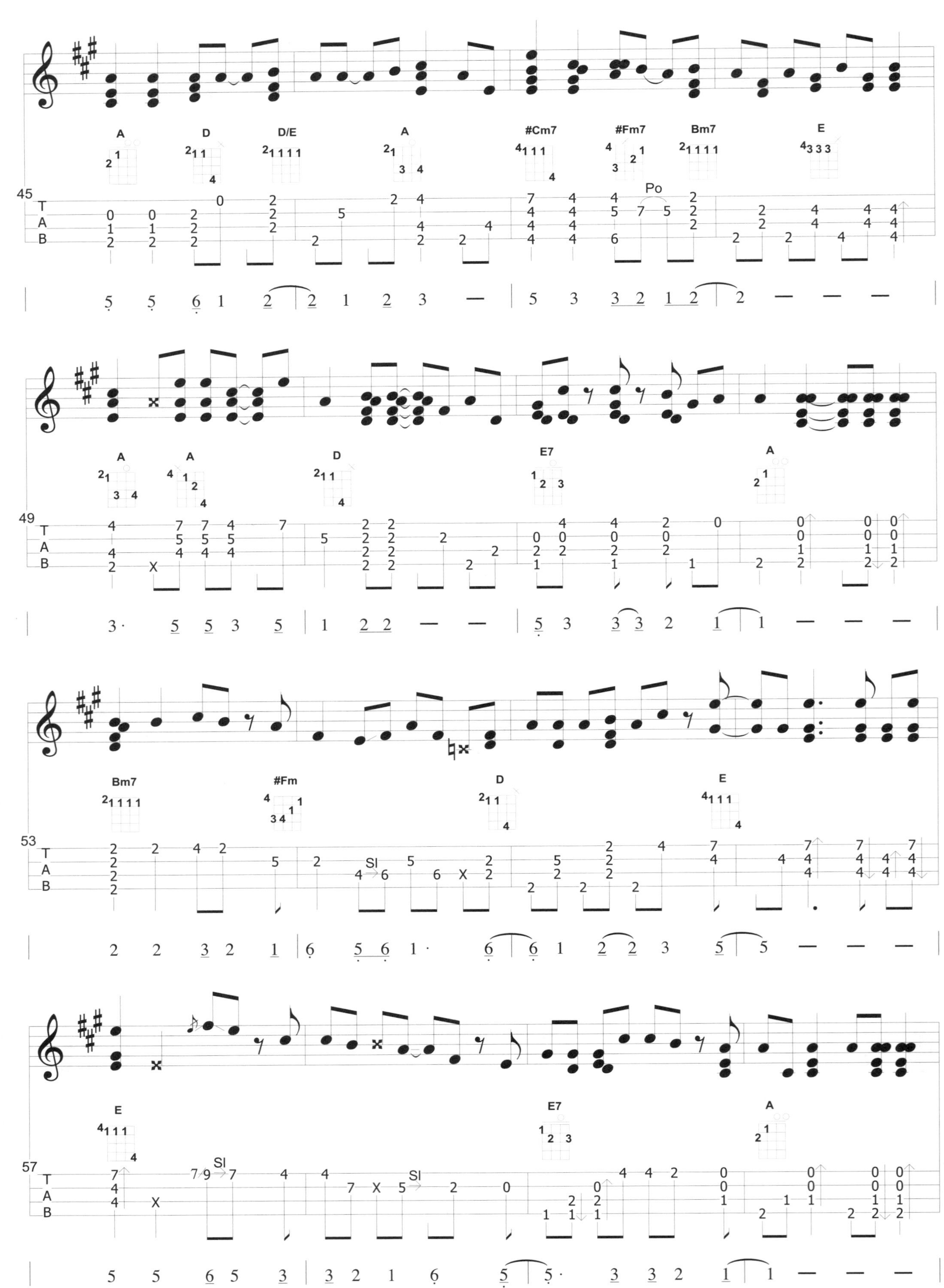

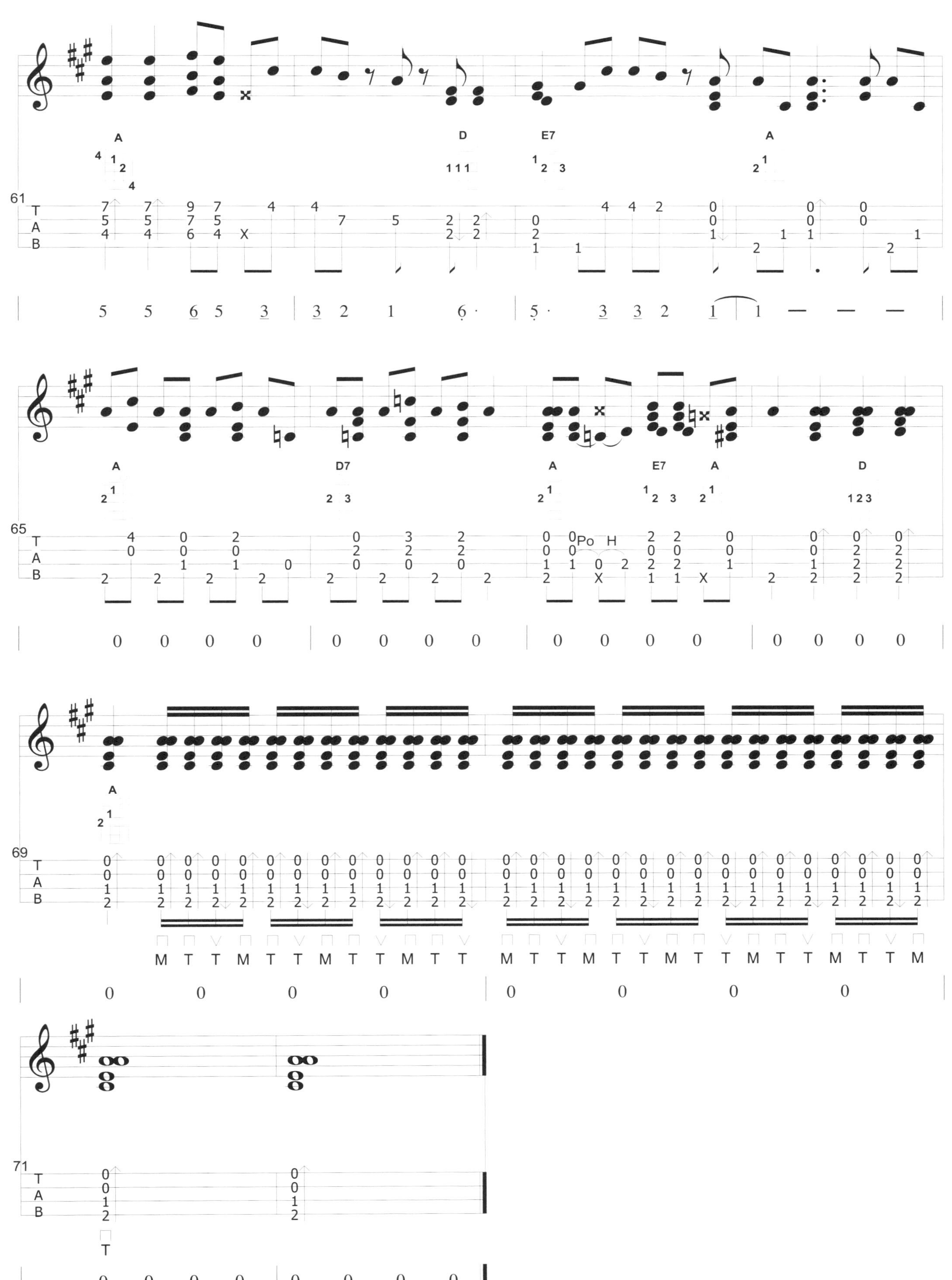

Fine

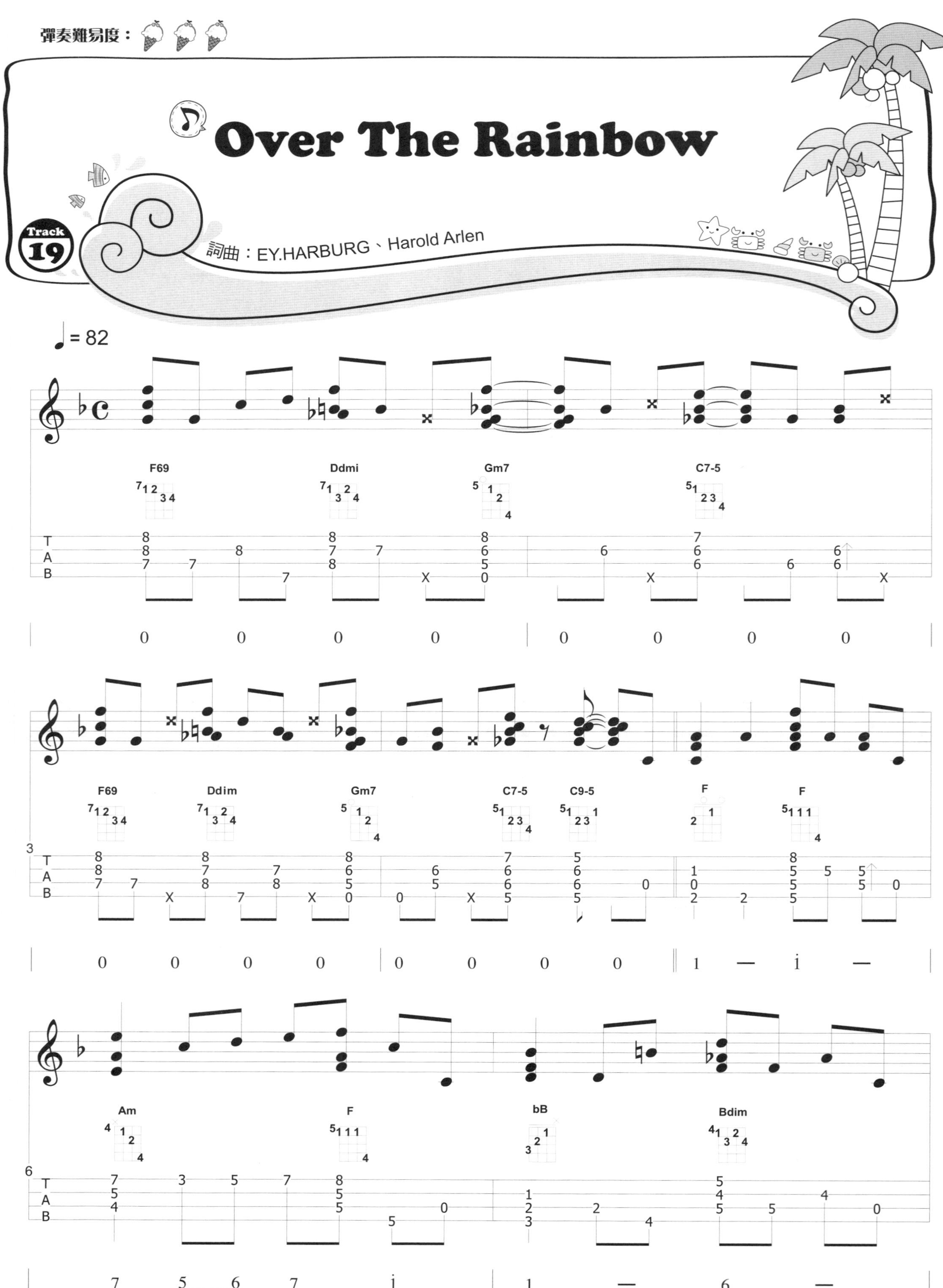

彈奏難易度：
Over The Rainbow
Track 19
詞曲：EY.HARBURG、Harold Arlen
♩= 82
F69
Ddmi
Gm7
C7-5
F69
Ddim
Gm7
C7-5
C9-5
F
F
Am
F
bB
Bdim

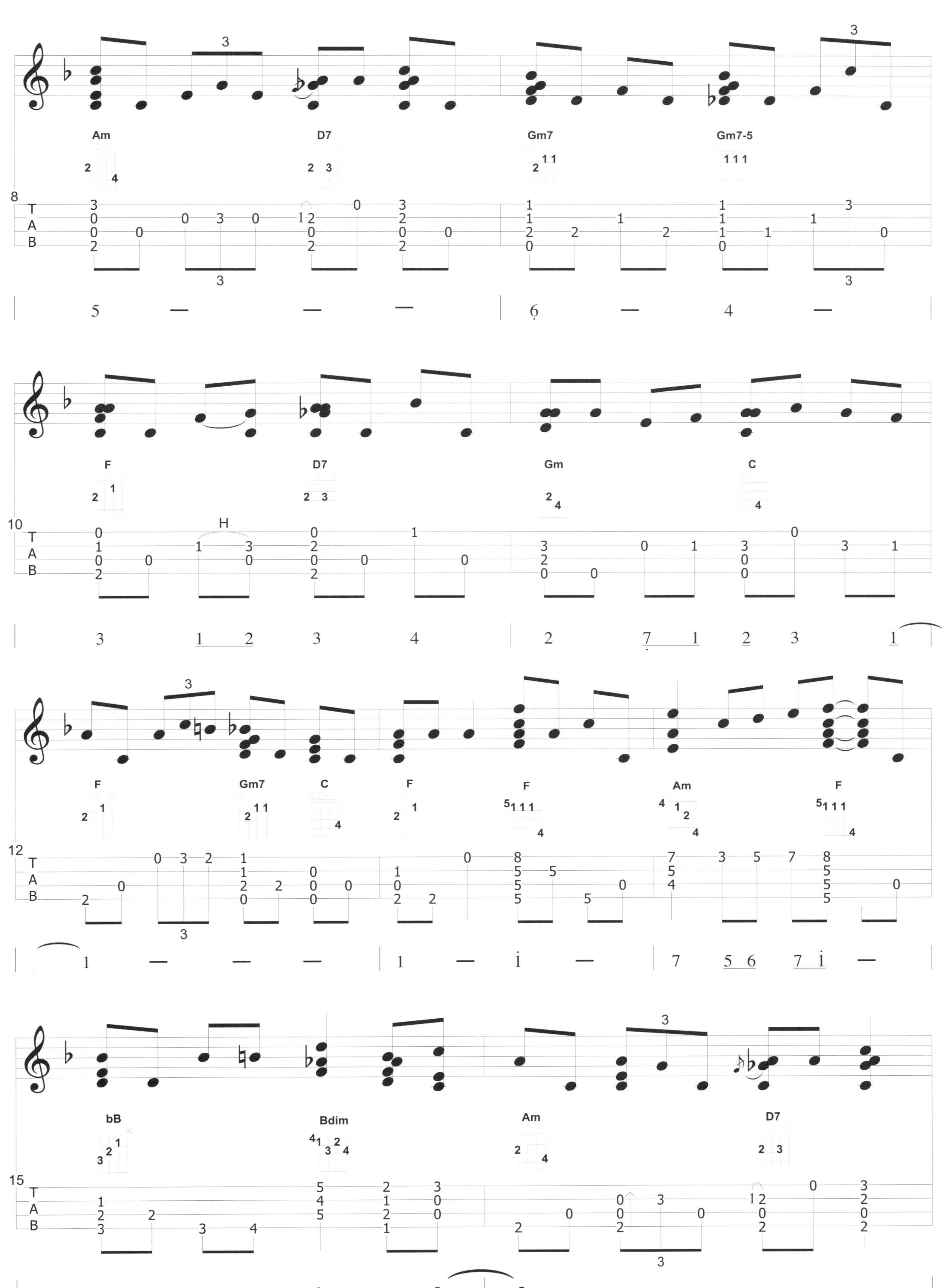
Am
D7
Gm7
Gm7-5
F
D7
Gm
C
F
Gm7
C
F
F
Am
F
bB
Bdim
Am
D7
H

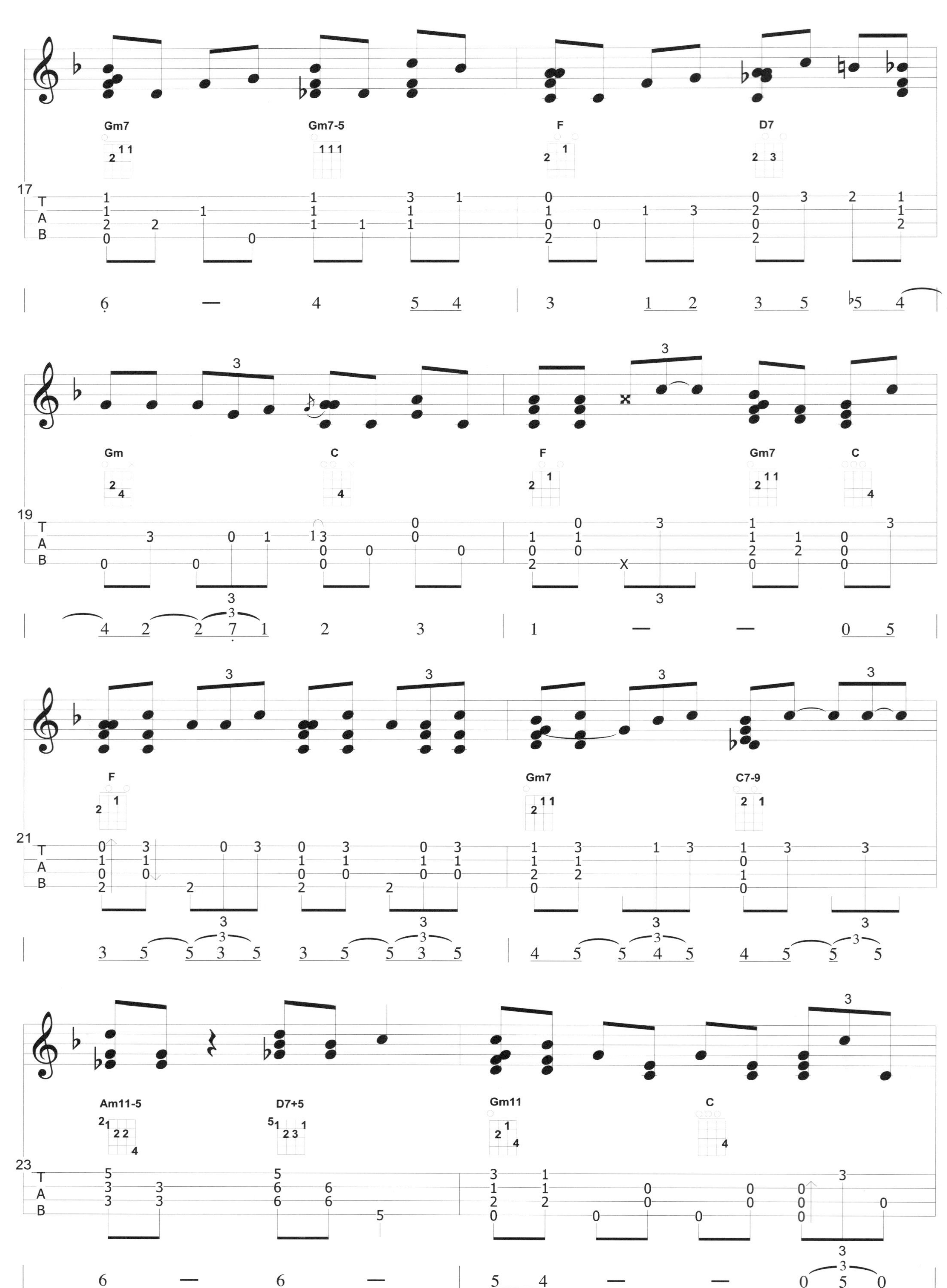
Gm7
Gm7-5
F
D7
Gm
C
F
Gm7
C
F
Gm7
C7-9
Am11-5
D7+5
Gm11
C

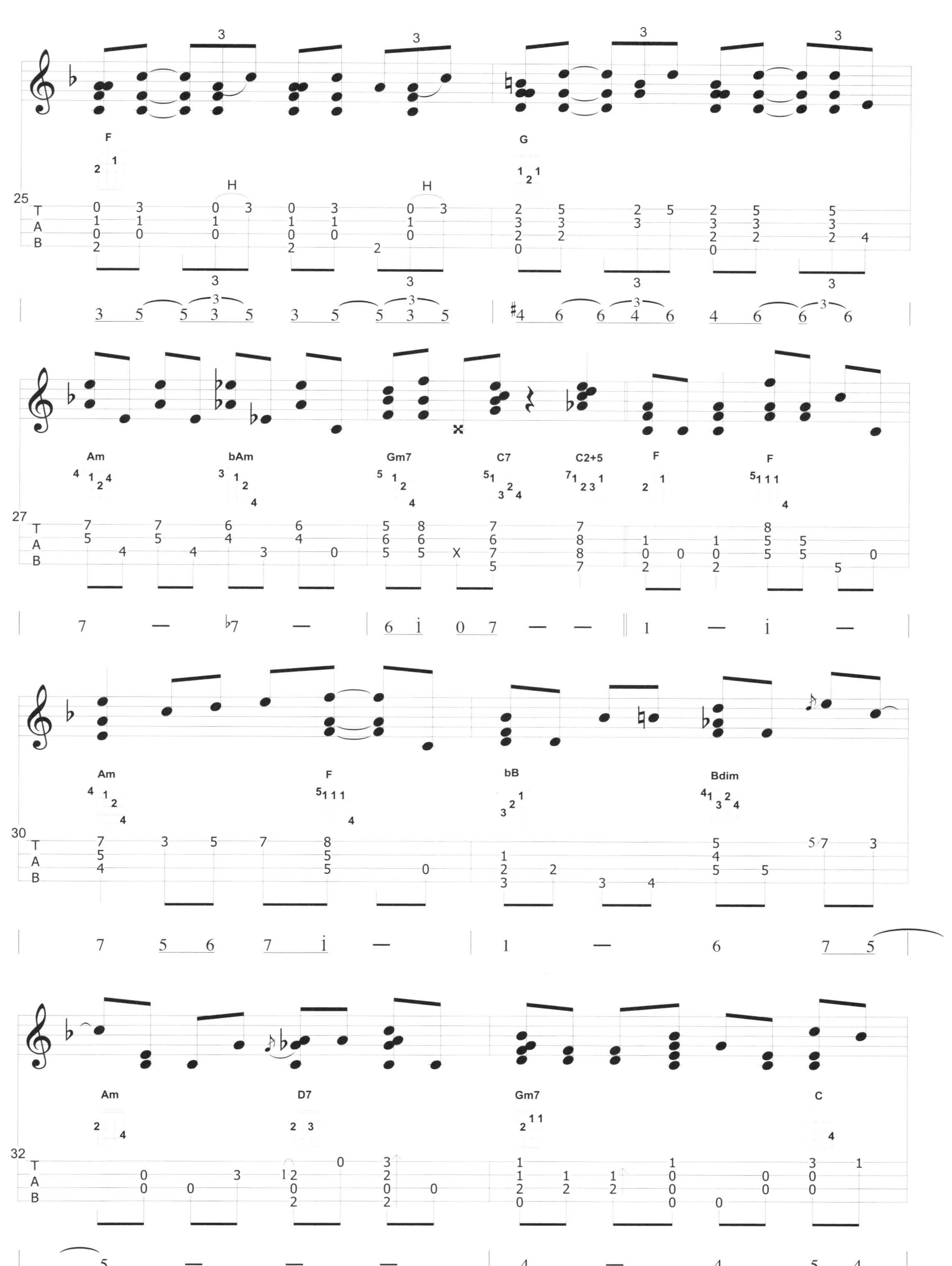

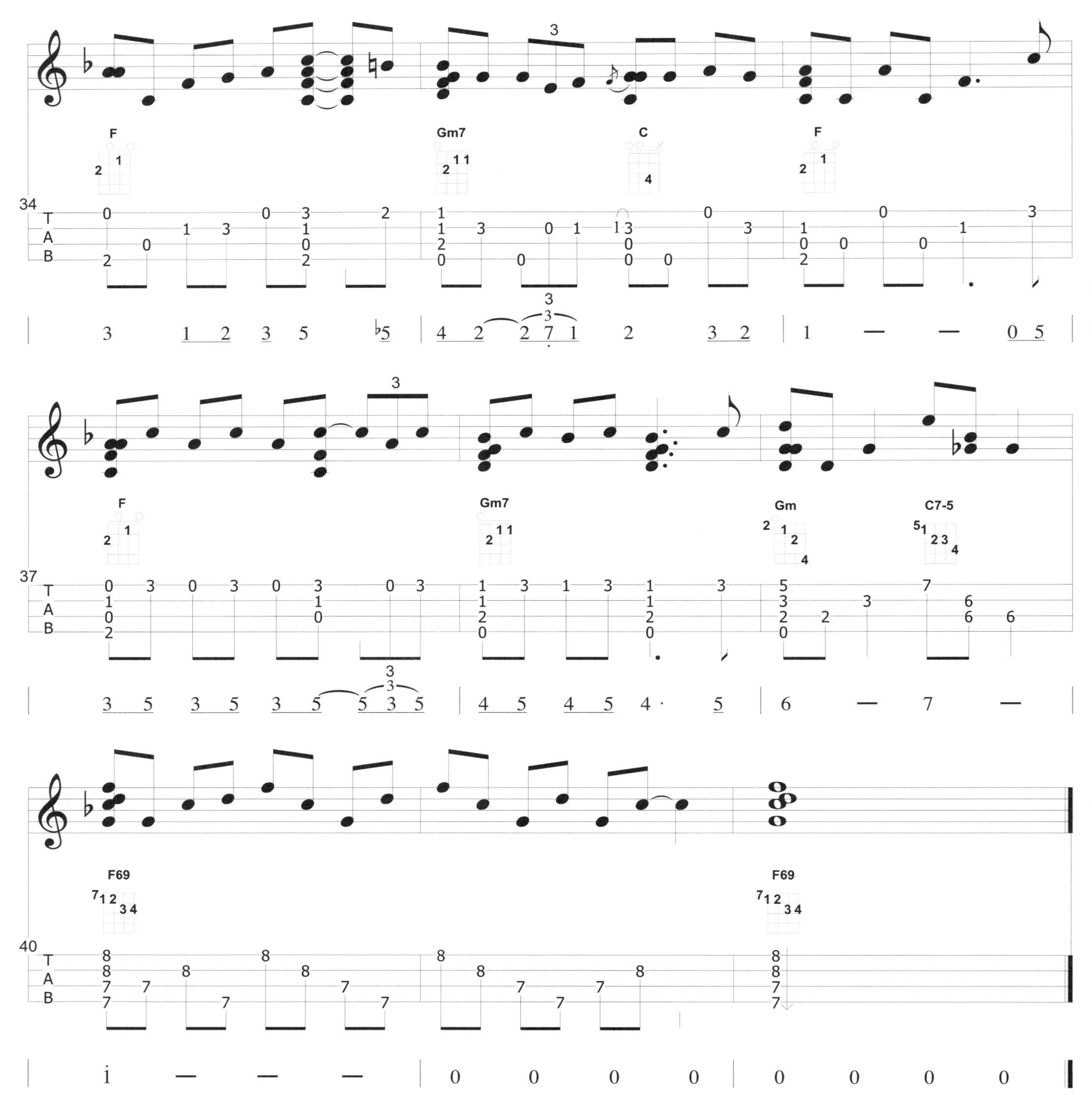
F
Gm7
C
F
34
T
A
B
F
Gm7
Gm
C7-5
37
F69
F69
40
Fine

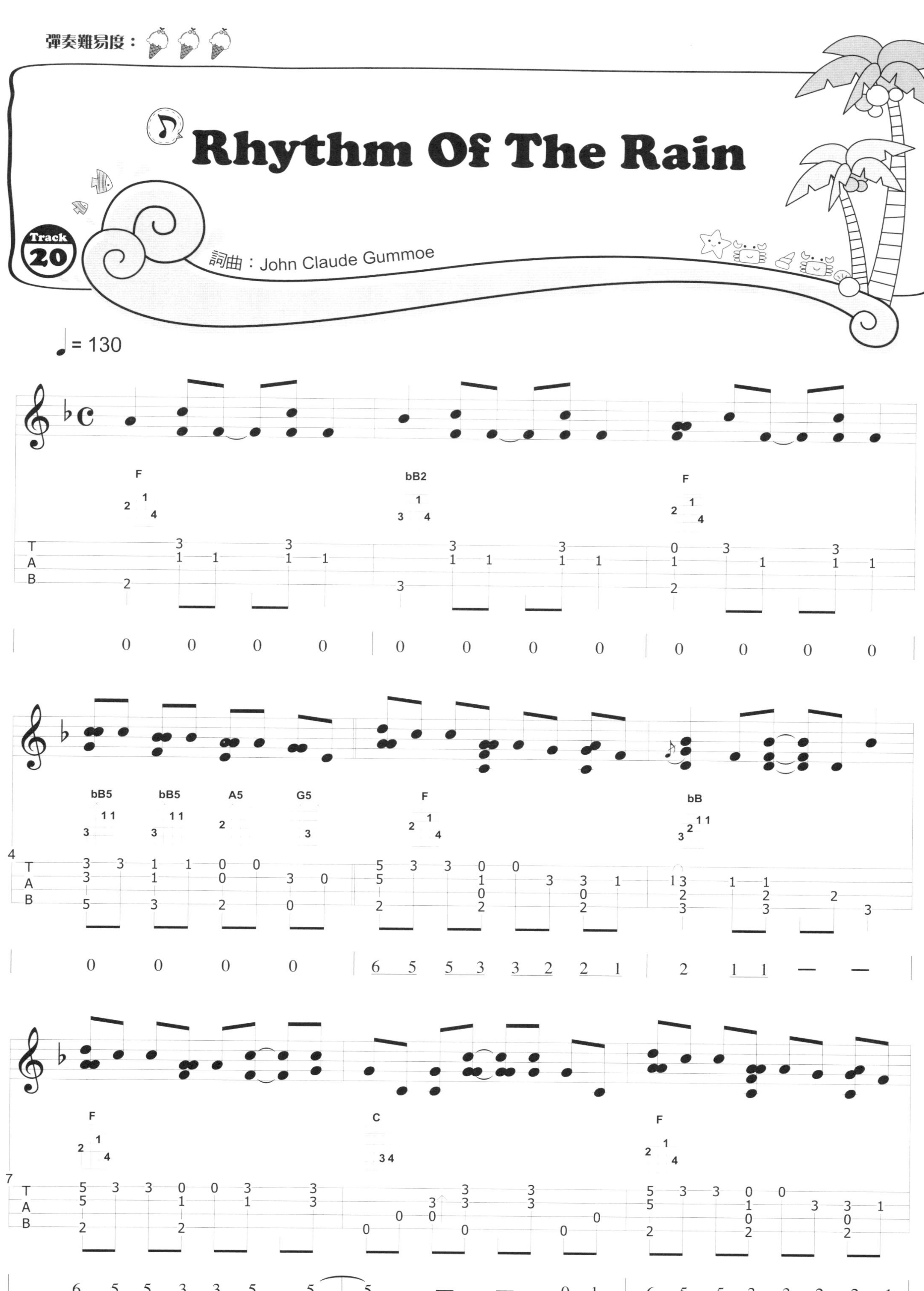
彈奏難易度：
Rhythm Of The Rain
Track 20
詞曲：John Claude Gummoe
♩= 130
F
bB2
F
bB5
bB5
A5
G5
F
bB
F
C
F

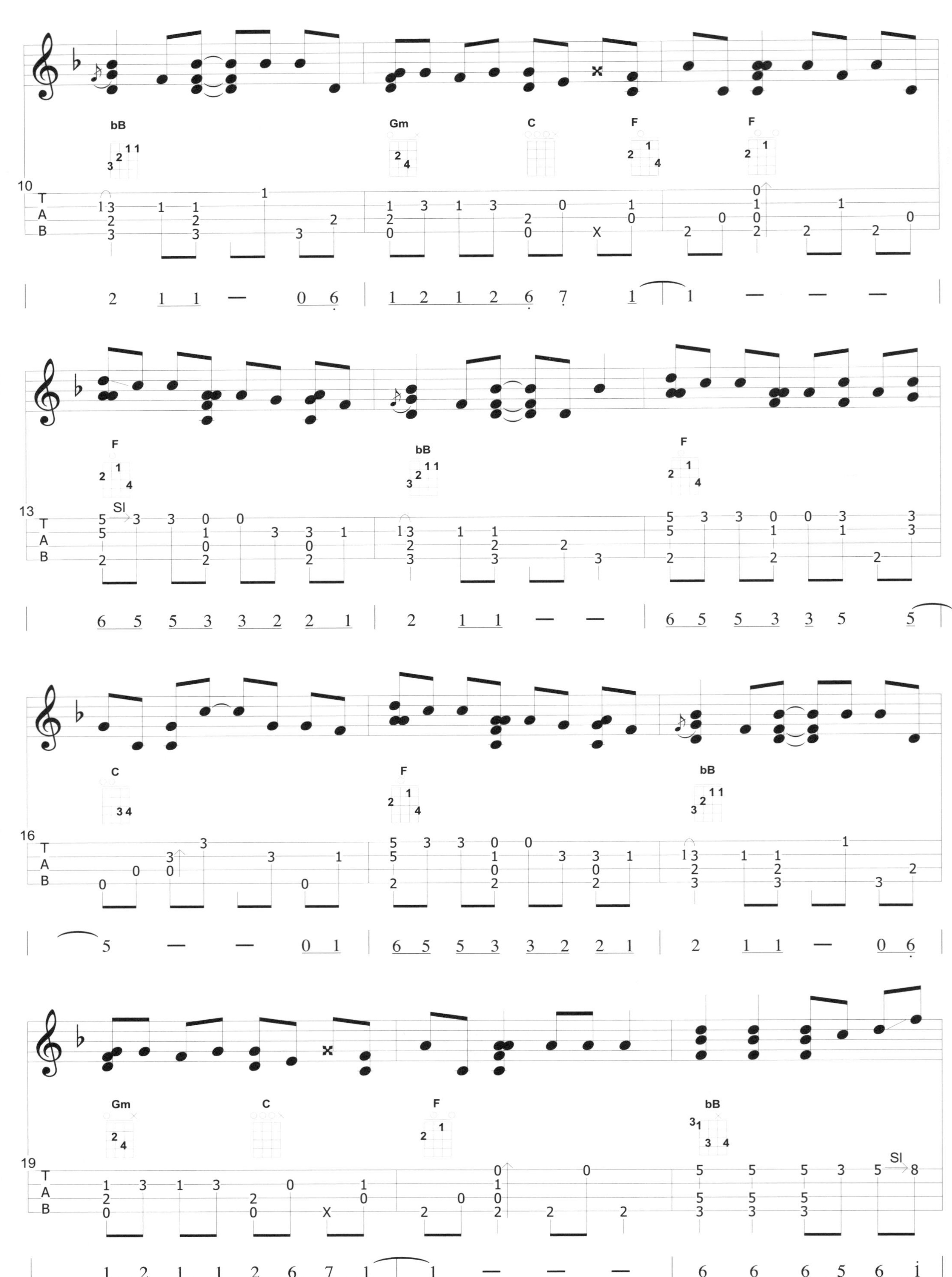
bB
Gm
C
F
F
bB
F
C
F
bB
Gm
C
F
bB
SI
SI

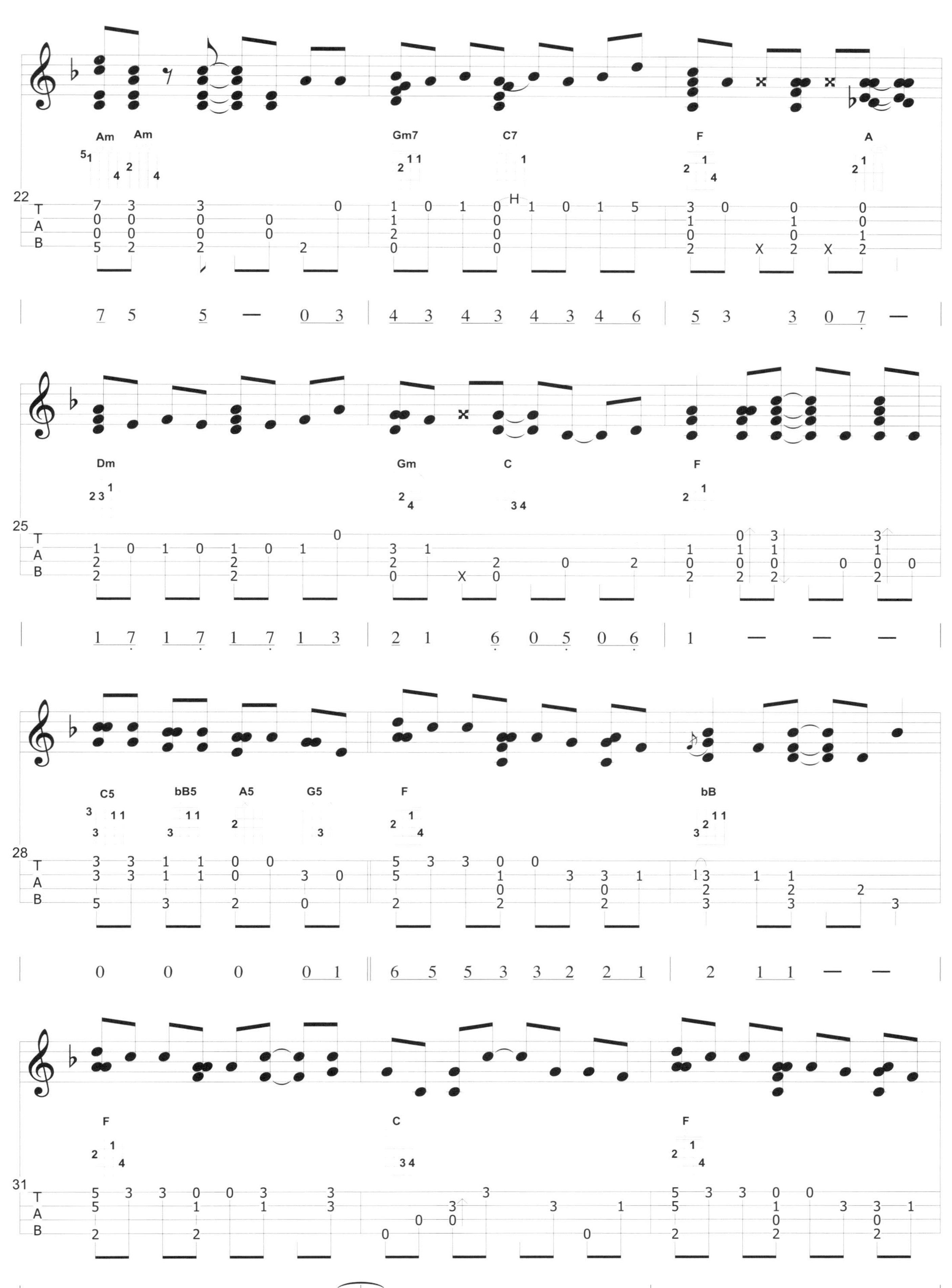

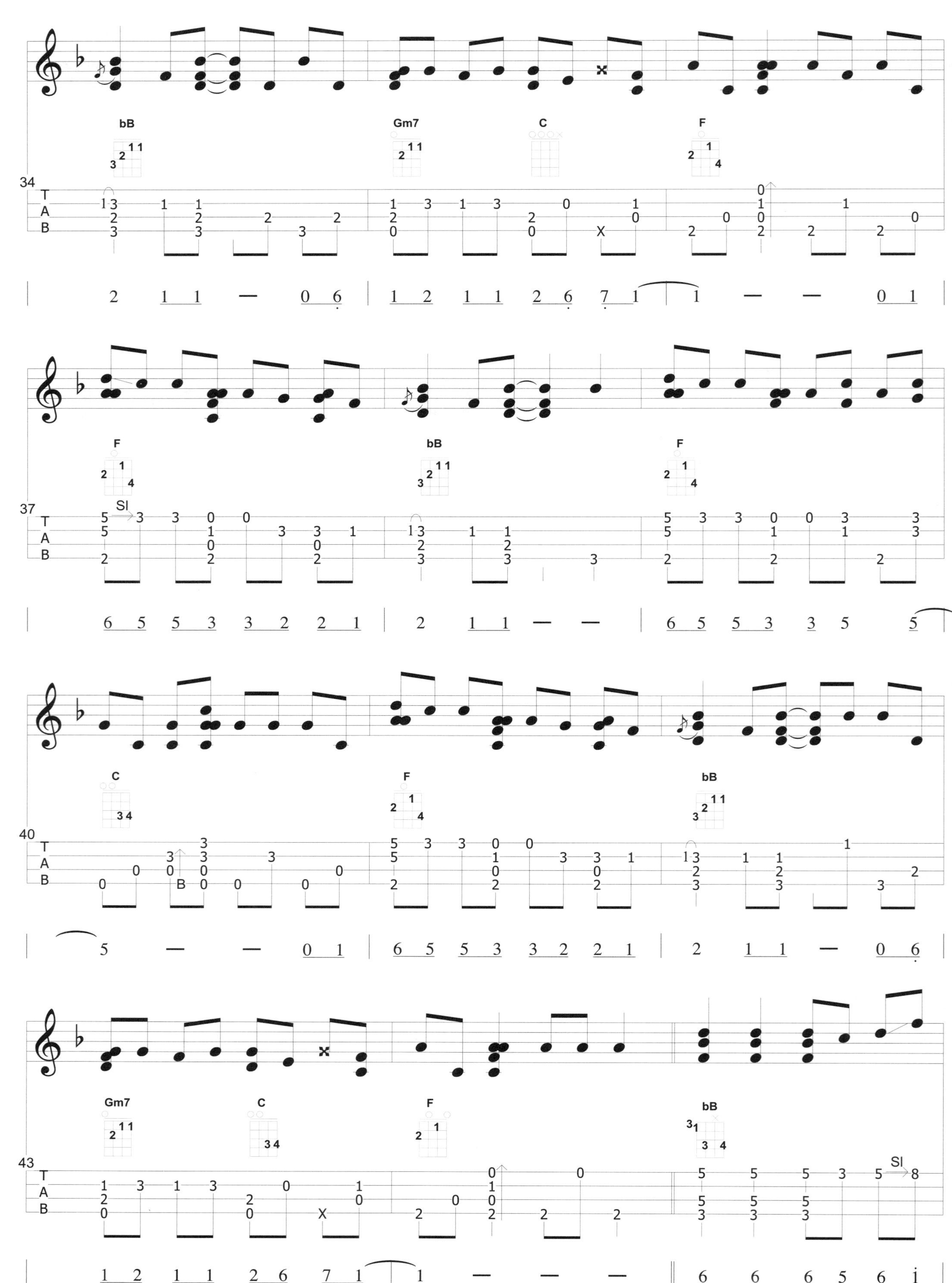

bB
Gm7
C
F
34
37
Sl
40
43

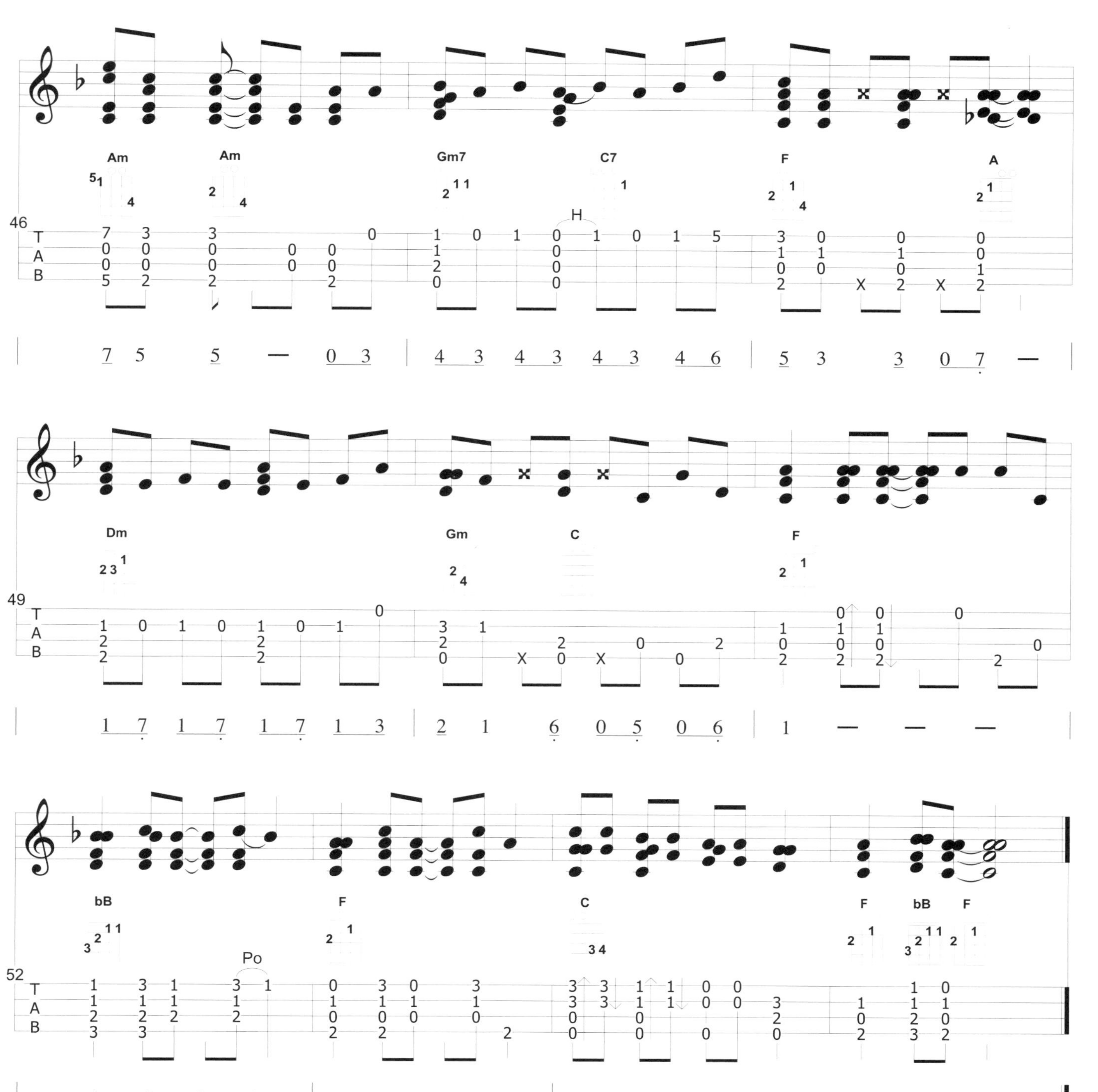
Am
Am
Gm7
C7
F
A
Dm
Gm
C
F
bB
F
C
F
bB
F
H
Po

Fine

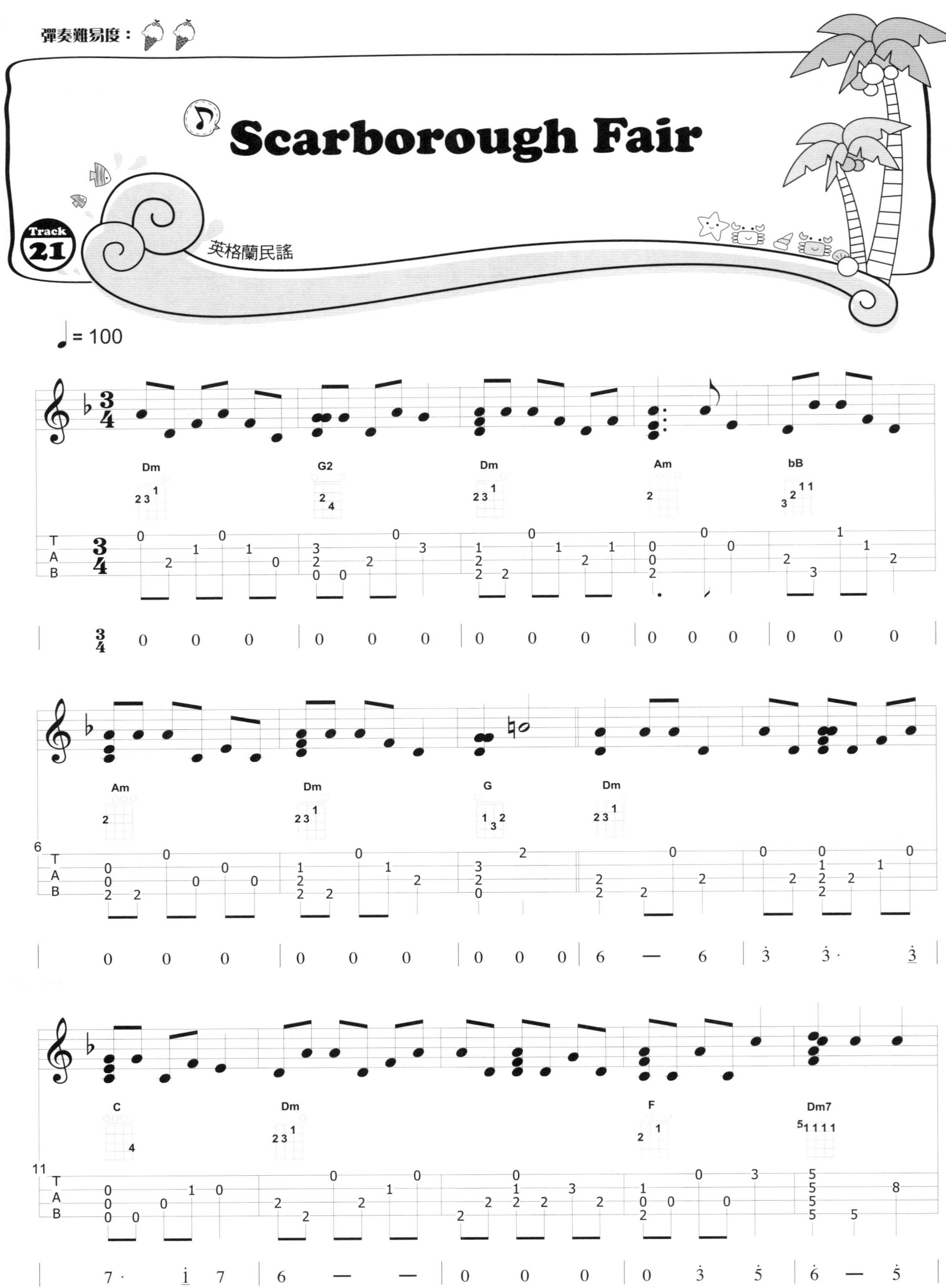
彈奏難易度：
Scarborough Fair
Track 21
英格蘭民謠
♩= 100
Dm
G2
Dm
Am
bB
Am
Dm
G
Dm
C
Dm
F
Dm7

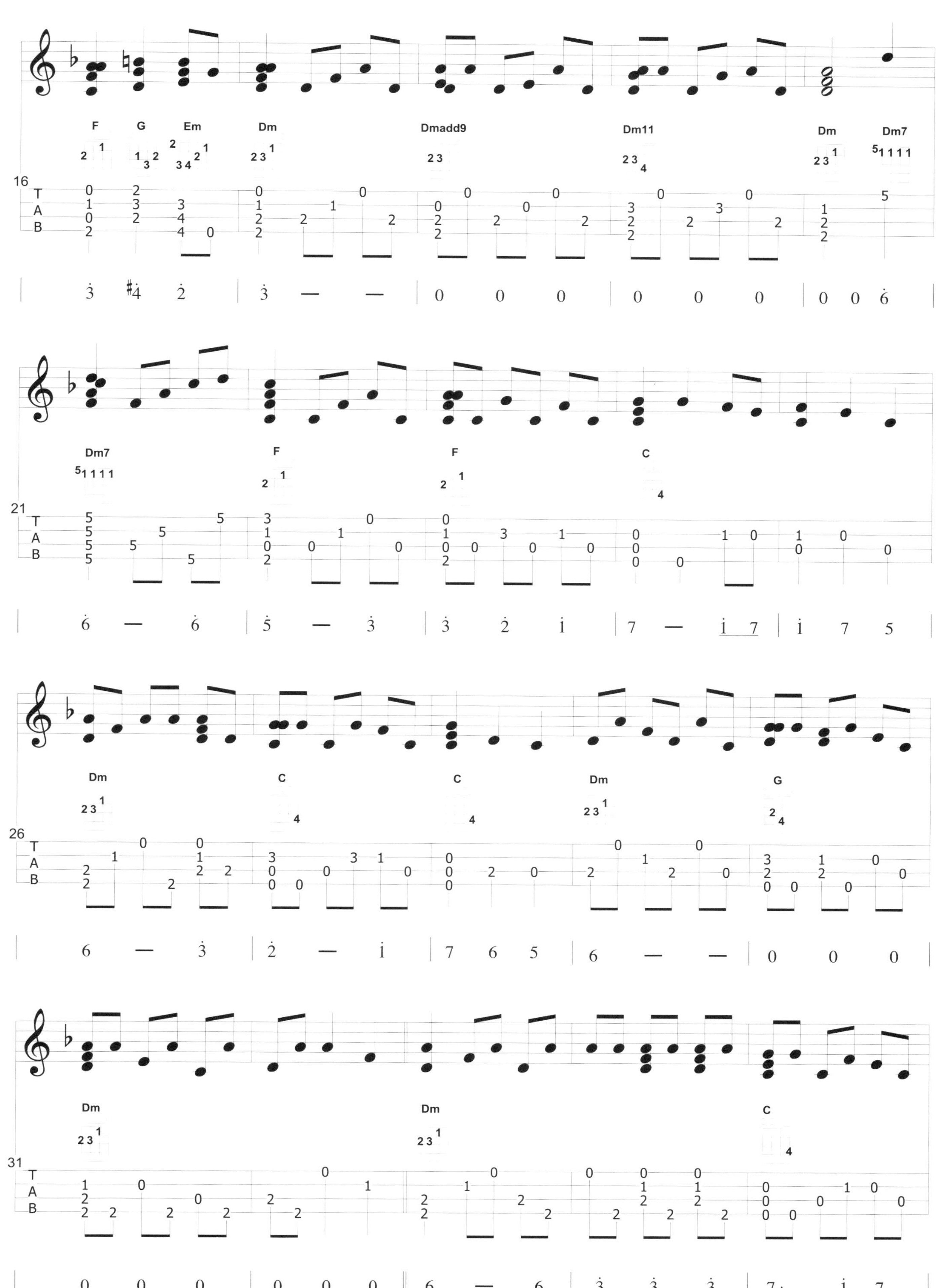
F
G
Em
Dm
Dmadd9
Dm11
Dm
Dm7
Dm7
F
F
C
Dm
C
C
Dm
G
Dm
Dm
C

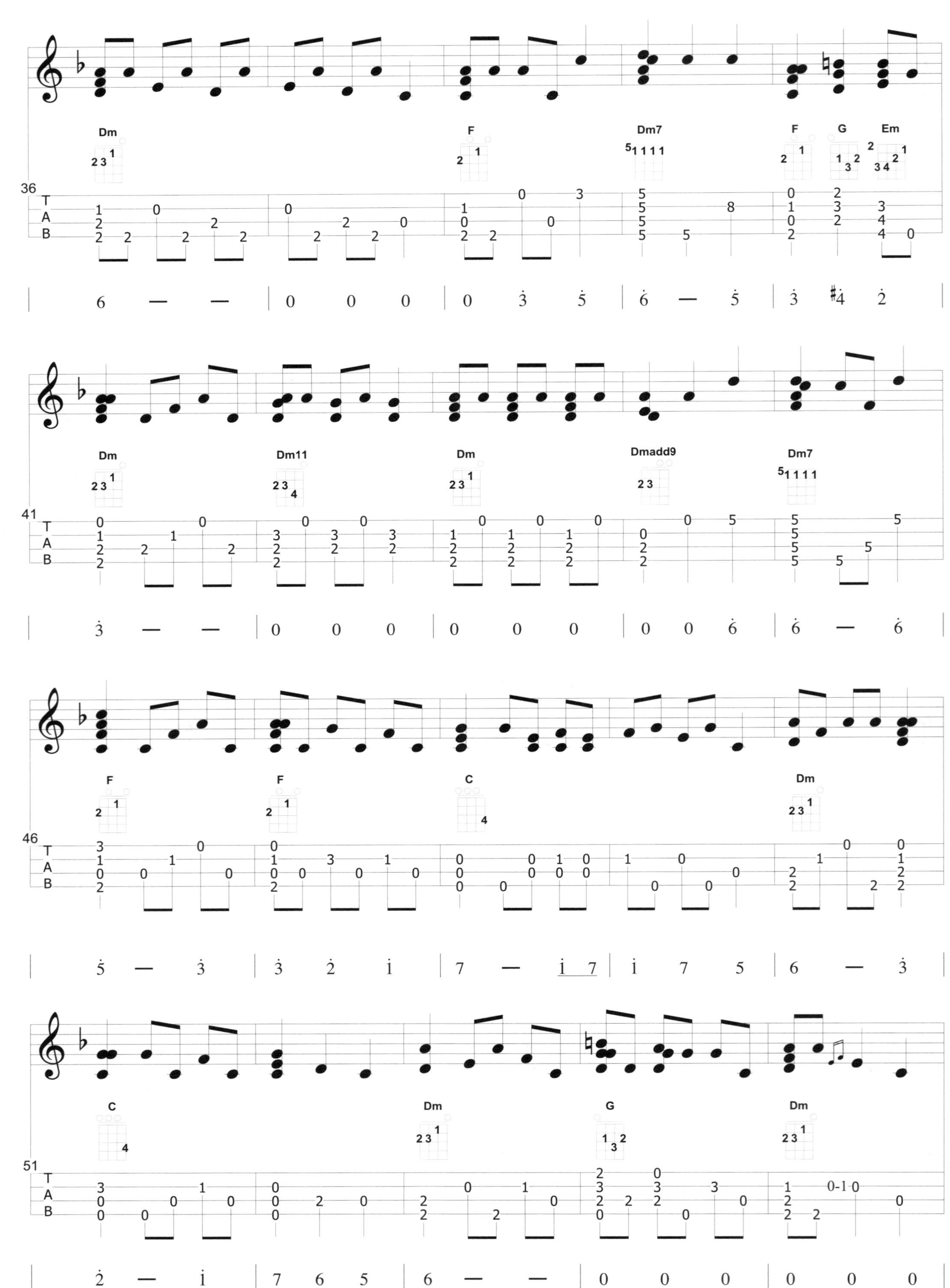
Dm
F
Dm7
F
G
Em
Dm
Dm11
Dm
Dmadd9
Dm7
F
F
C
Dm
C
Dm
G
Dm

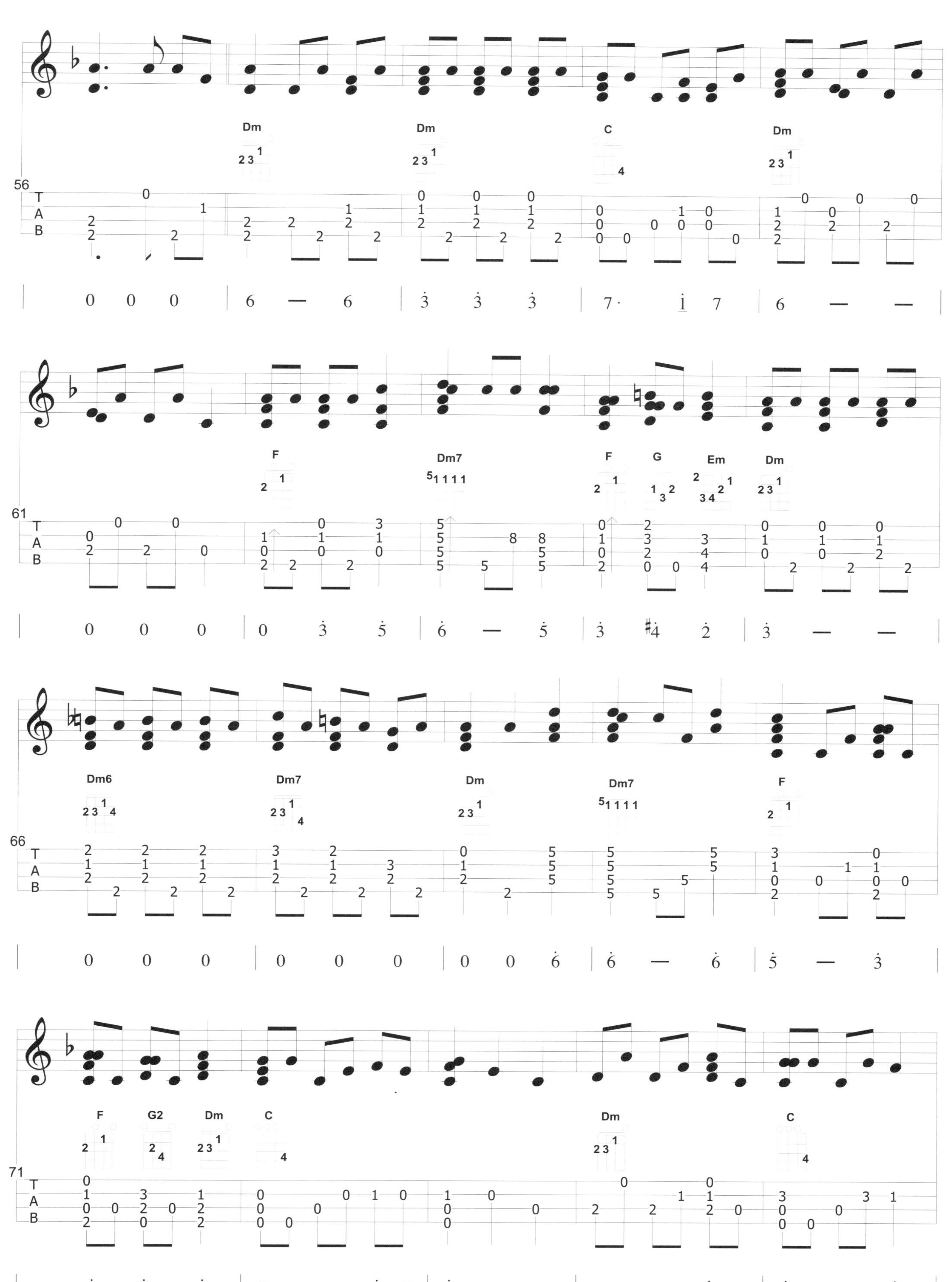
Dm
C
Dm
F
Dm7
F
G
Em
Dm6
Dm7
Dm
Dm7
F
G2
Dm
C
Dm
C
T
A
B

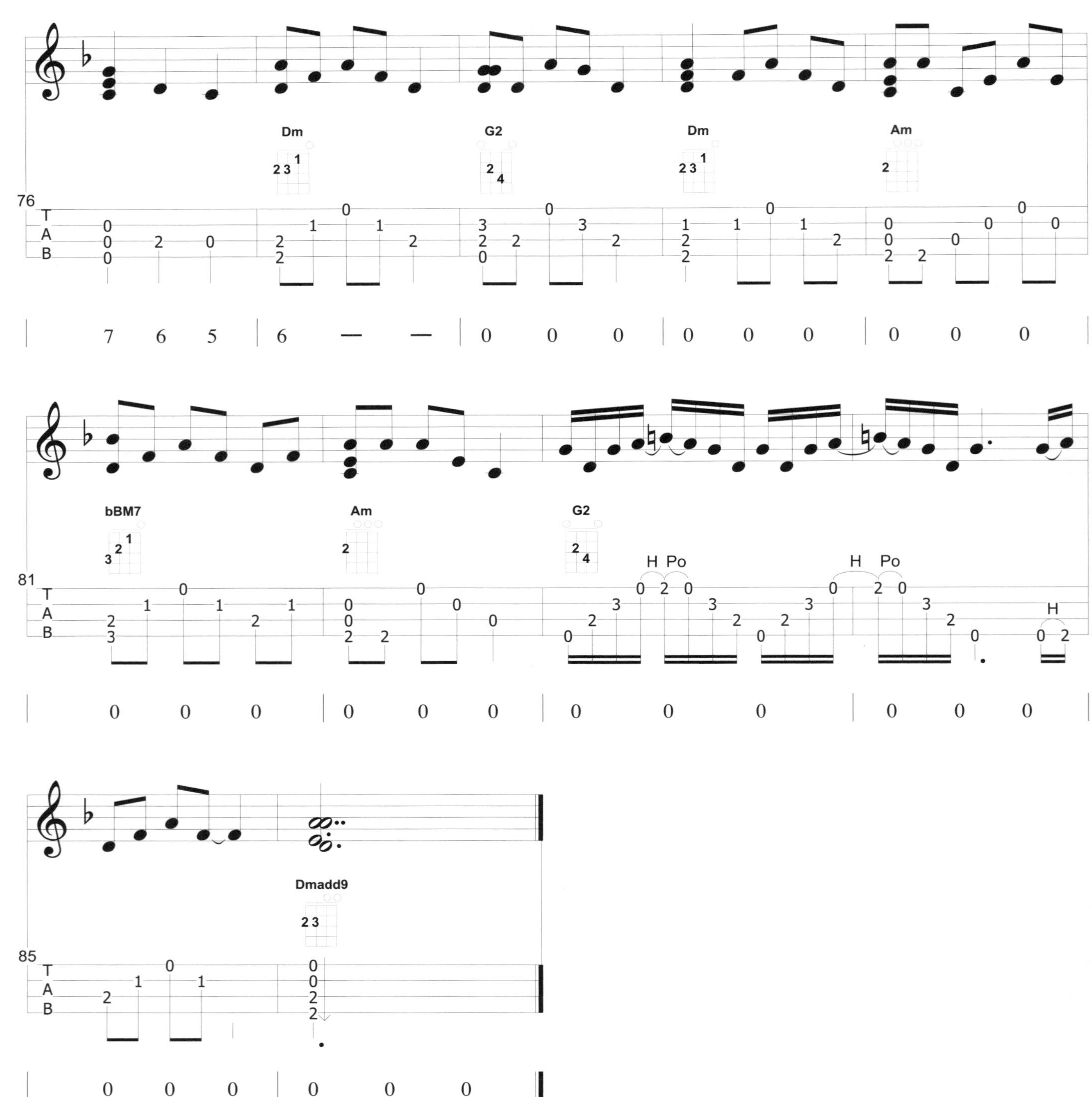
Dm
G2
Dm
Am
bBM7
Am
G2
H
Po
H
Po
H
Dmadd9
Fine

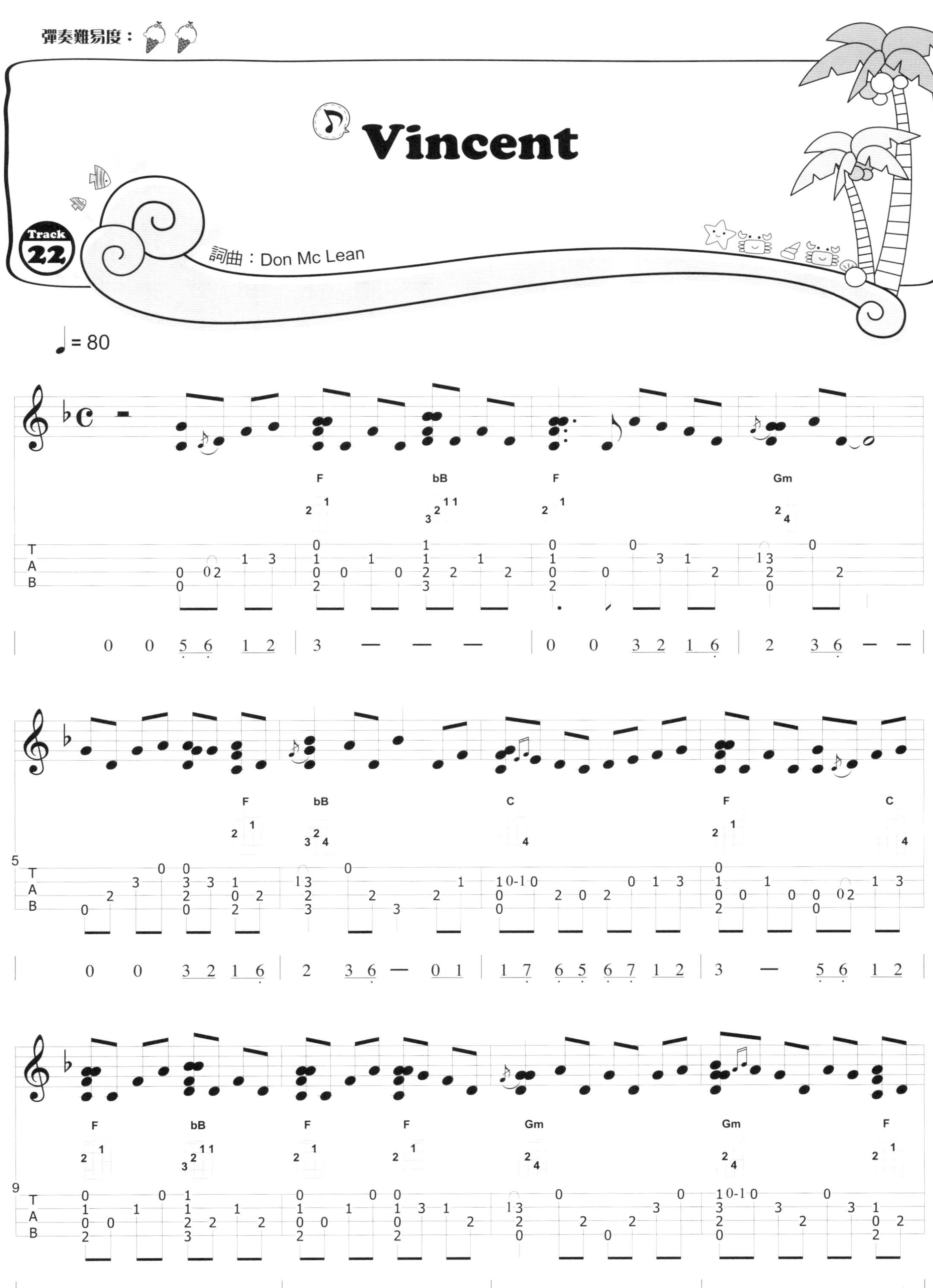
彈奏難易度：
Vincent
Track 22
詞曲：Don Mc Lean
♩= 80
F bB F Gm
F bB C F C
F bB F F Gm Gm F

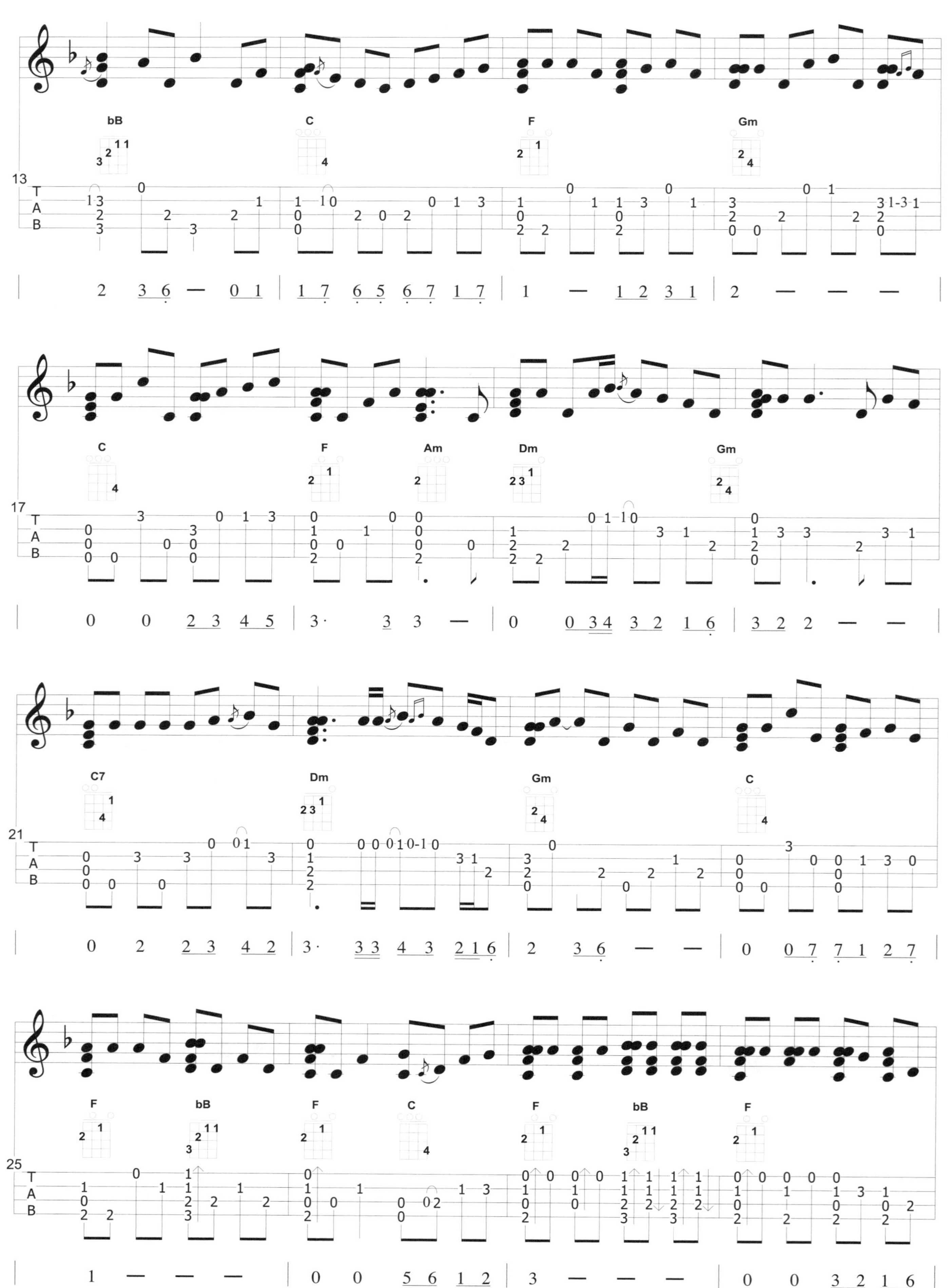
bB C F Gm
C F Am Dm Gm
C7 Dm Gm C
F bB F C F bB F
T
A
B

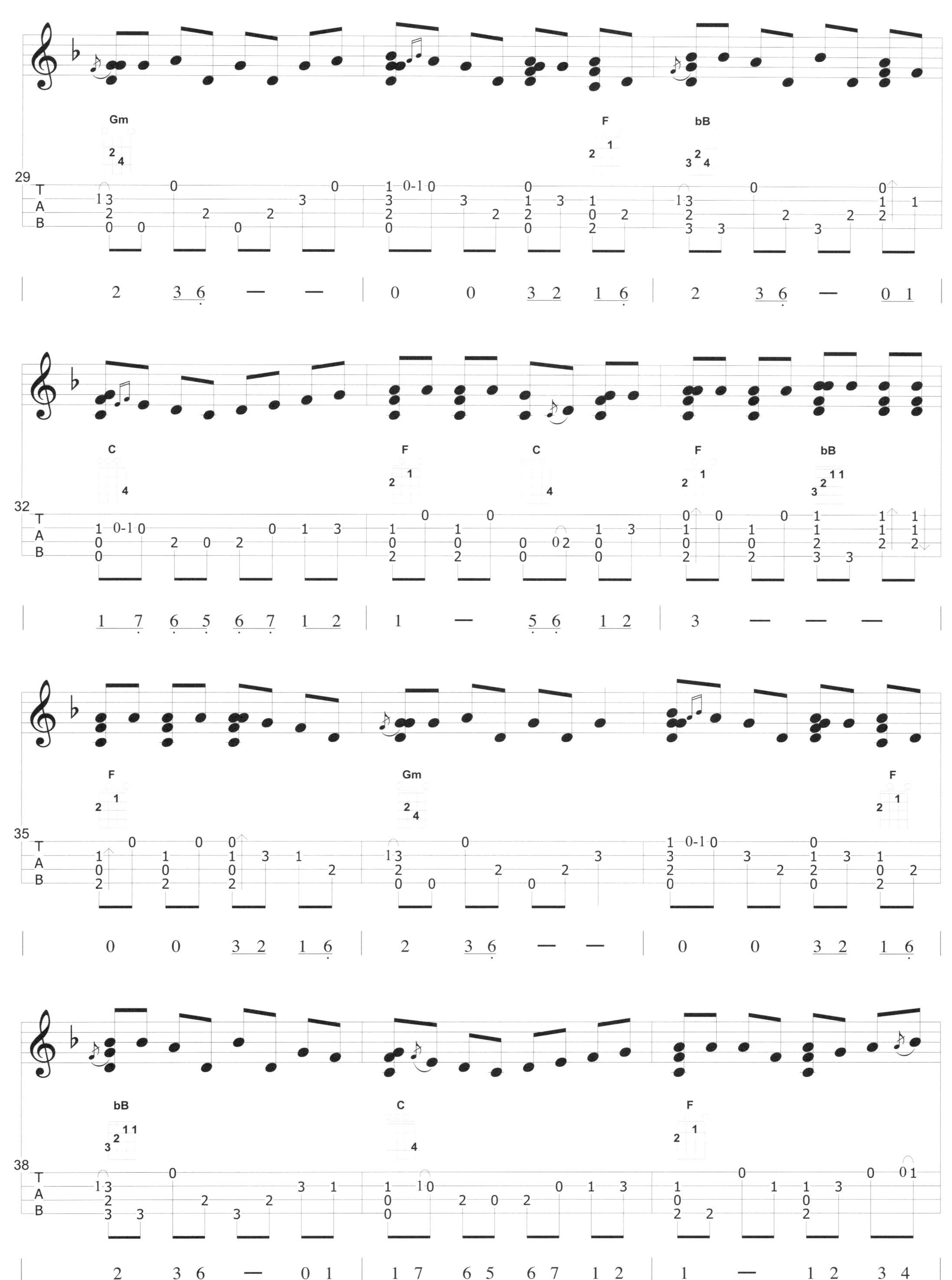
Gm
F
bB
C
29
32
35
38
T
A
B

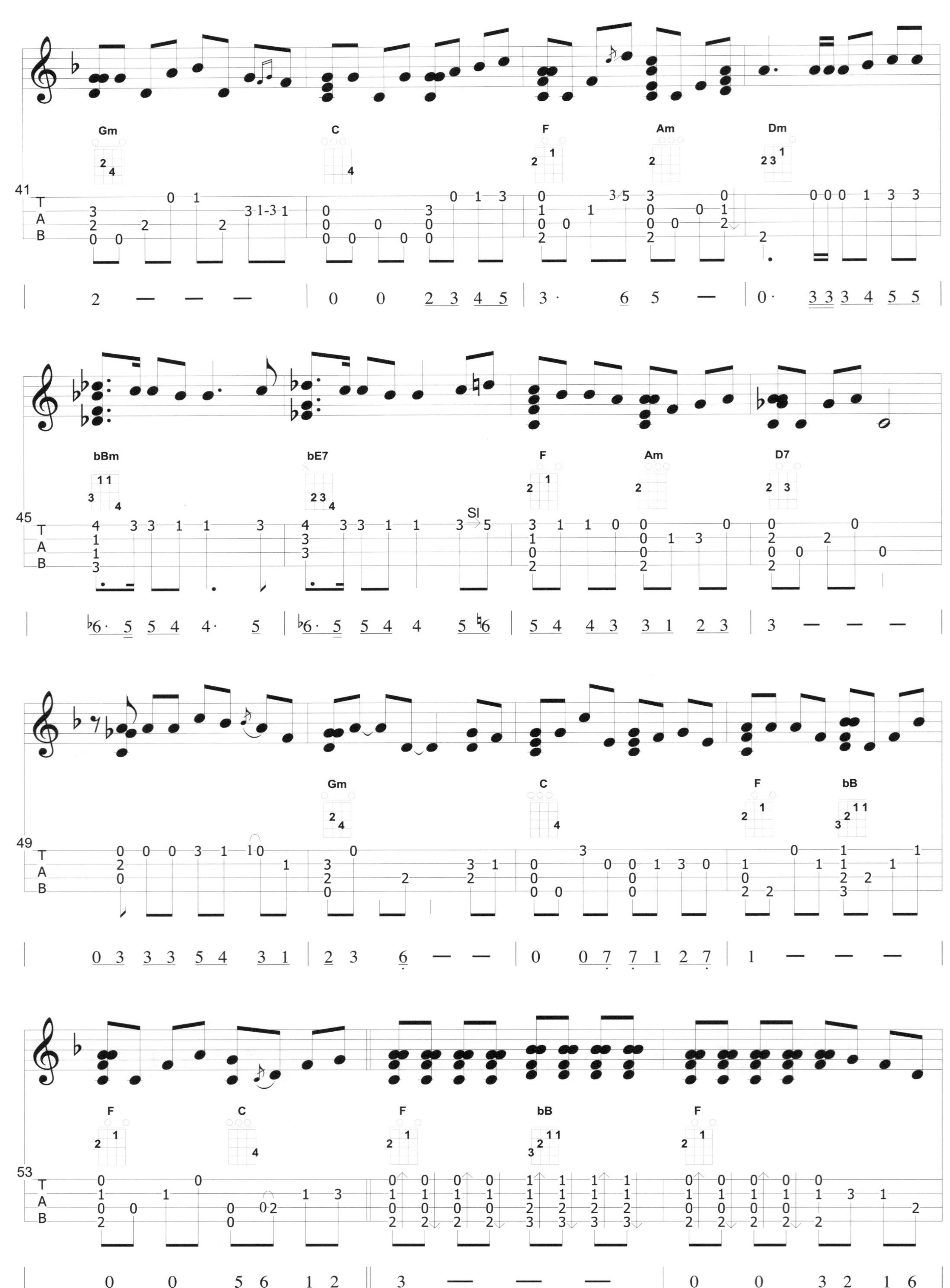
41
Gm
C
F
Am
Dm
45
bBm
bE7
Sl
F
Am
D7
49
Gm
C
F
bB
53
F
C
F
bB
F

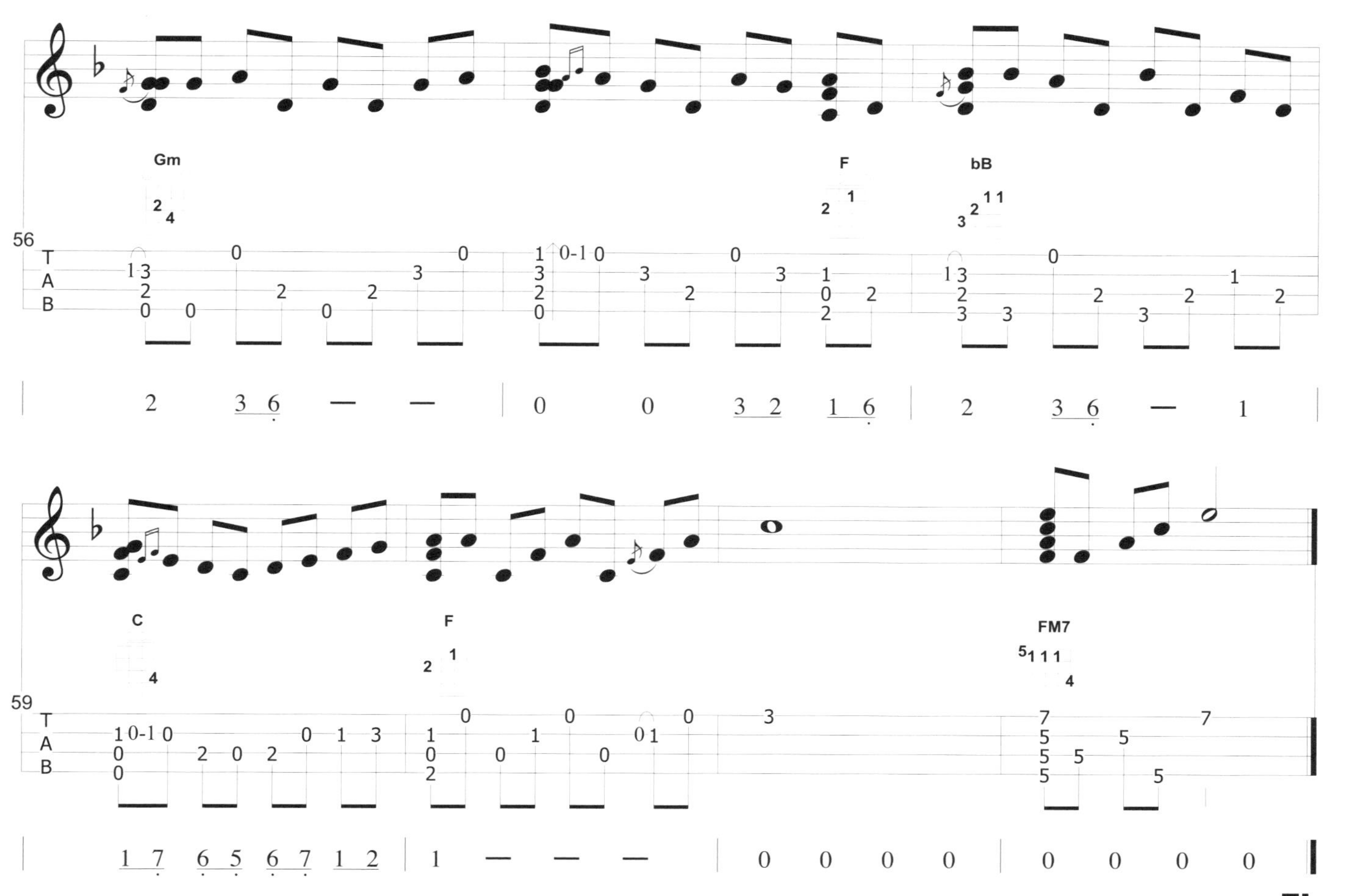
Gm
F
bB
C
F
FM7
Fine

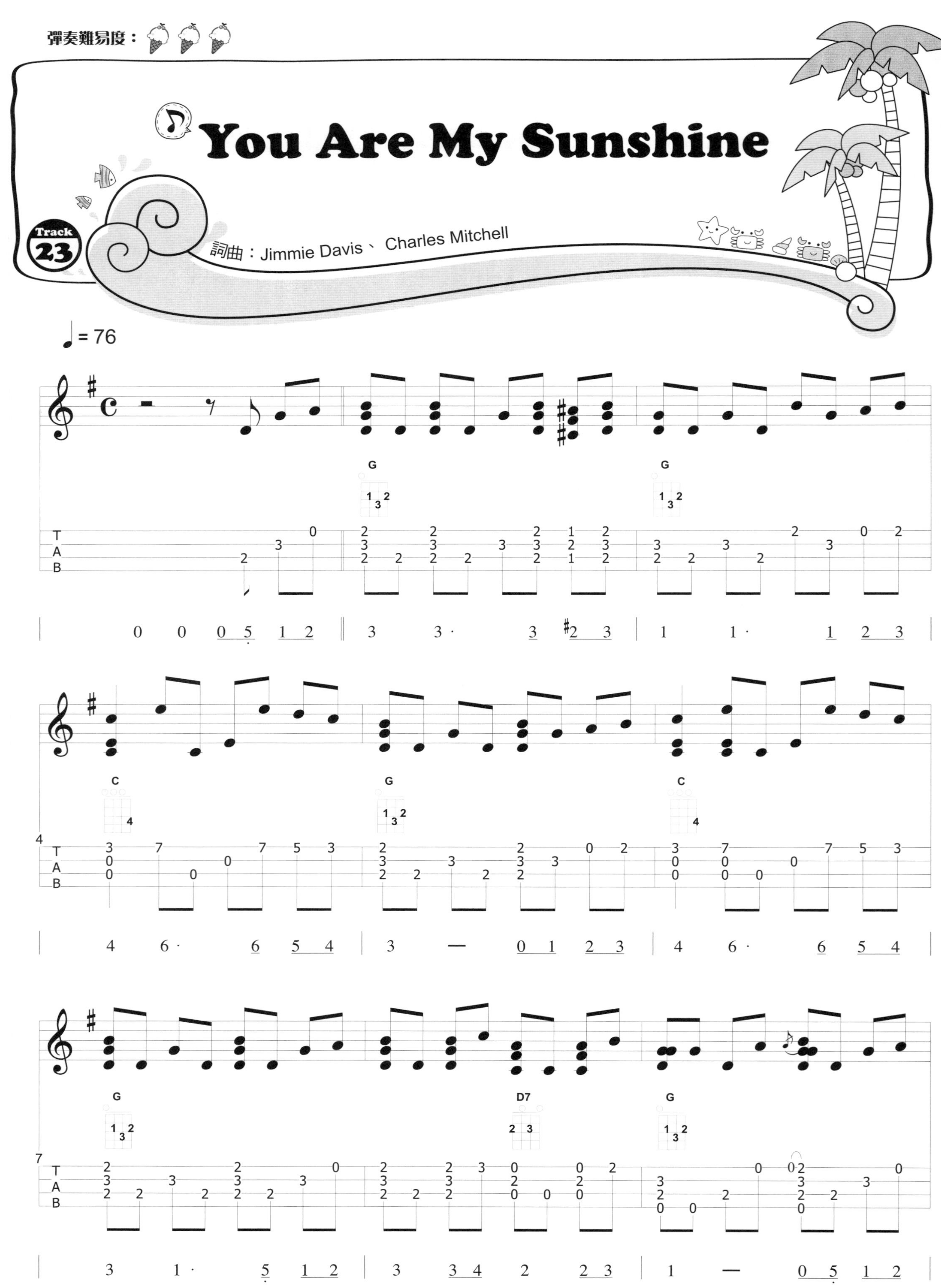
彈奏難易度：
You Are My Sunshine
Track 23
詞曲：Jimmie Davis、 Charles Mitchell
♩= 76
G
G
C
G
C
G
D7
G

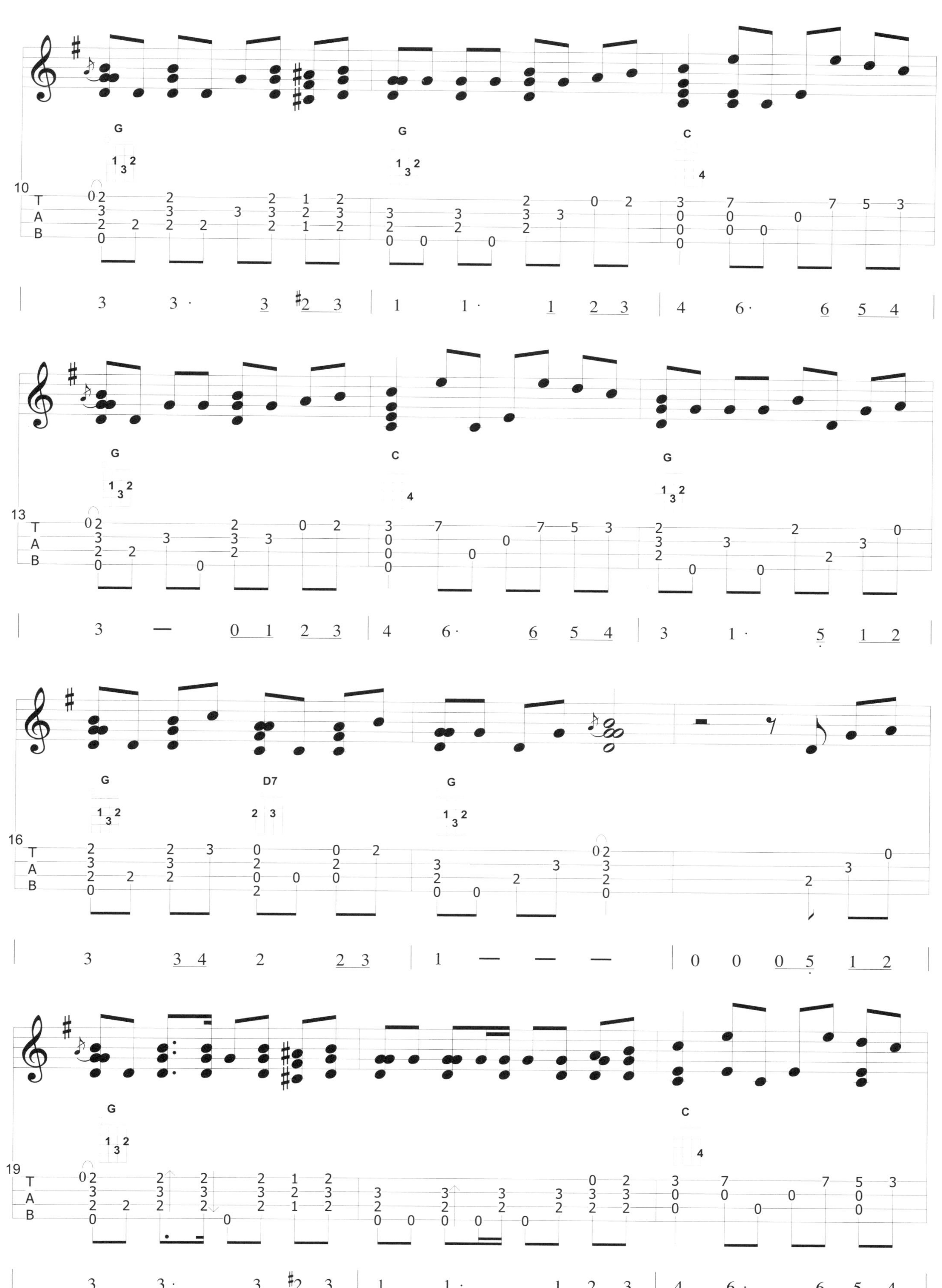

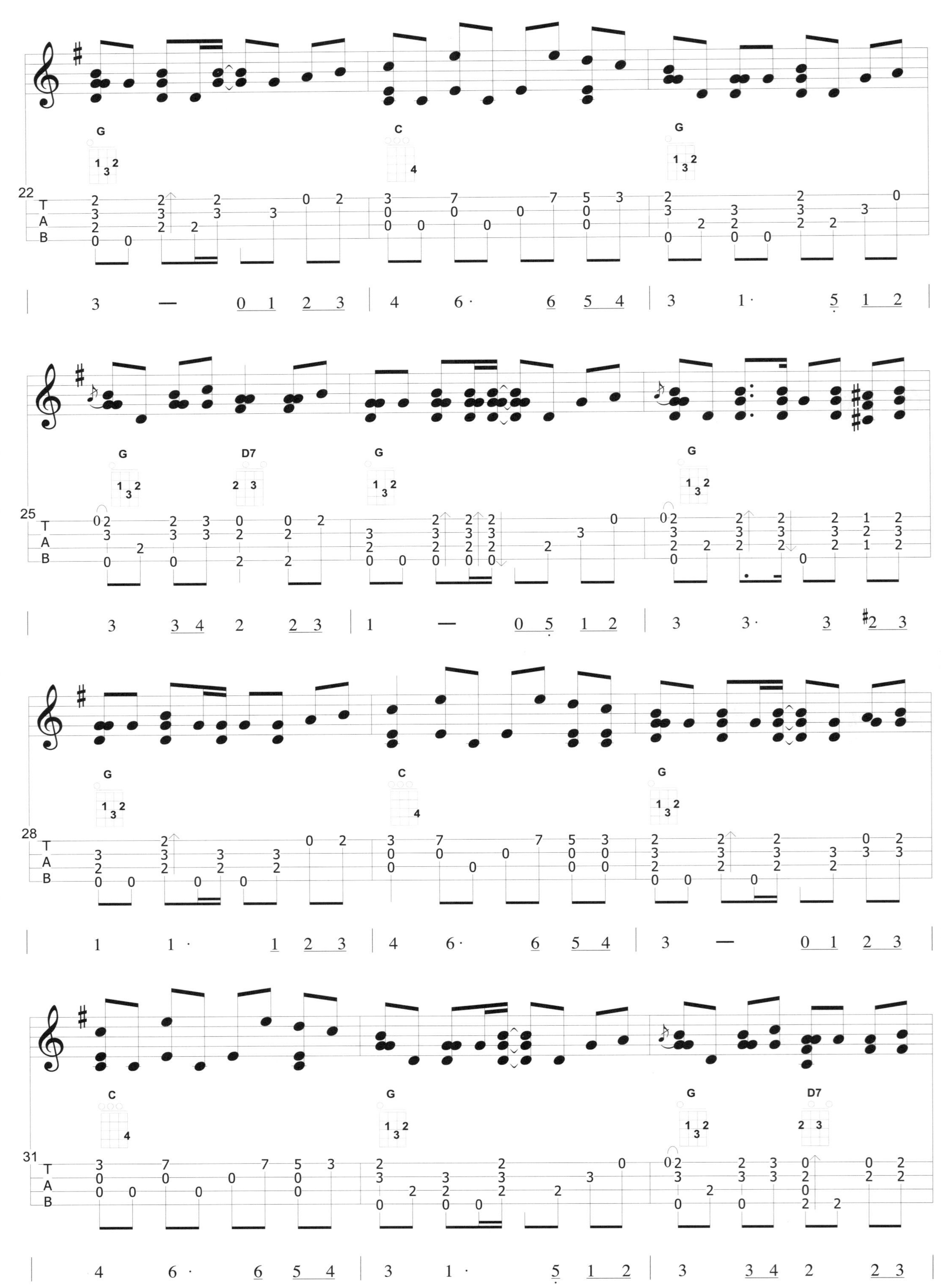
G
C
G
22
TAB
G
D7
G
G
25
TAB
G
C
G
28
TAB
C
G
G
D7
31
TAB

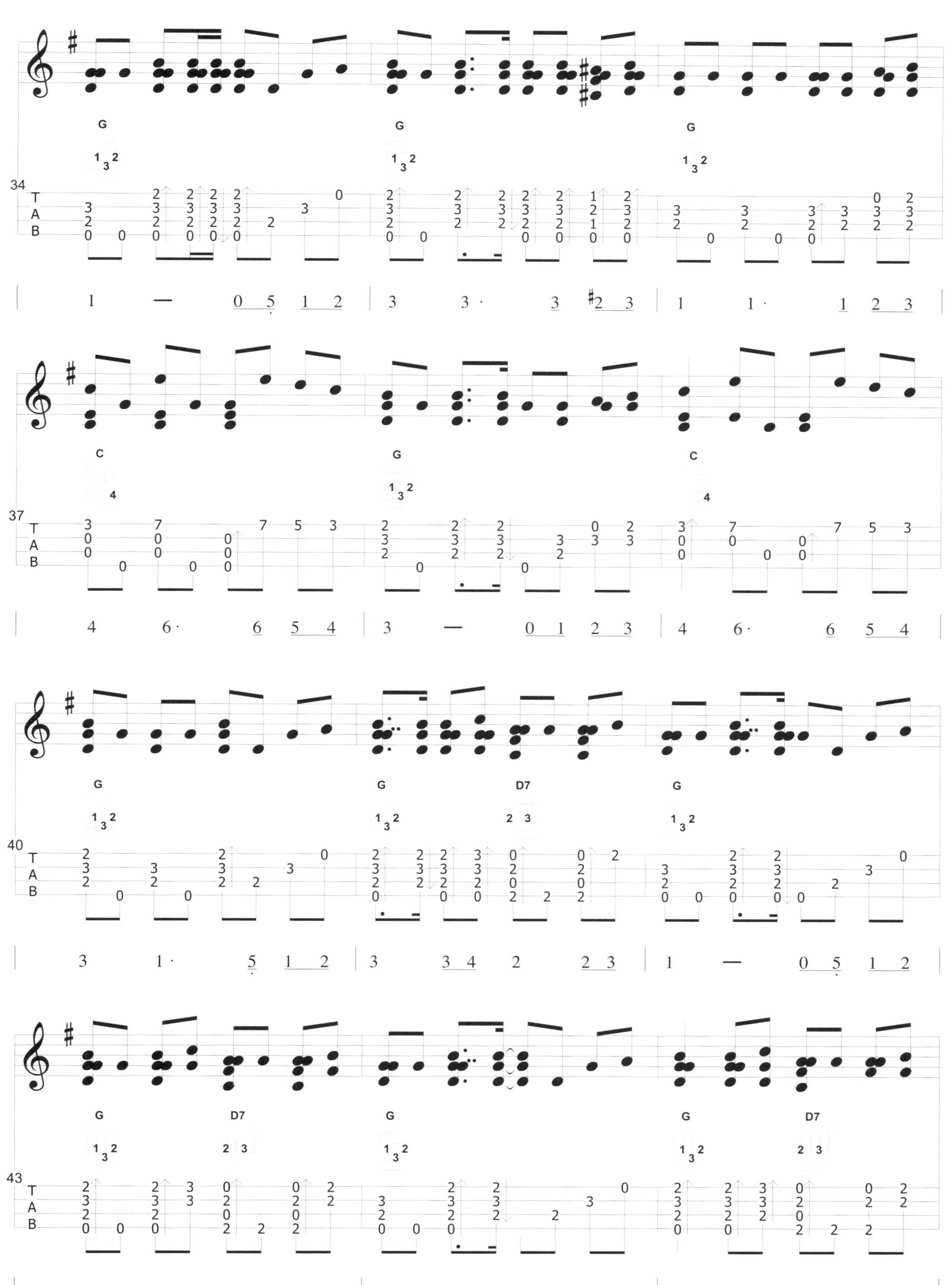

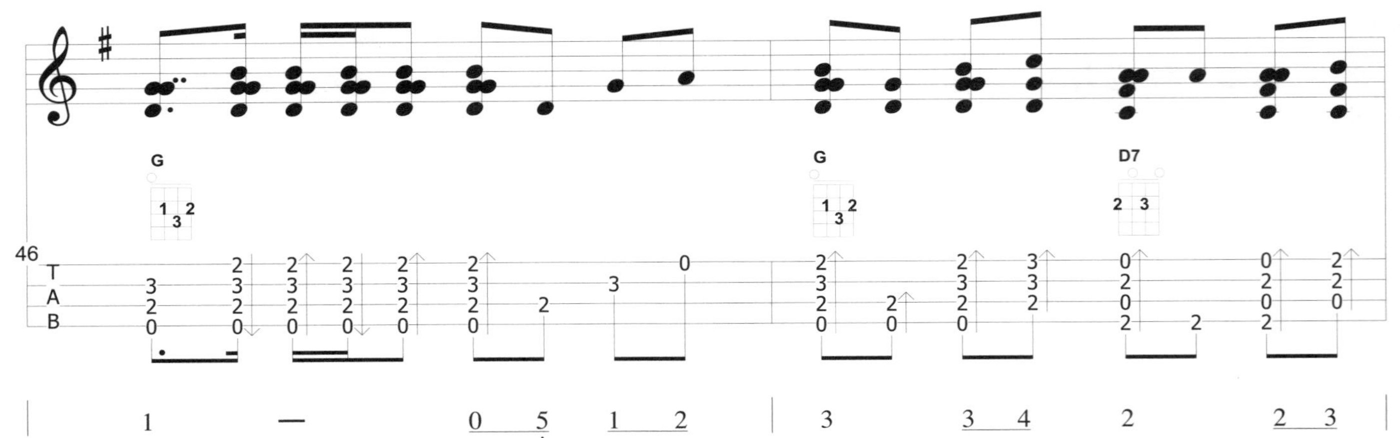
G
G
D7
46
T
A
B
1 — 0 5 1 2 | 3 3 4 2 2 3

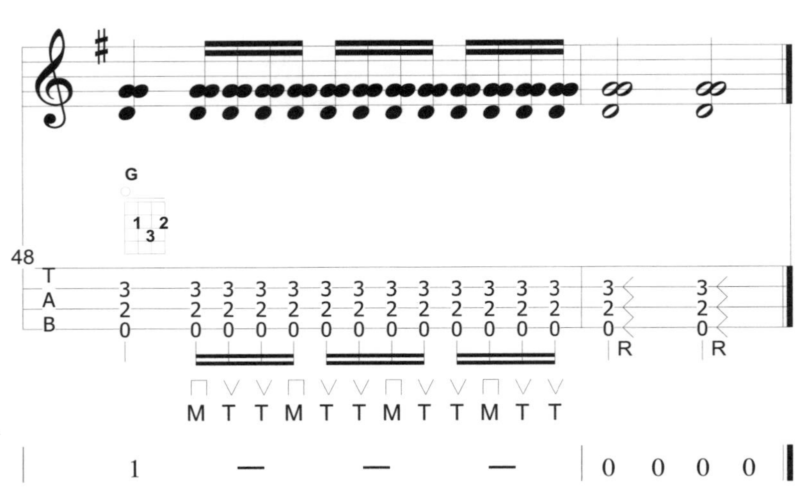
G
48
T
A
B
R
R
M T T M T T M T T M T T
1 — — — | 0 0 0 0

彈奏難易度：

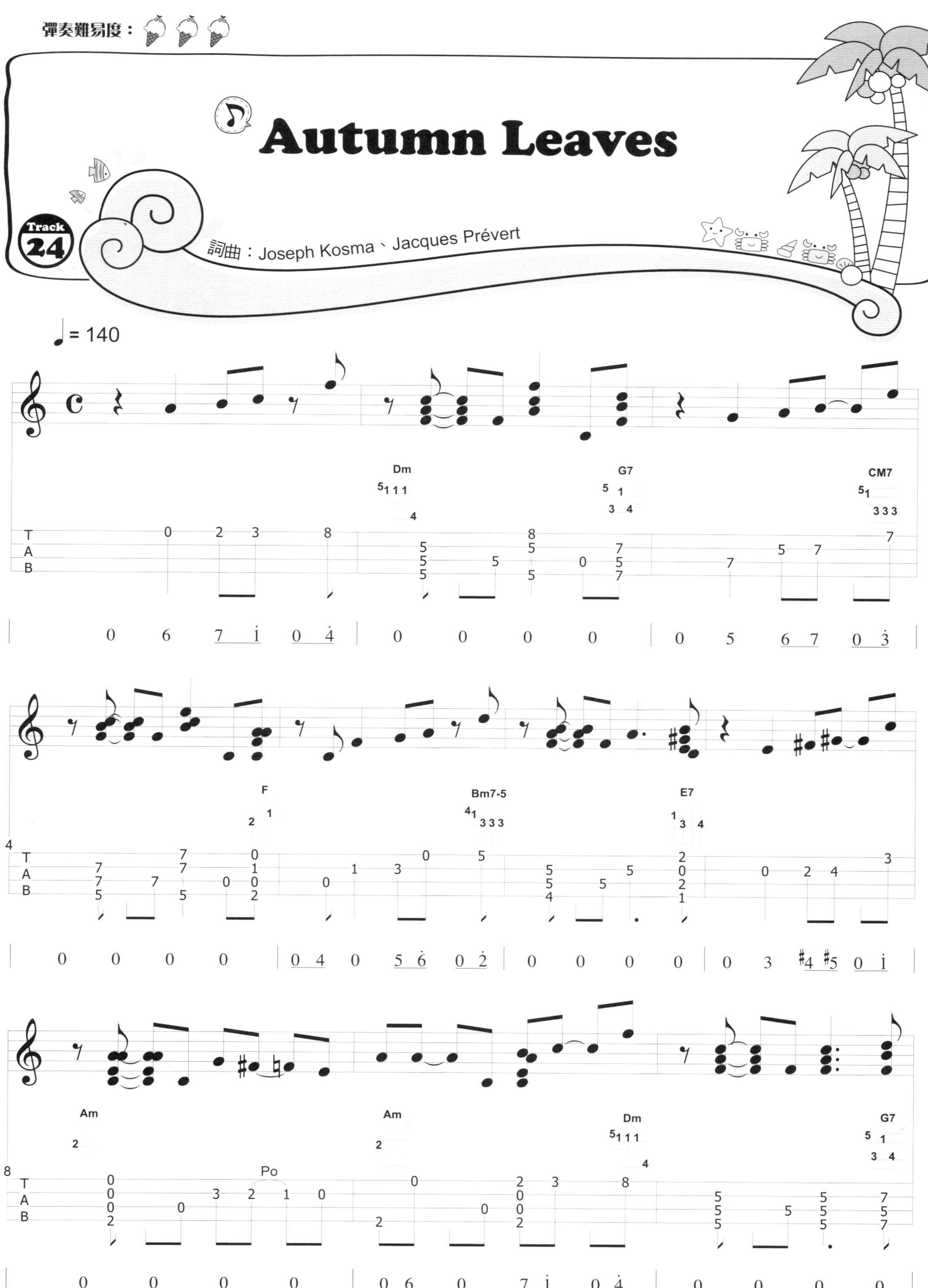
Autumn Leaves
Track 24
詞曲：Joseph Kosma、Jacques Prévert
♩= 140
Dm
G7
CM7
F
Bm7-5
E7
Am
Am
Dm
G7
Po

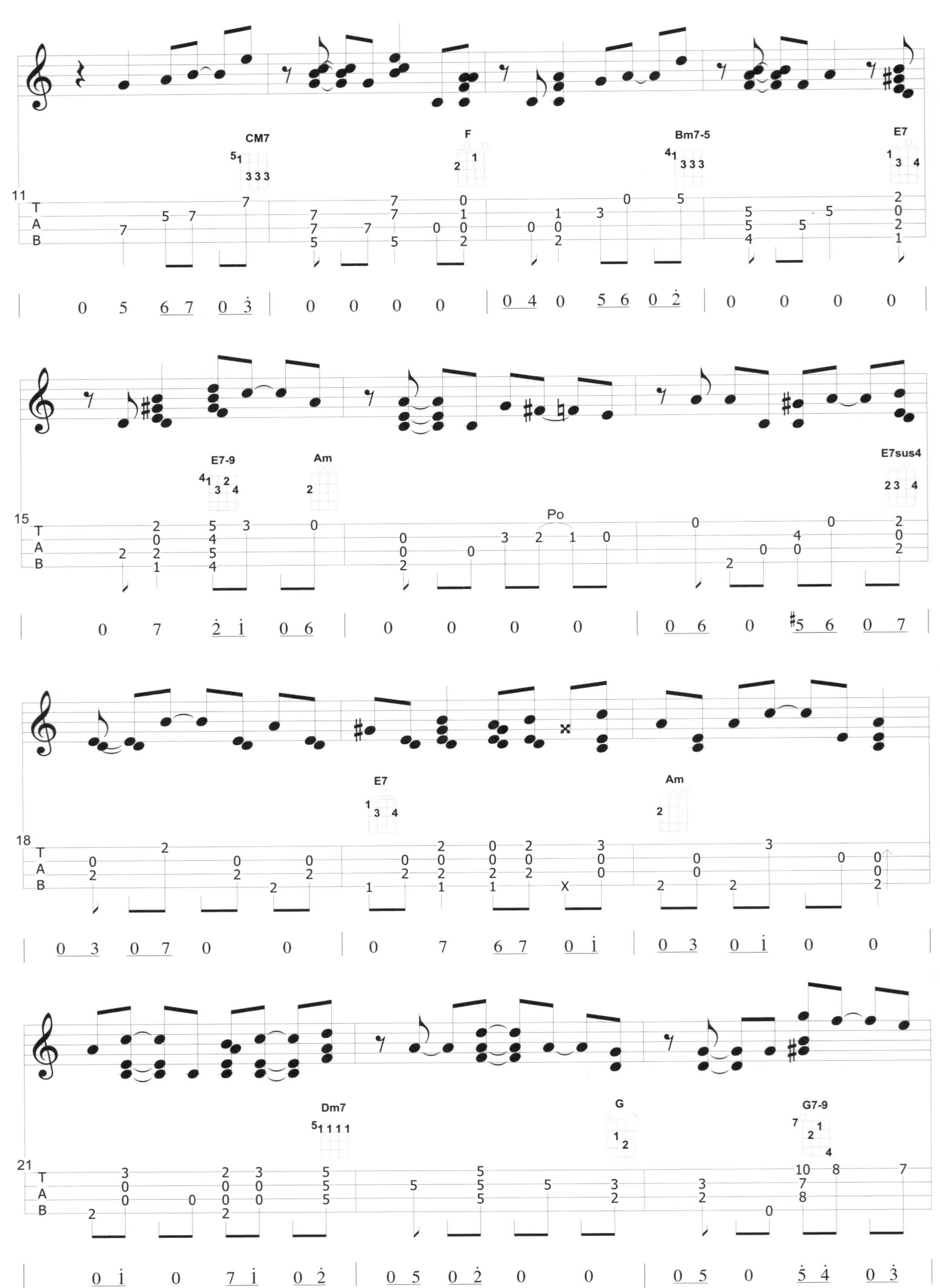

CM7
F
Bm7-5
E7
E7-9
Am
Po
E7sus4
E7
Am
Dm7
G
G7-9

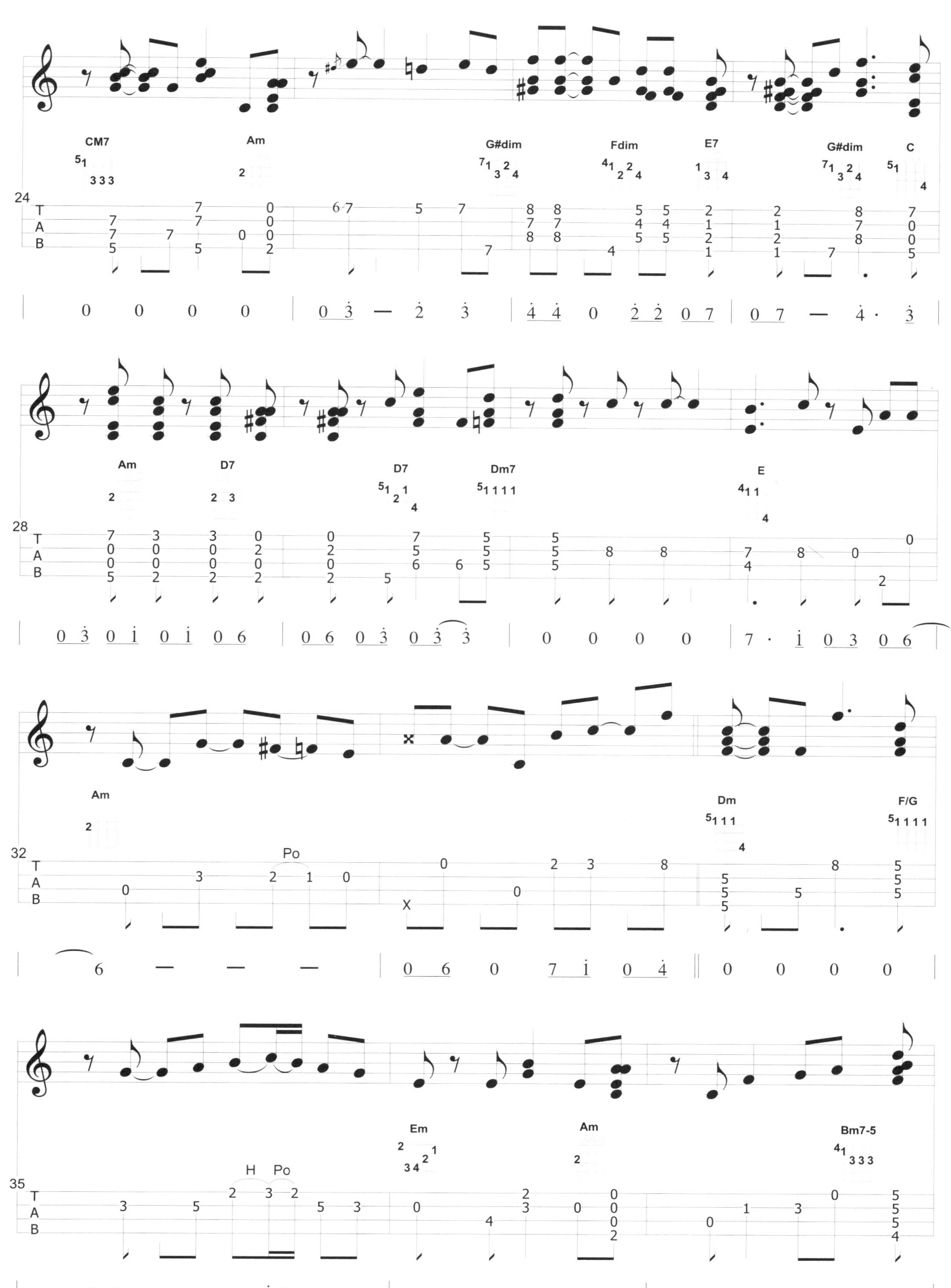
CM7
Am
G#dim
Fdim
E7
G#dim
C
24
T
A
B
Am
D7
D7
Dm7
E
28
Am
Dm
F/G
32
Po
Em
Am
Bm7-5
35
H
Po

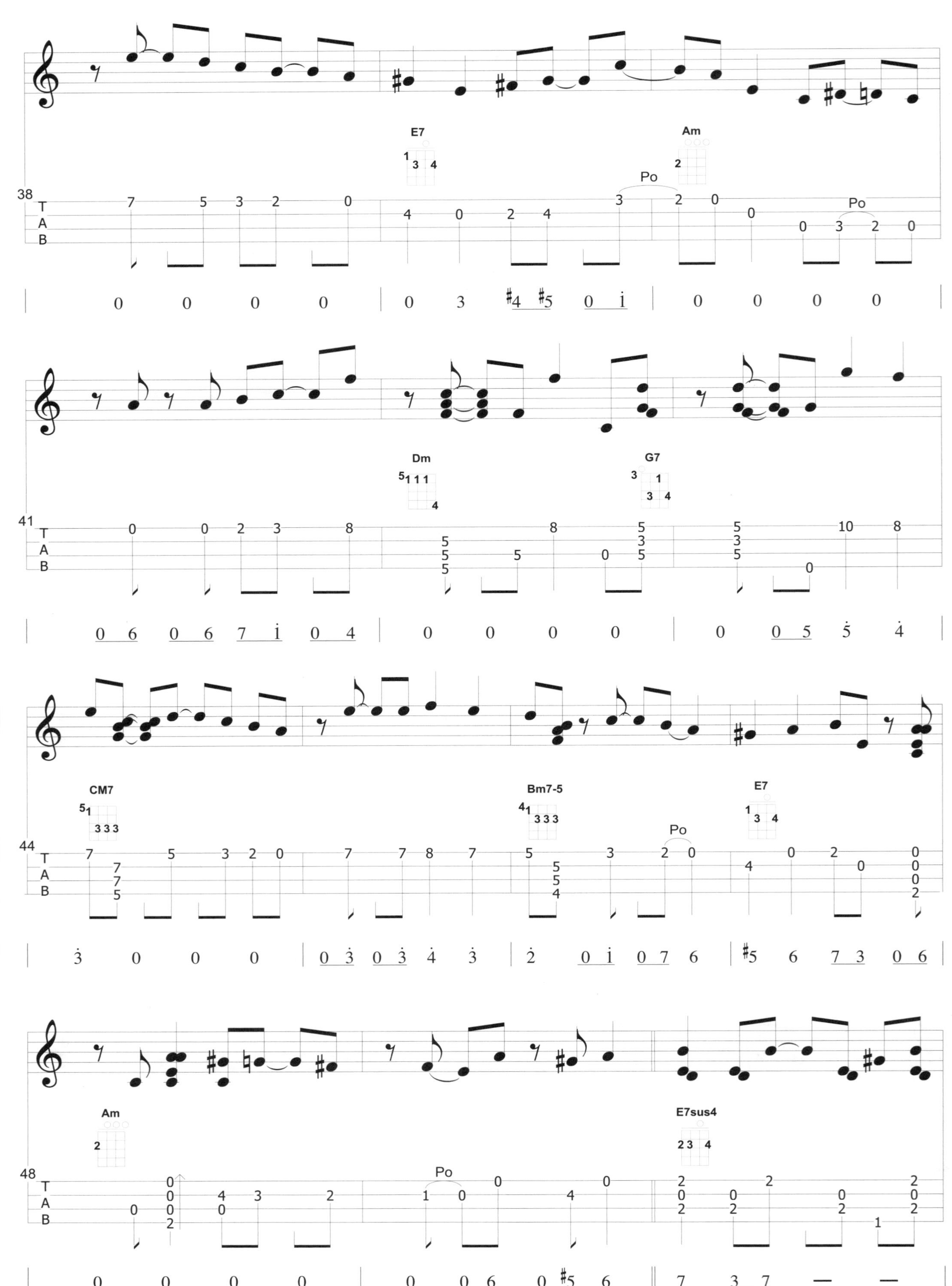
E7
Am
Po
38
T
A
B
Dm
G7
41
CM7
Bm7-5
44
48
E7sus4

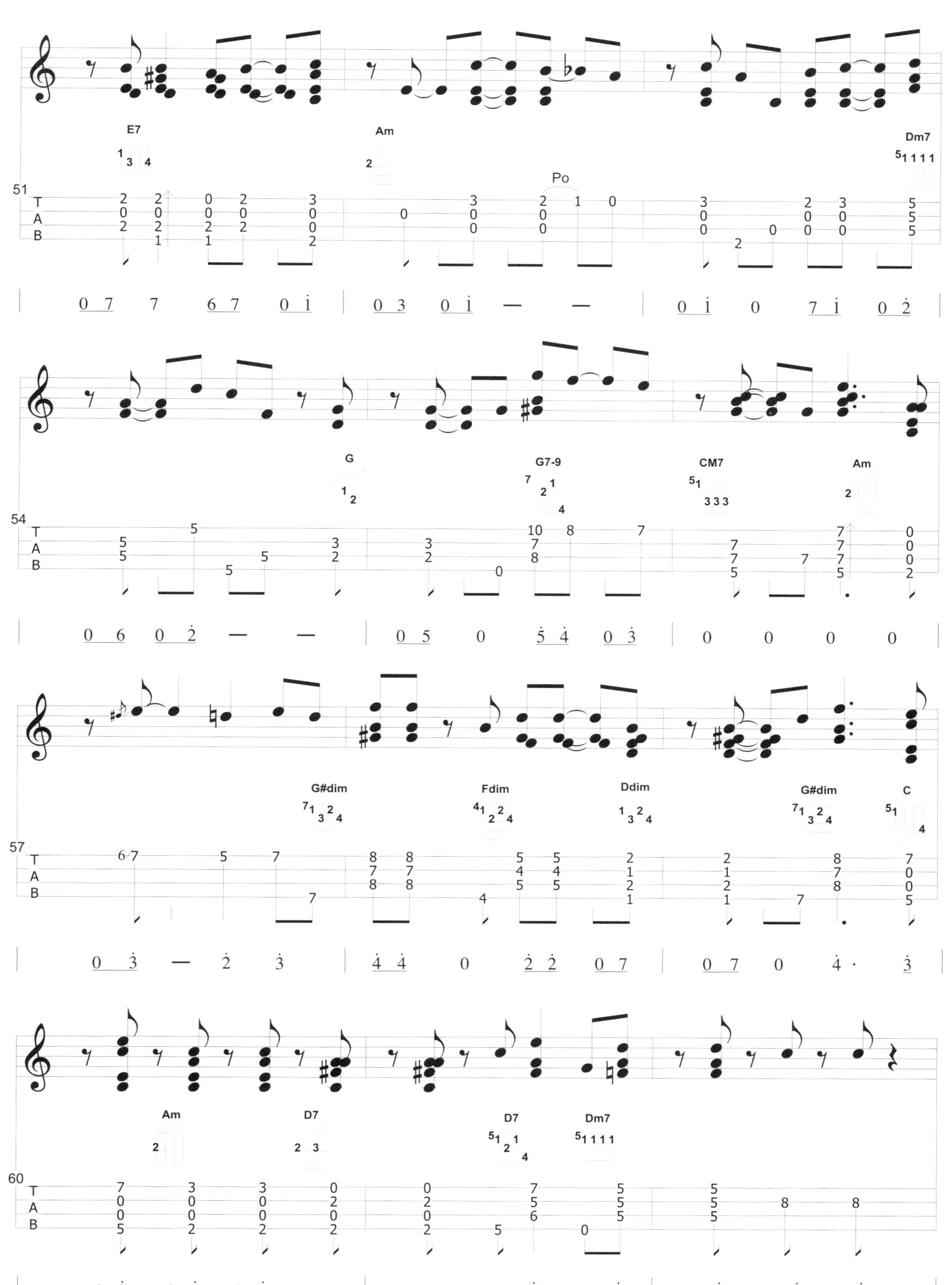

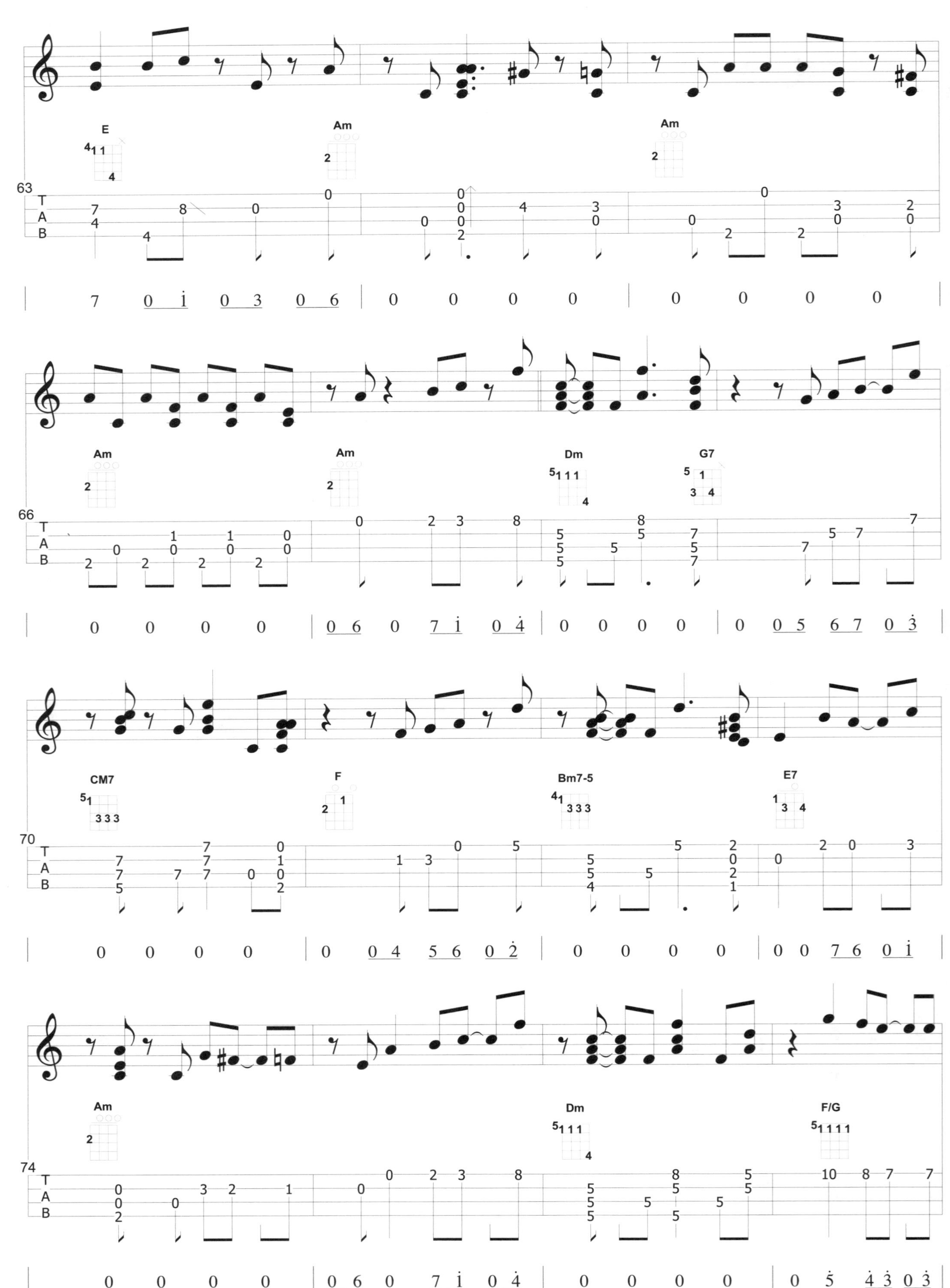
E
Am
Am
63
T
A
B
Am
Am
Dm
G7
66
CM7
F
Bm7-5
E7
70
Am
Dm
F/G
74

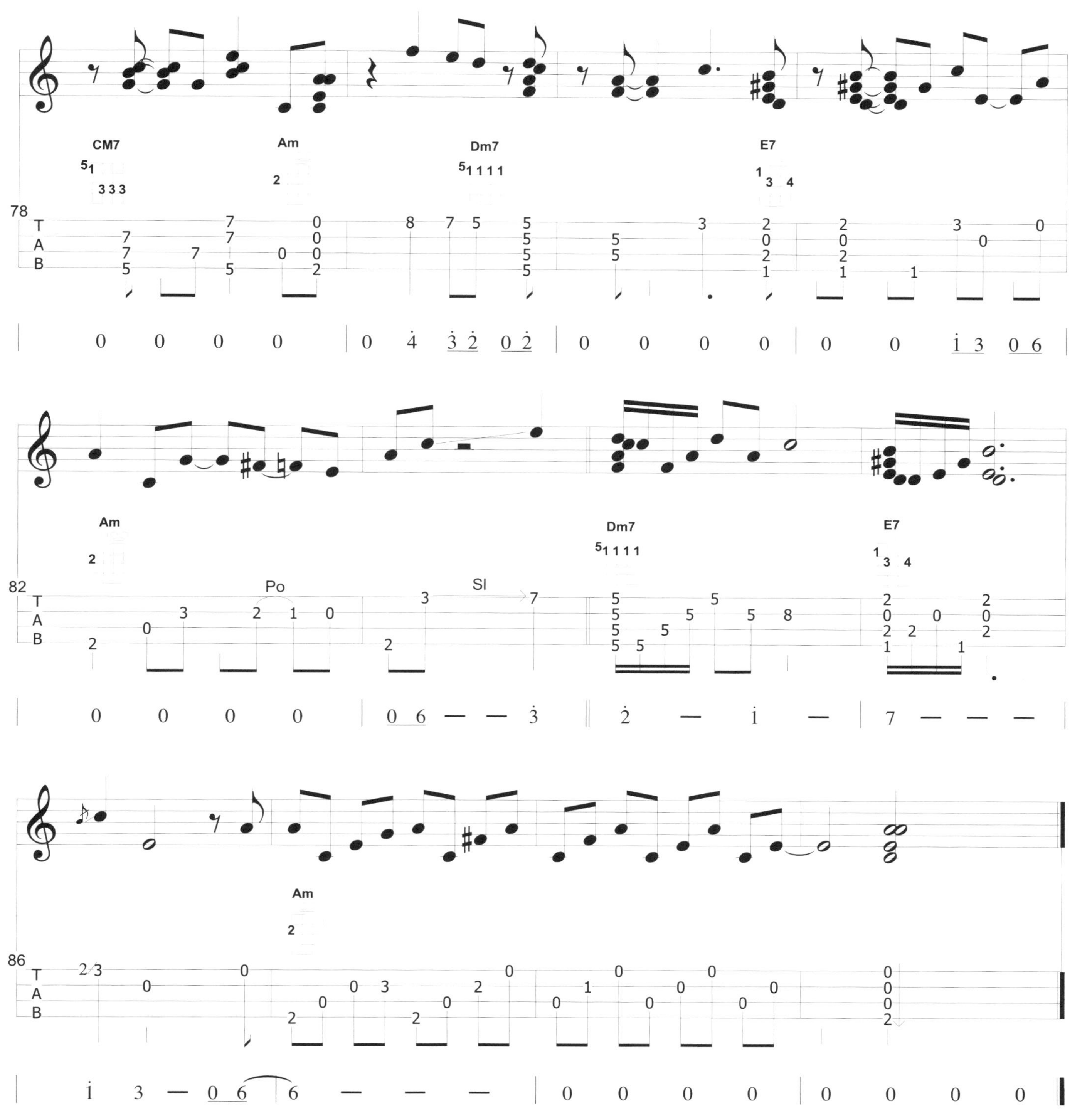
CM7
Am
Dm7
E7
Po
Sl
Fine

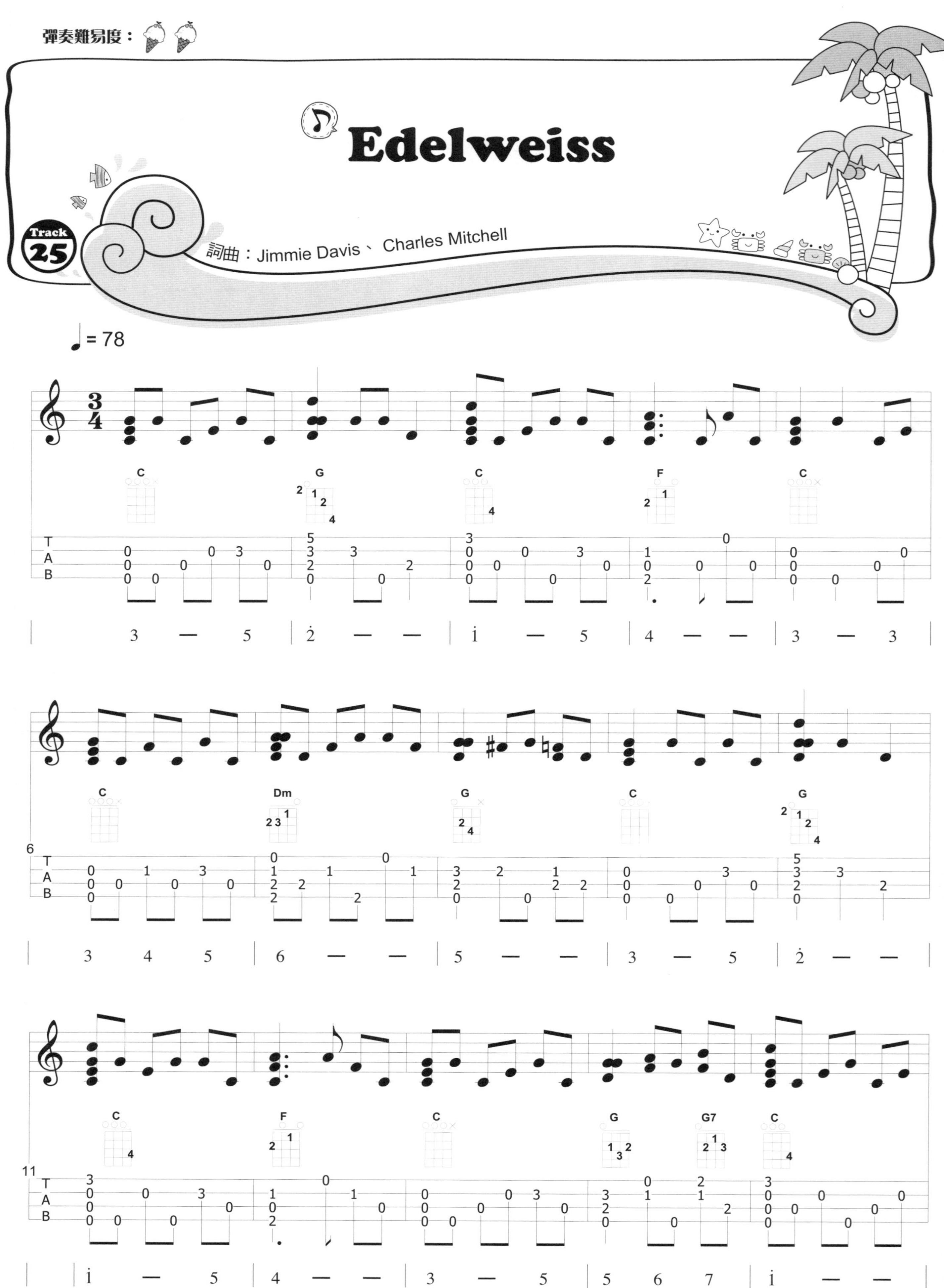
彈奏難易度：
Edelweiss
Track 25
詞曲：Jimmie Davis、 Charles Mitchell
♩= 78
C G C F C
C Dm G C G
C F C G G7 C

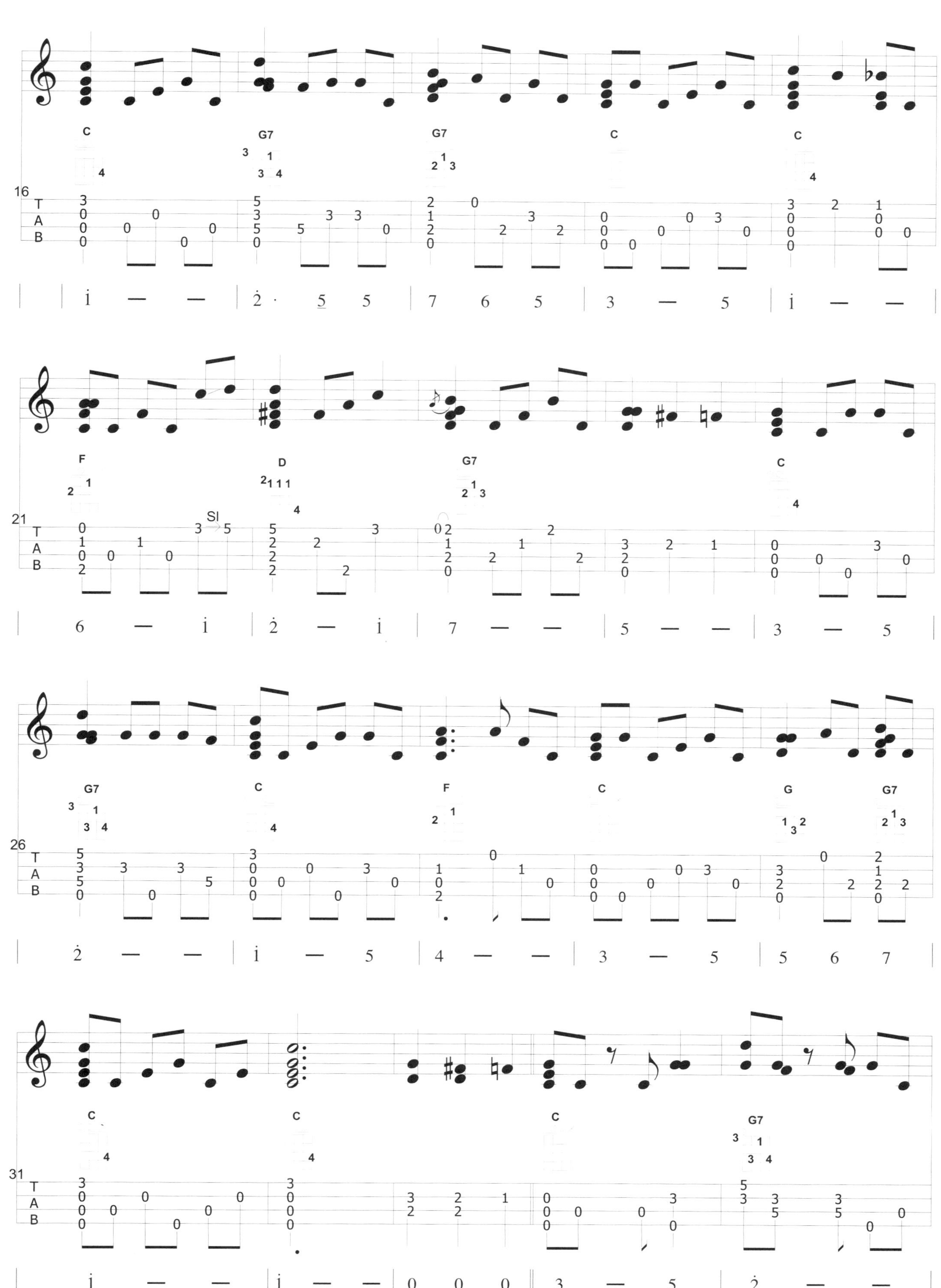

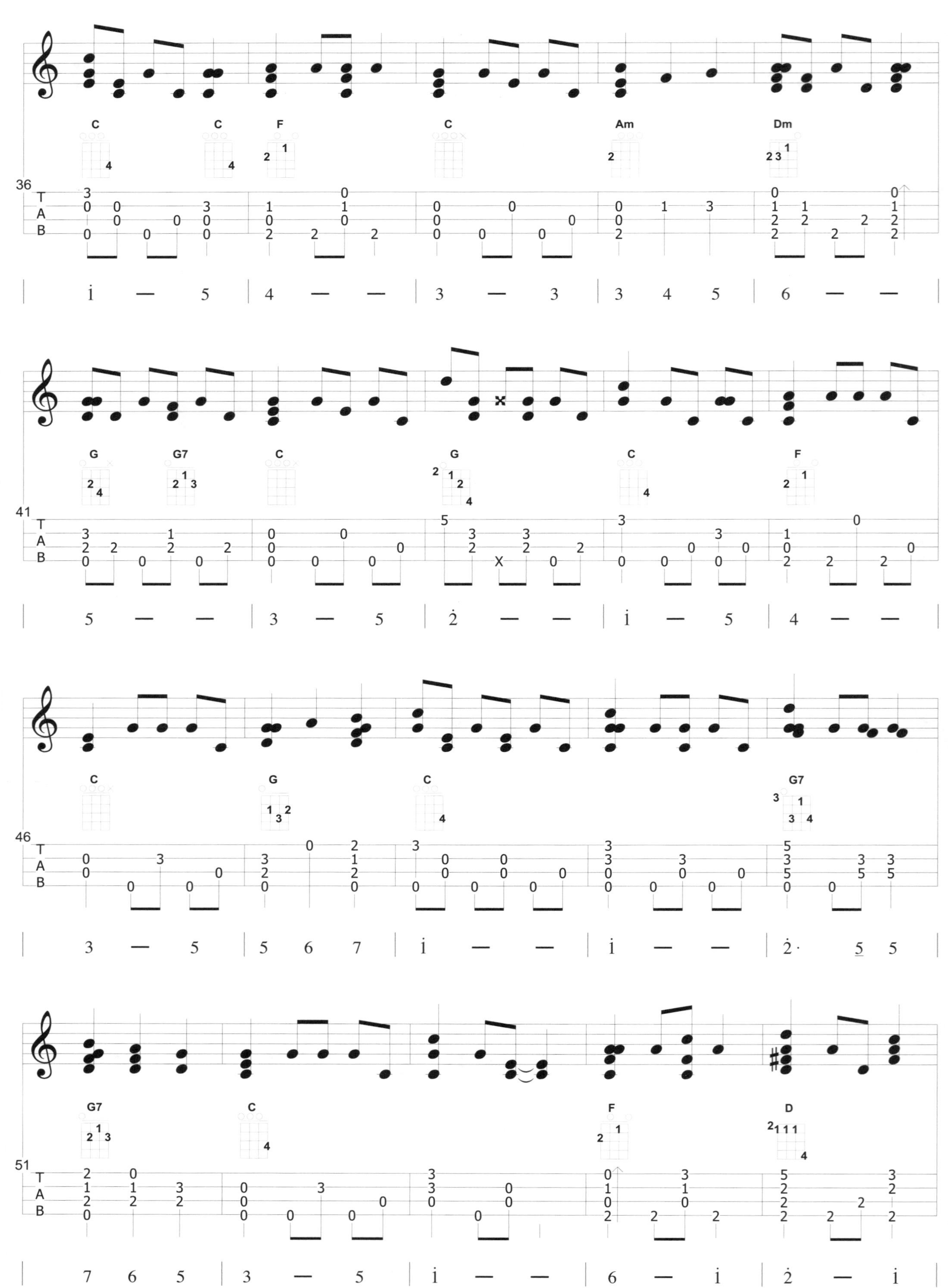
C C F C Am Dm
36
G G7 C G C F
41
C G C G7
46
G7 C F D
51

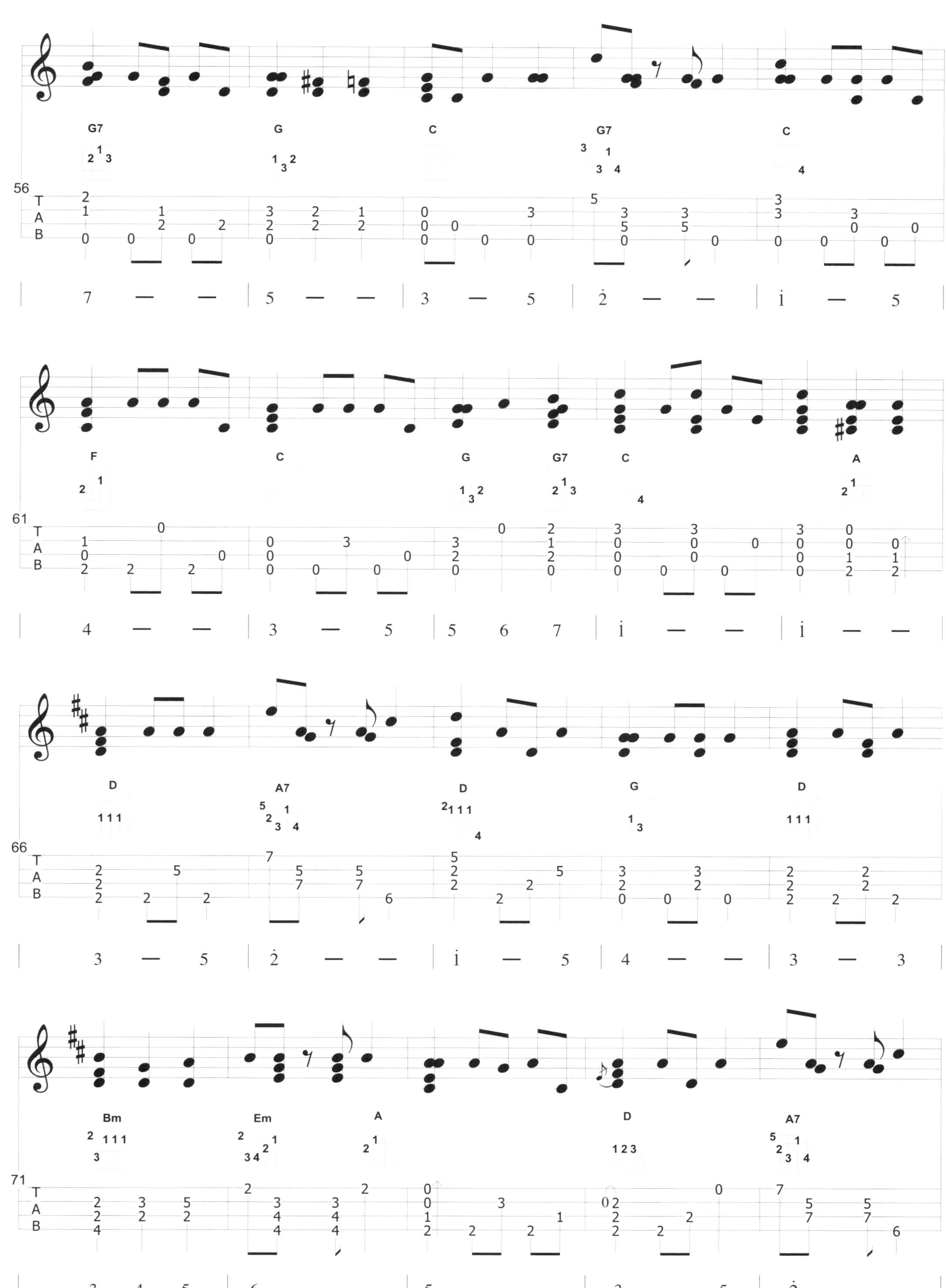
G7
G
C
G7
C
F
C
G
G7
C
A
D
A7
D
G
D
Bm
Em
A
D
A7

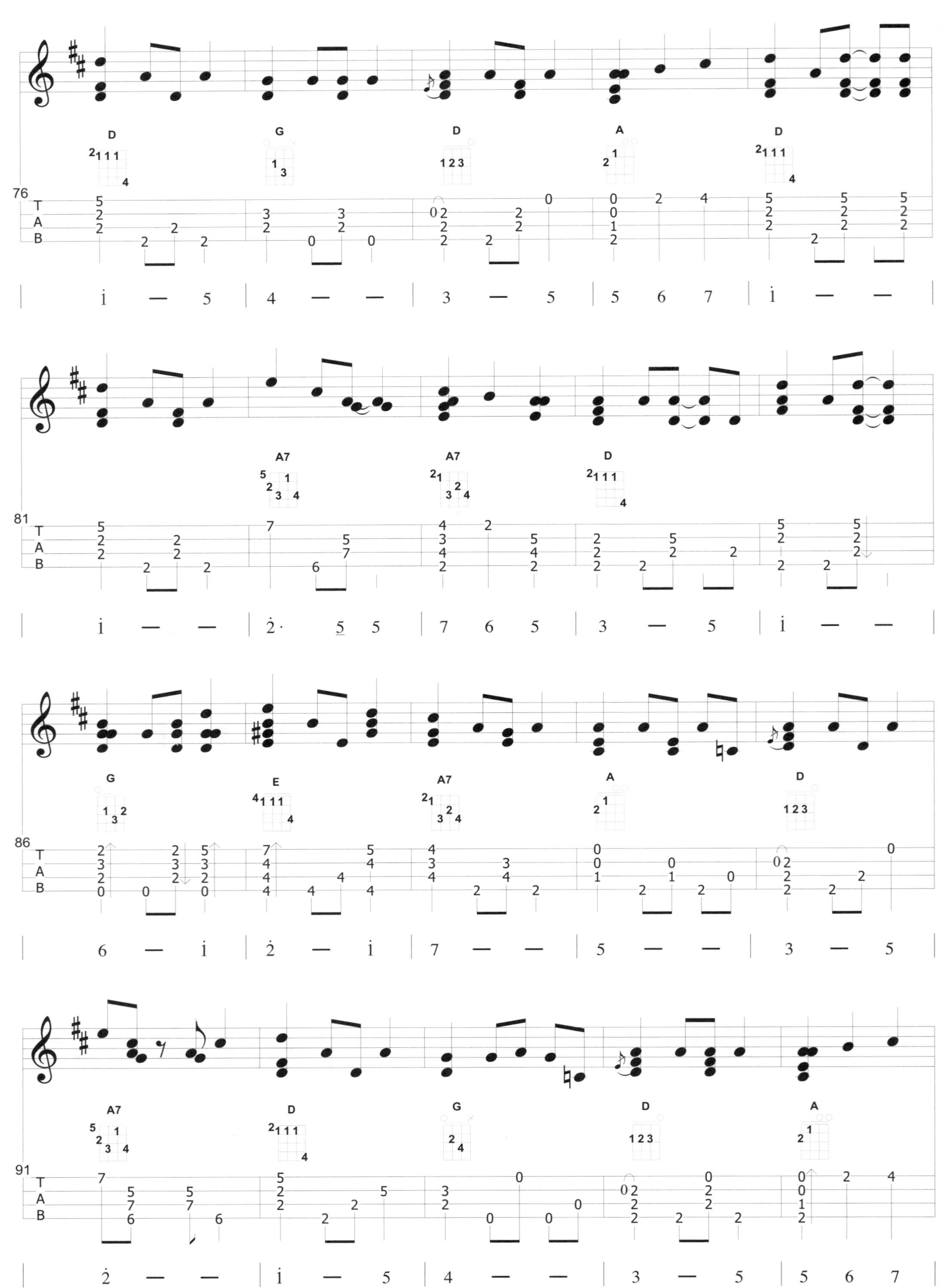
D
G
D
A
D
A7
A7
D
G
E
A7
A
D
A7
D
G
D
A

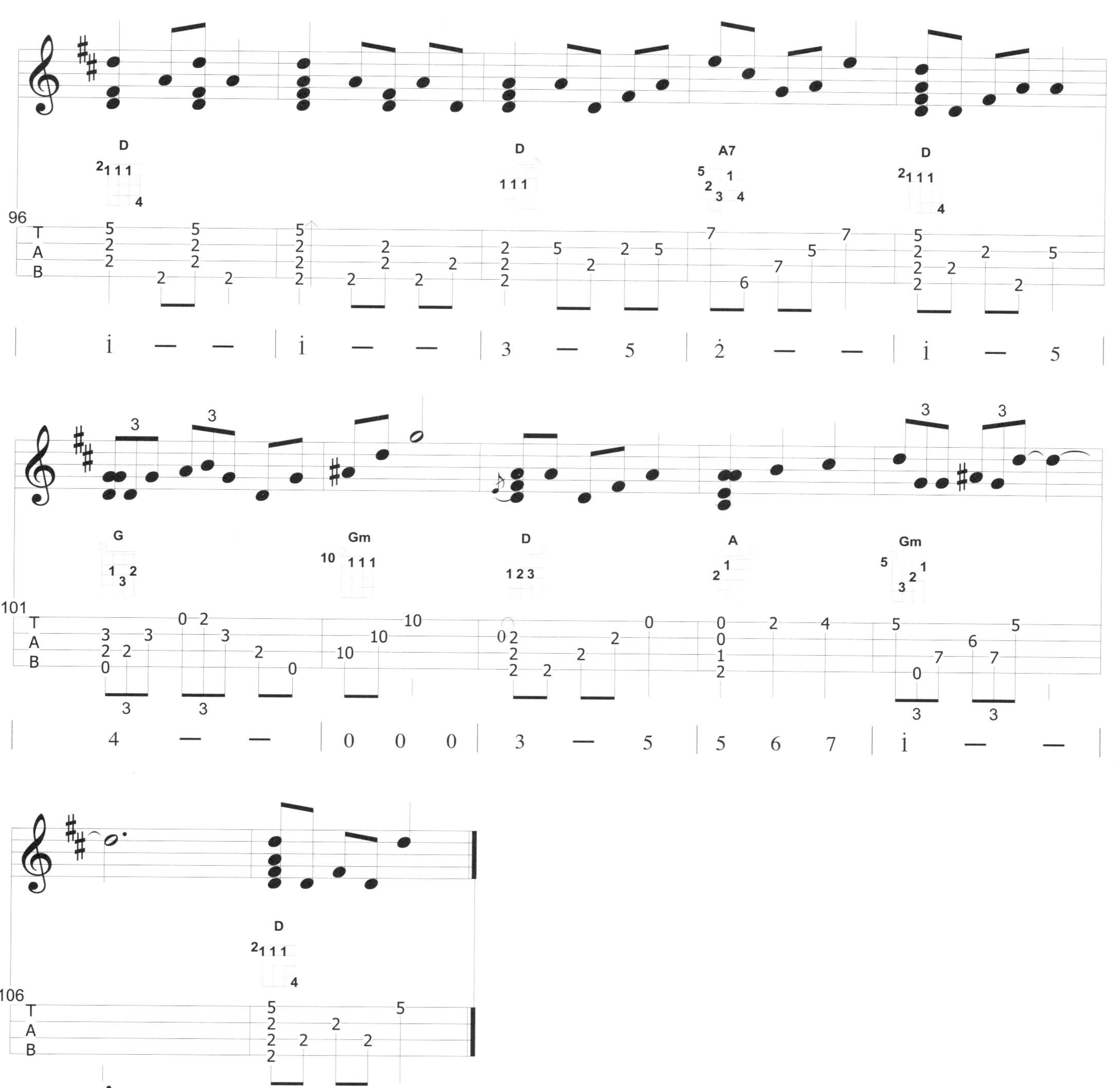

Fine

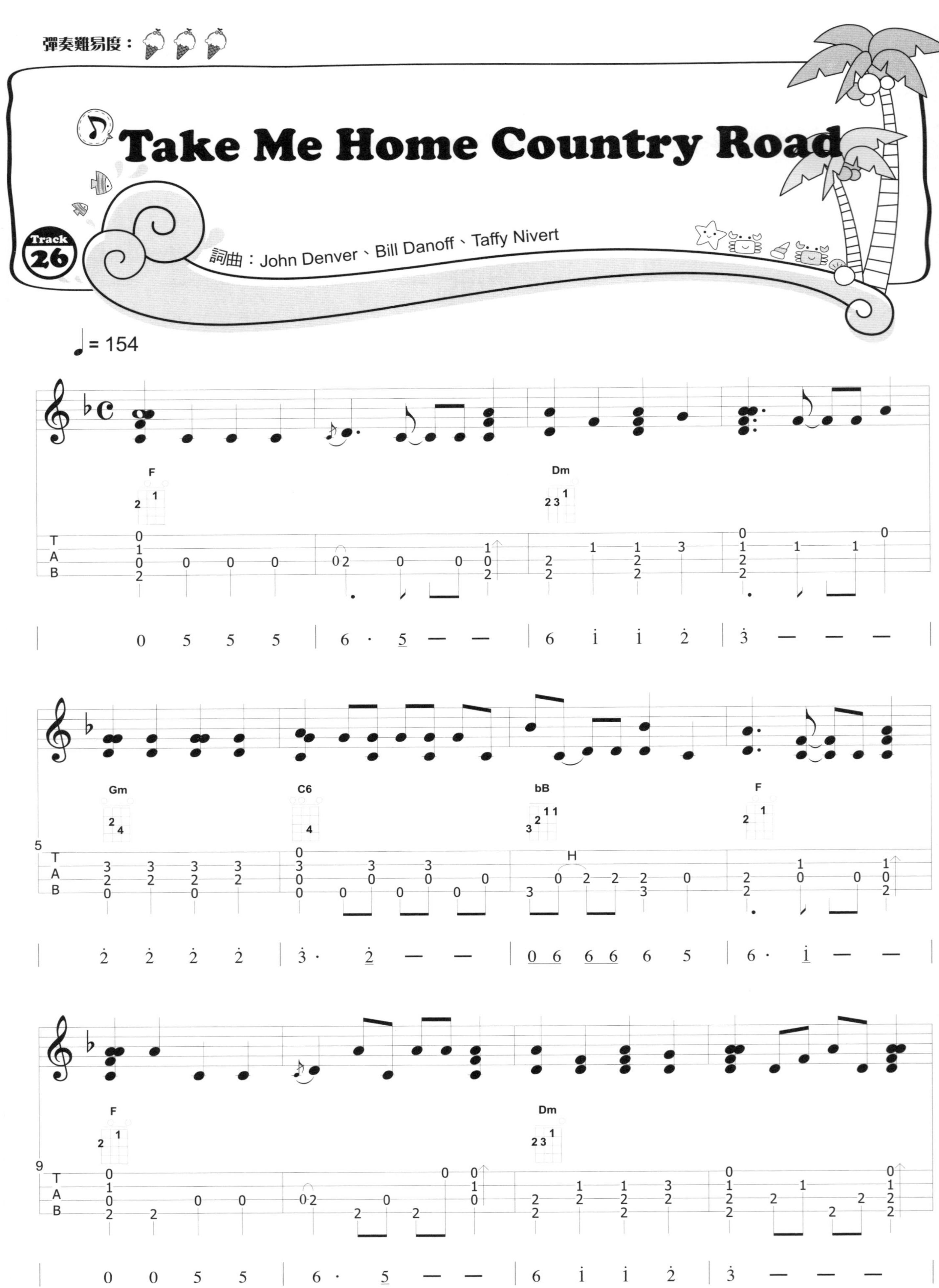
彈奏難易度：
Take Me Home Country Road
Track 26
詞曲：John Denver、Bill Danoff、Taffy Nivert
♩= 154
F
Dm
Gm
C6
bB
F
F
Dm

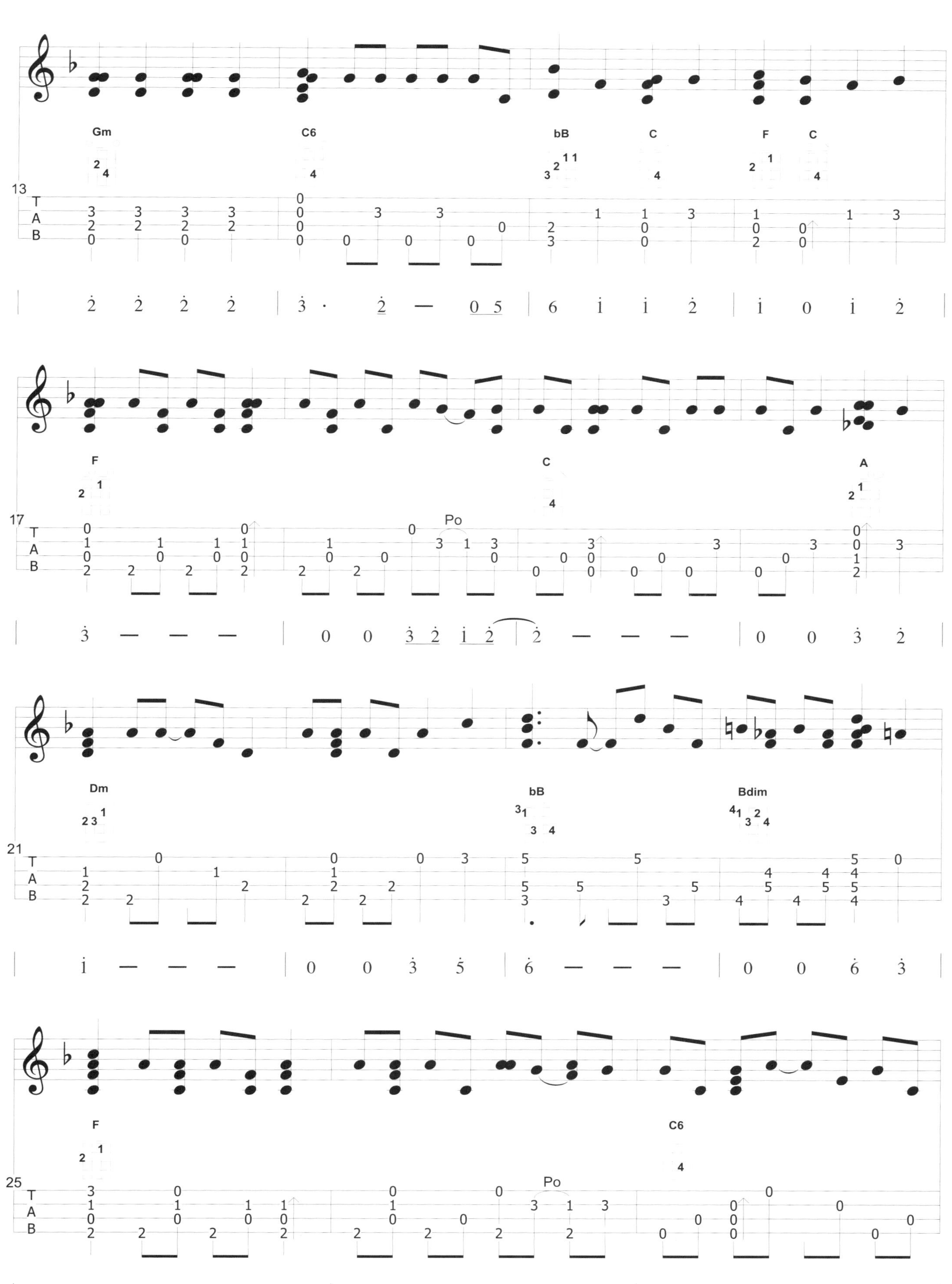
Gm
C6
bB
C
F
C
F
Po
C
A
Dm
bB
Bdim
F
Po
C6

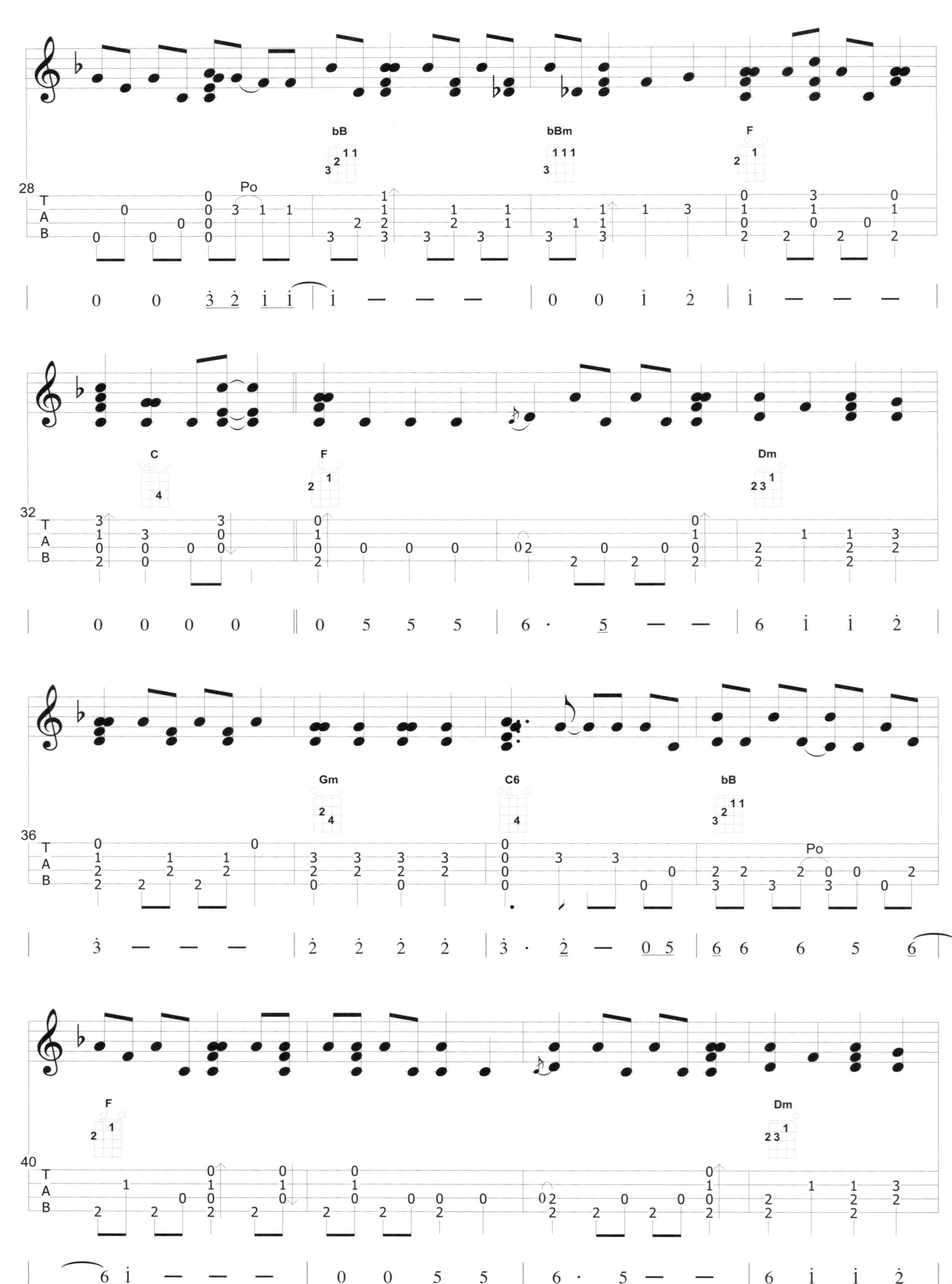
28
bB
bBm
F
Po
32
C
F
Dm
36
Gm
C6
bB
Po
40
F
Dm

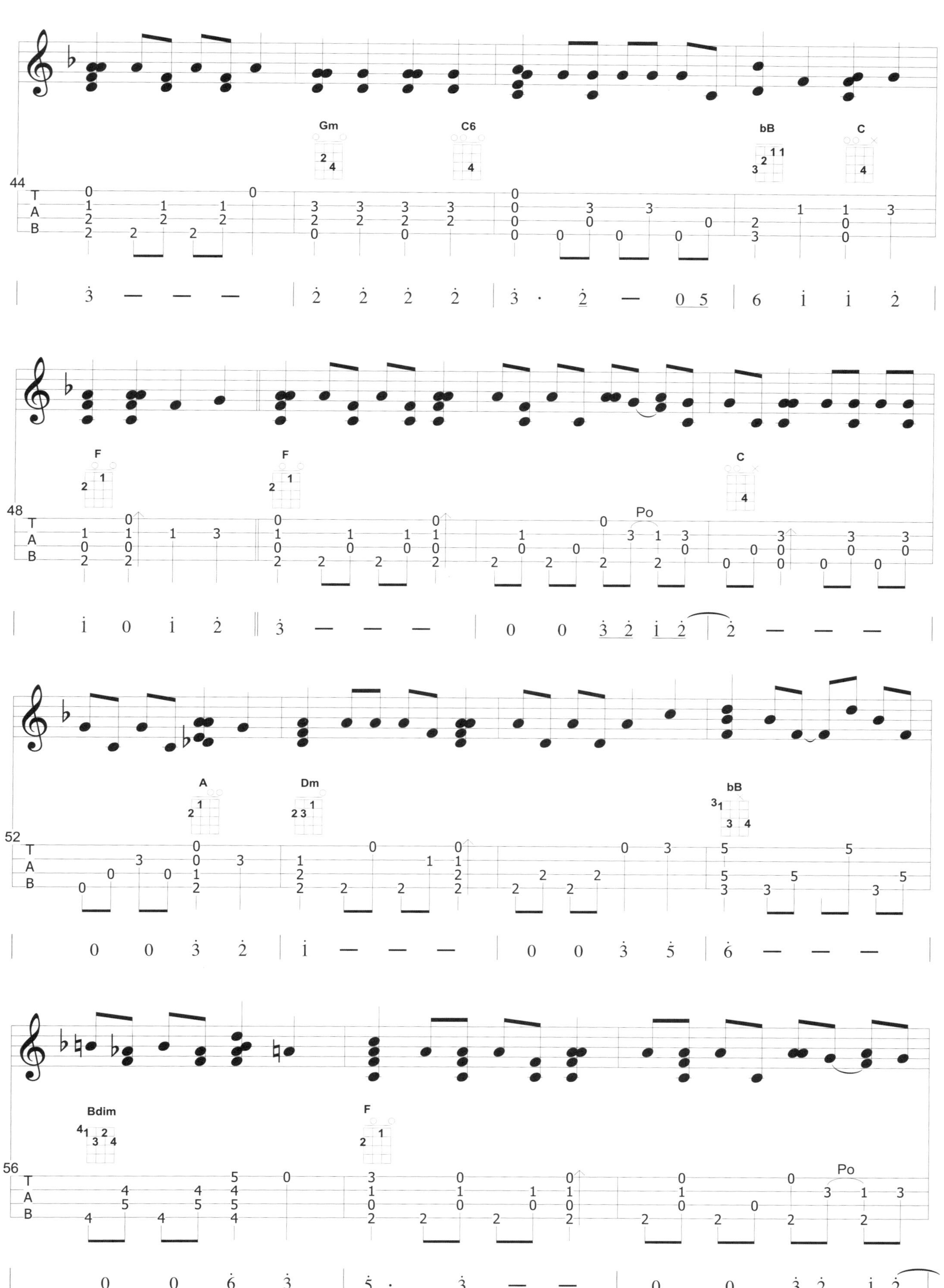

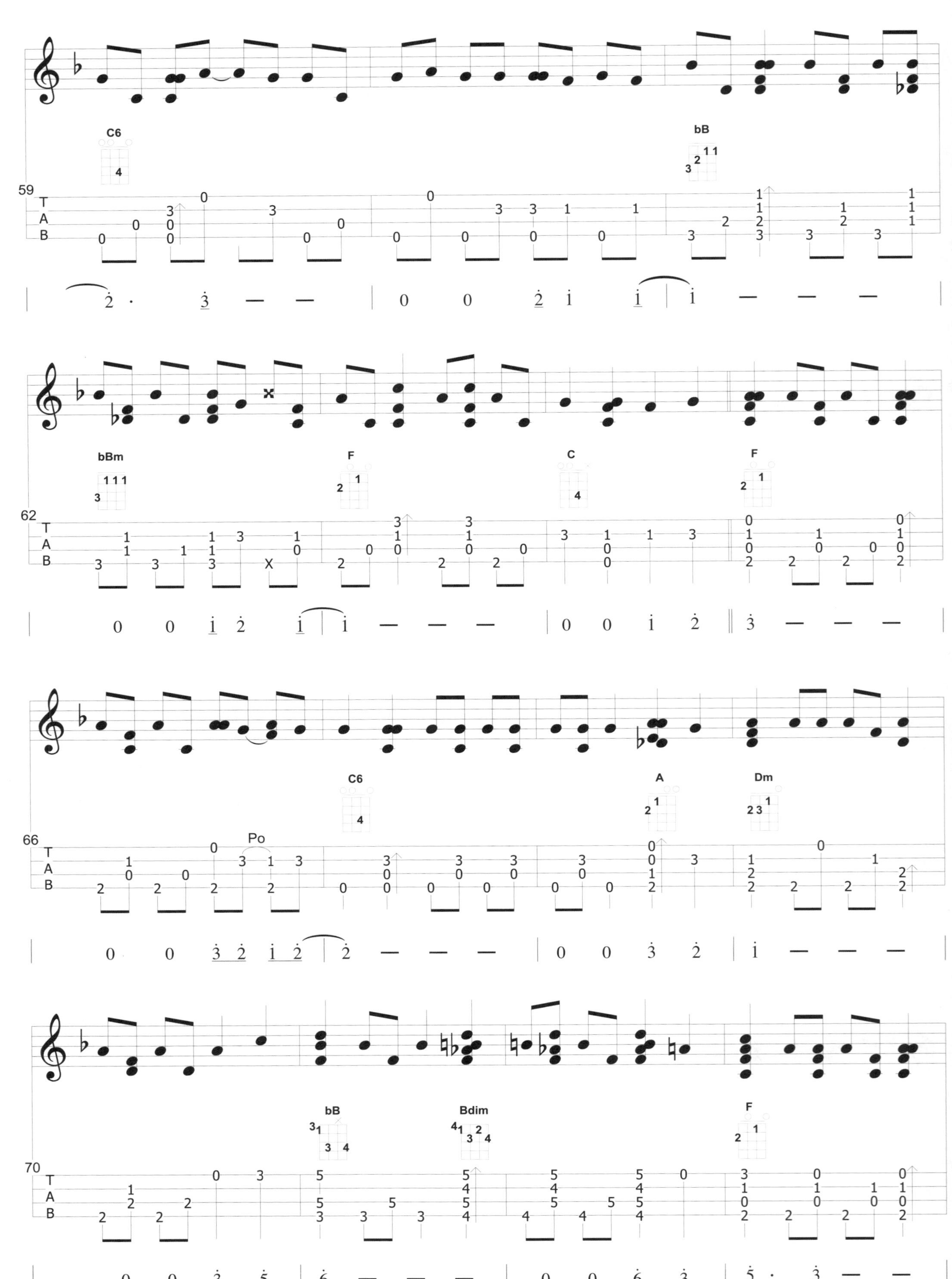
C6
bB
59
T
A
B
bBm
F
C
F
62
C6
A
Dm
66
Po
bB
Bdim
F
70

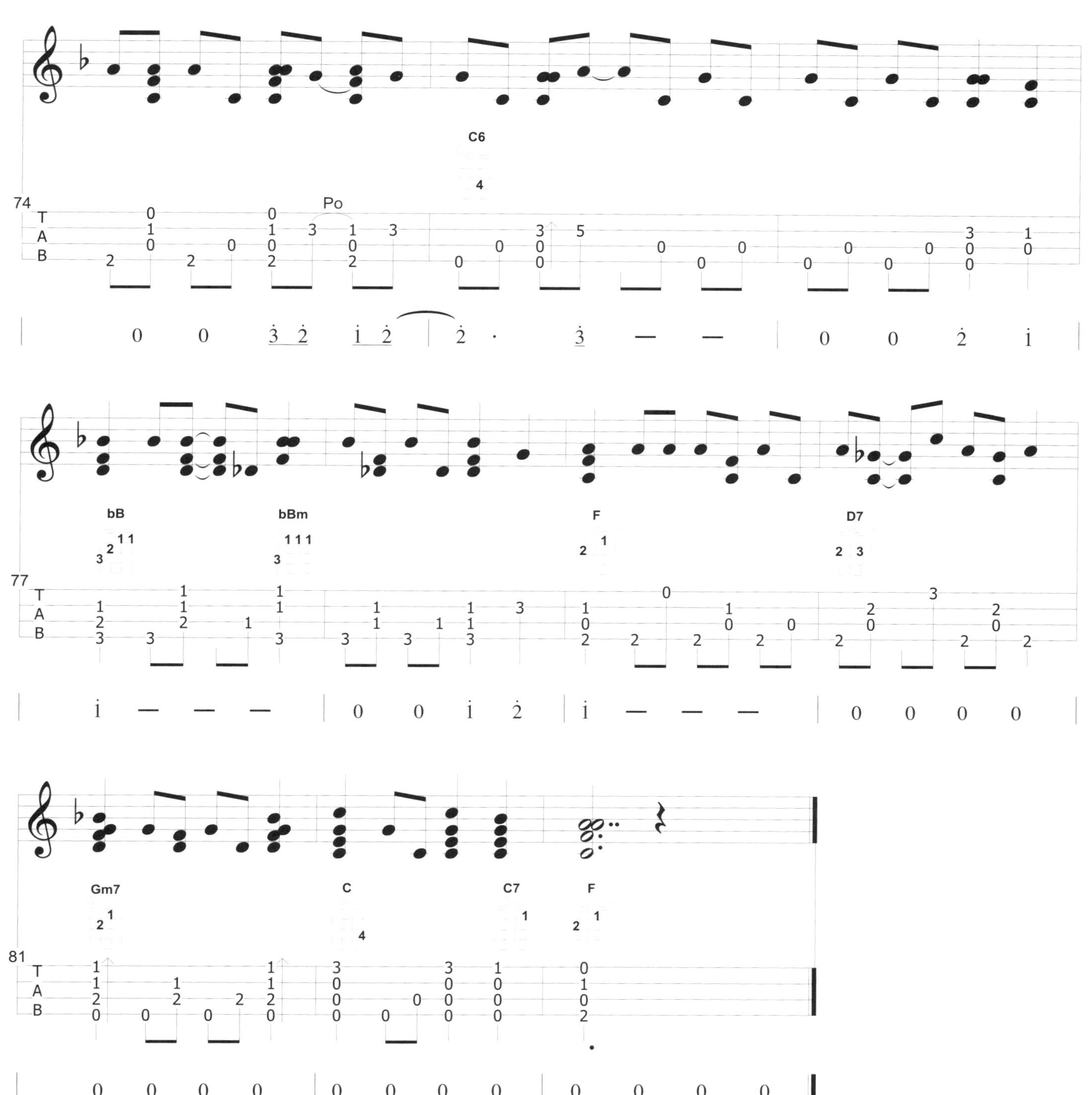

C6
Po
bB
bBm
F
D7
Gm7
C
C7
F
Fine

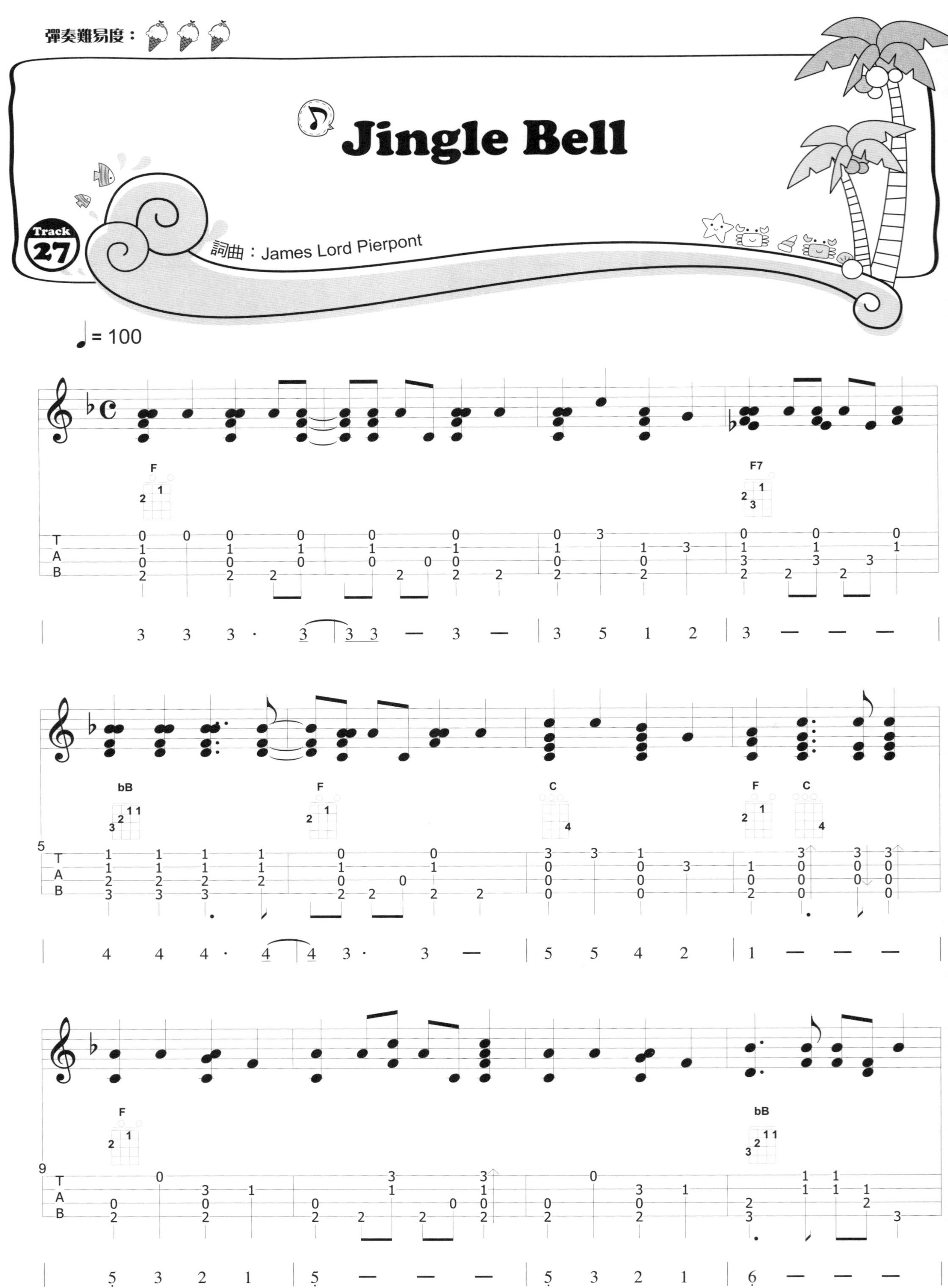
彈奏難易度：
Jingle Bell
Track 27
詞曲：James Lord Pierpont
= 100
F
F7
3 3 3 · 3 3 3 — 3 — 3 5 1 2 3 — — —
bB
F
C
F
C
4 4 4 · 4 4 3 · 3 — 5 5 4 2 1 — — —
F
bB
5 3 2 1 5 — — — 5 3 2 1 6 — — —

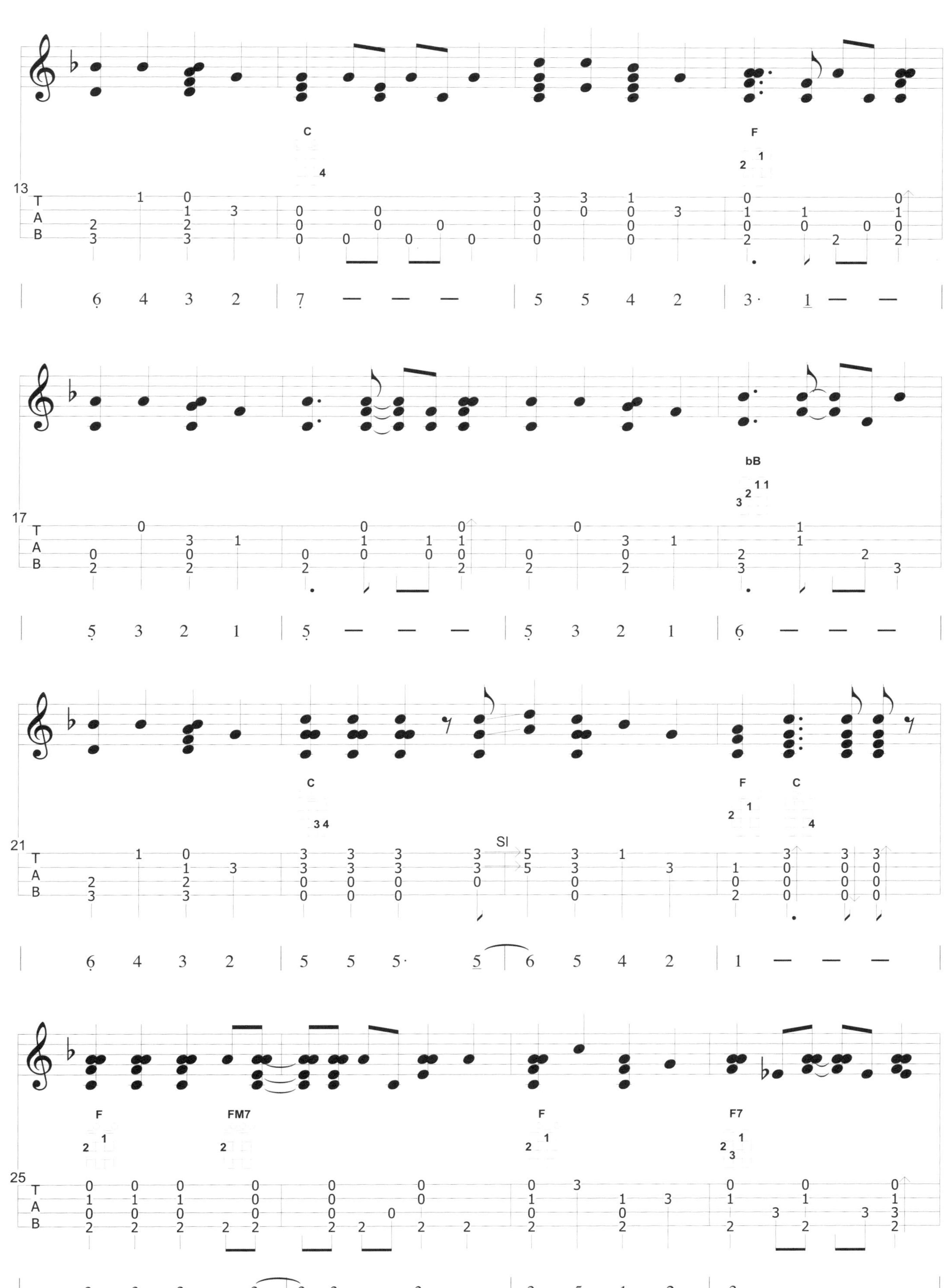

C
4
F
2 1
13
T
A
B
1 0
2 1 3
3 2
6 4 3 2 | 7 — — — | 5 5 4 2 | 3· 1 — —
bB
3 2 1 1
17
5 3 2 1 | 5 — — — | 5 3 2 1 | 6 — — —
C
3 4
F
C
21
Sl
6 4 3 2 | 5 5 5· 5 | 6 5 4 2 | 1 — — —
F
FM7
F7
25
3 3 3· 3 | 3 3 — 3 — | 3 5 1 2 | 3 — — —

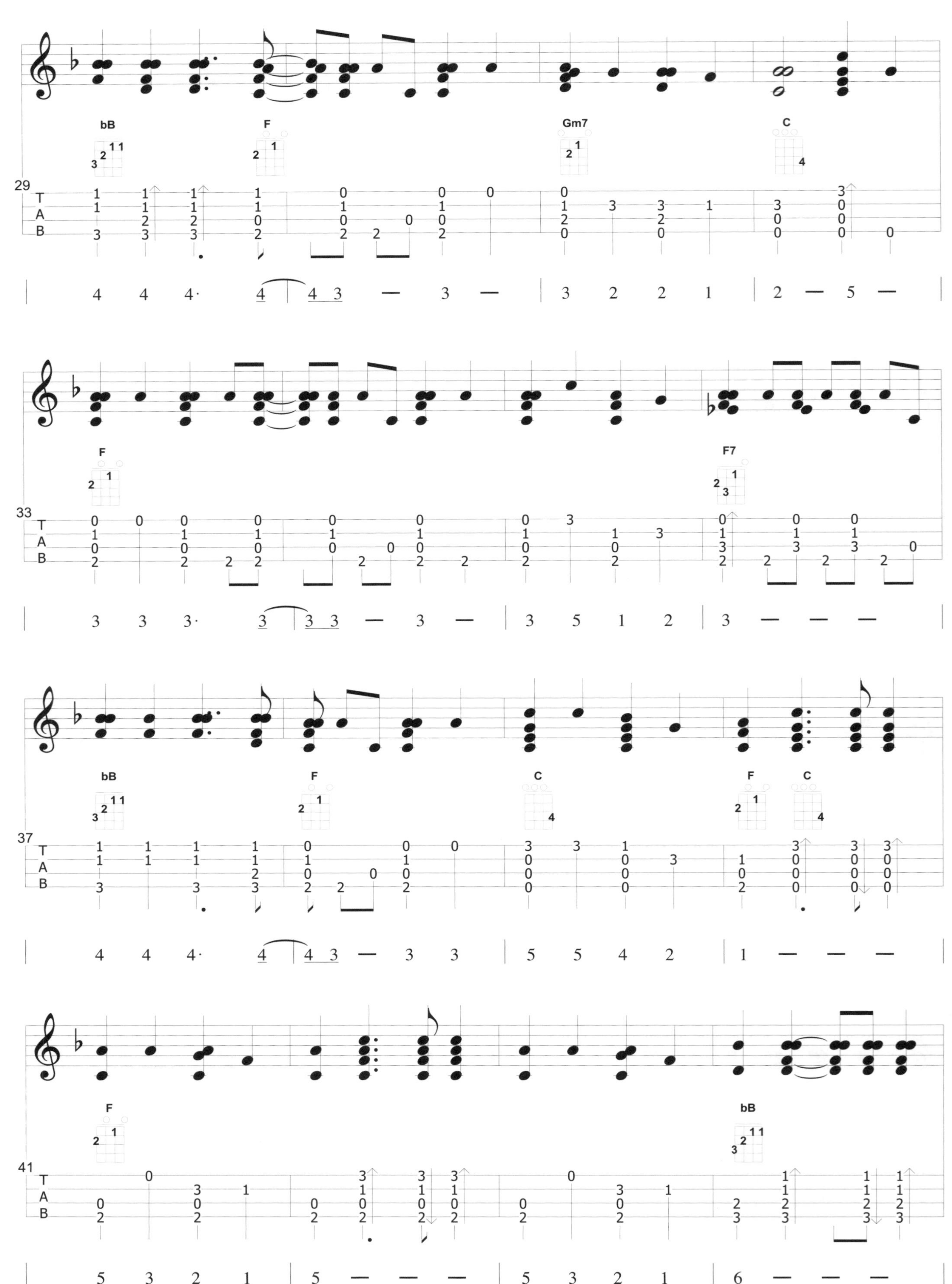
bB
F
Gm7
C
F
F7
bB
F
C
F
C
F
bB

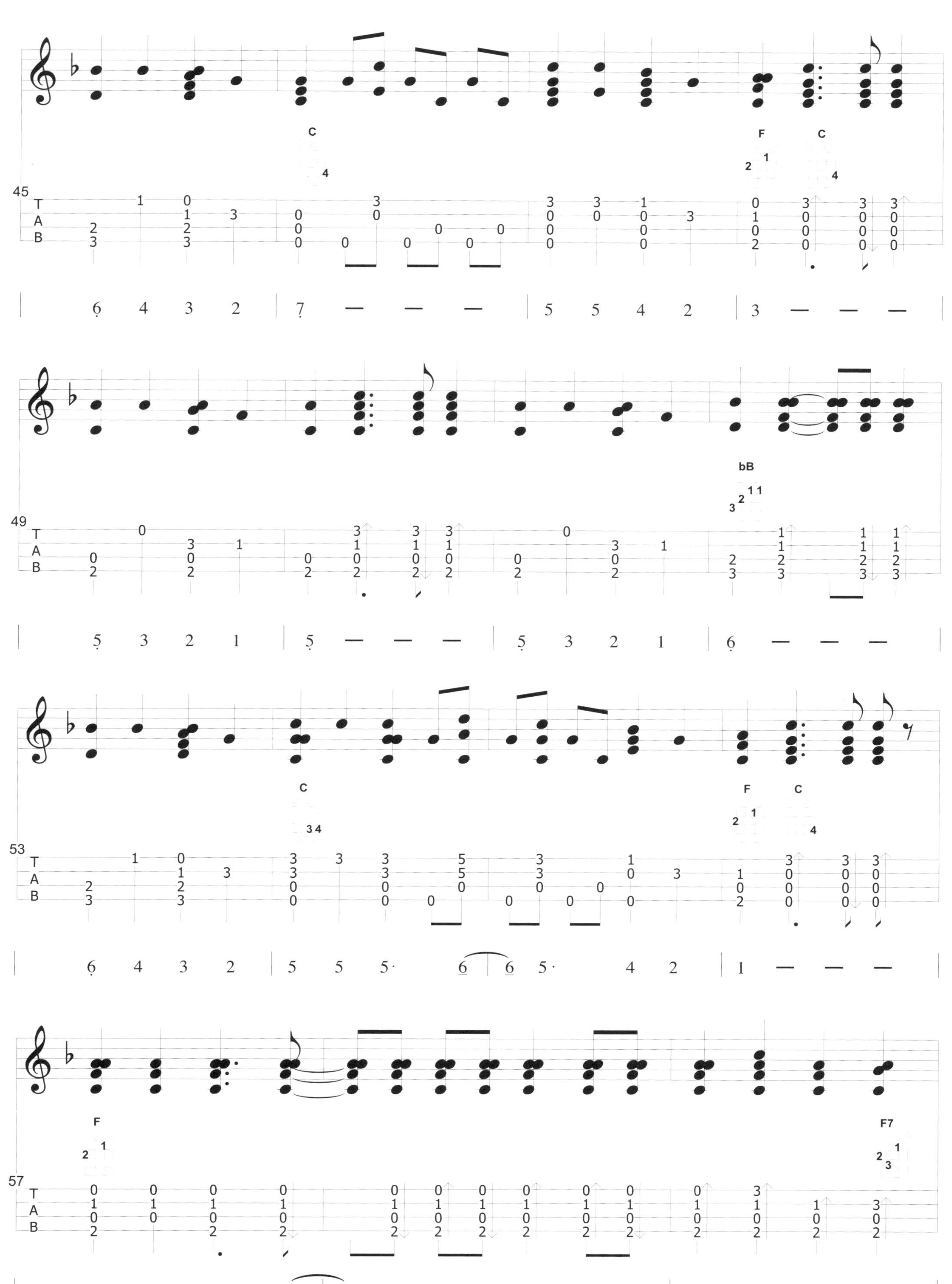
C
F
C
bB
C
F
C
F
F7

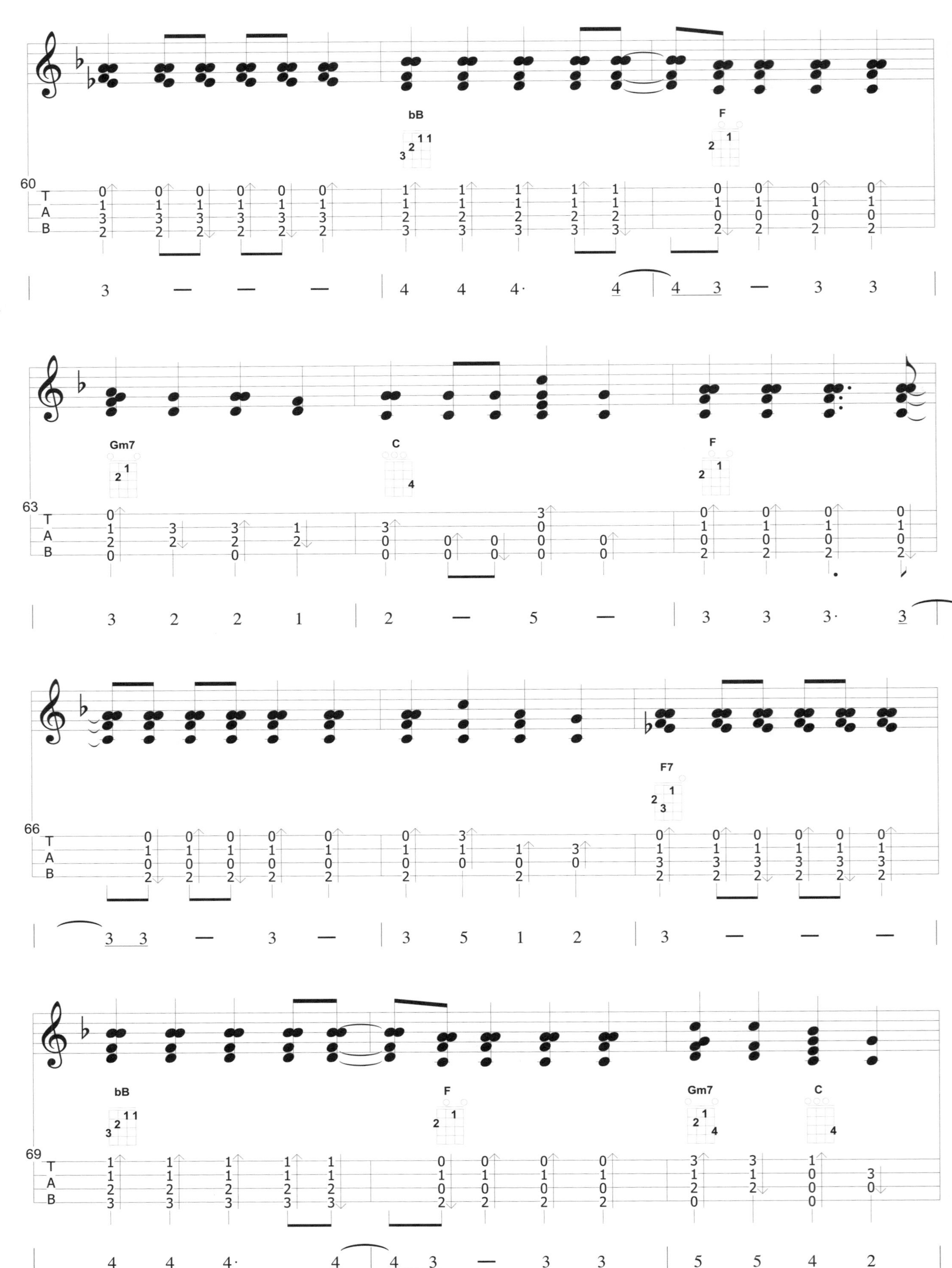
bB
F
Gm7
C
F
F7
bB
F
Gm7
C

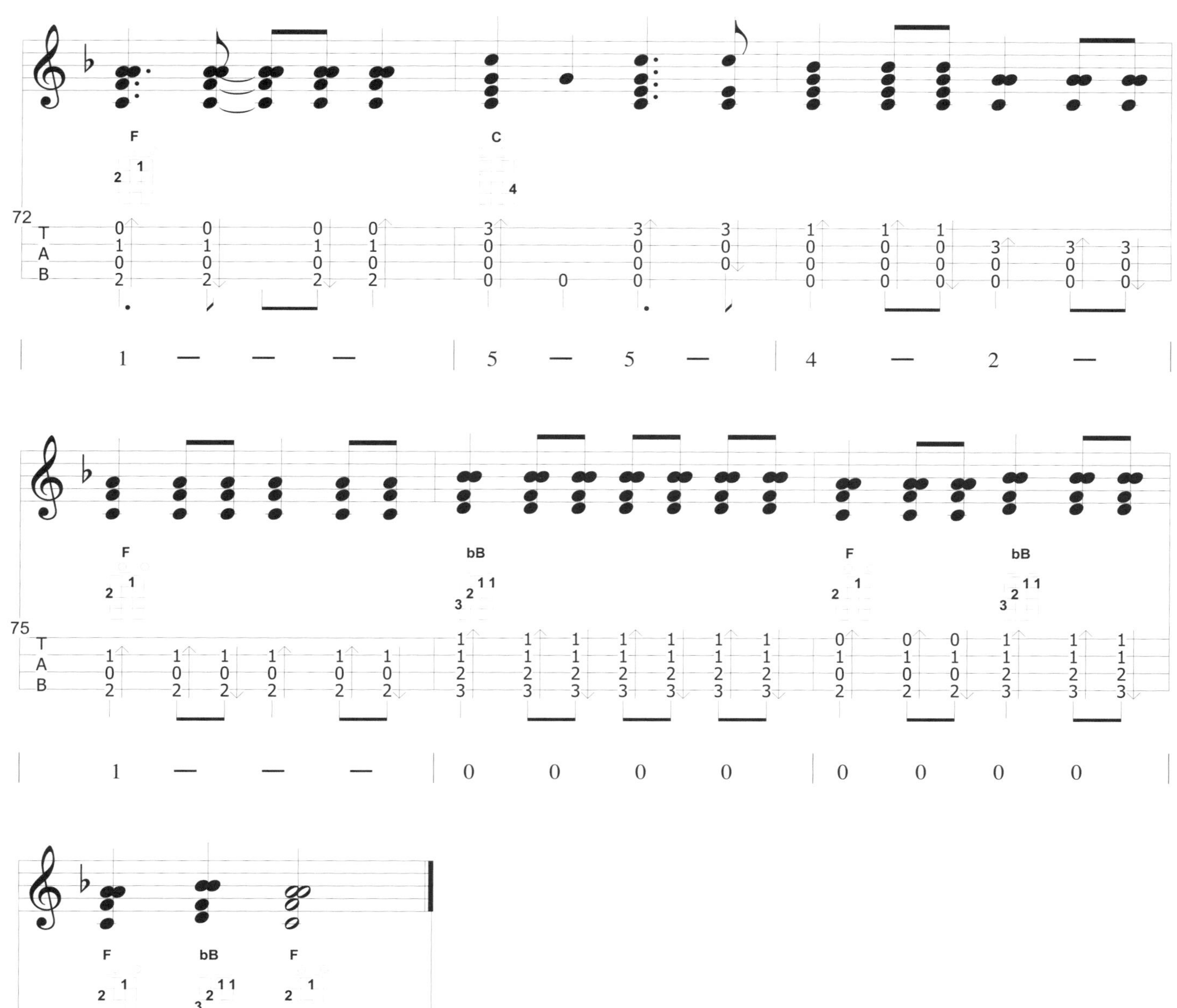

Fine

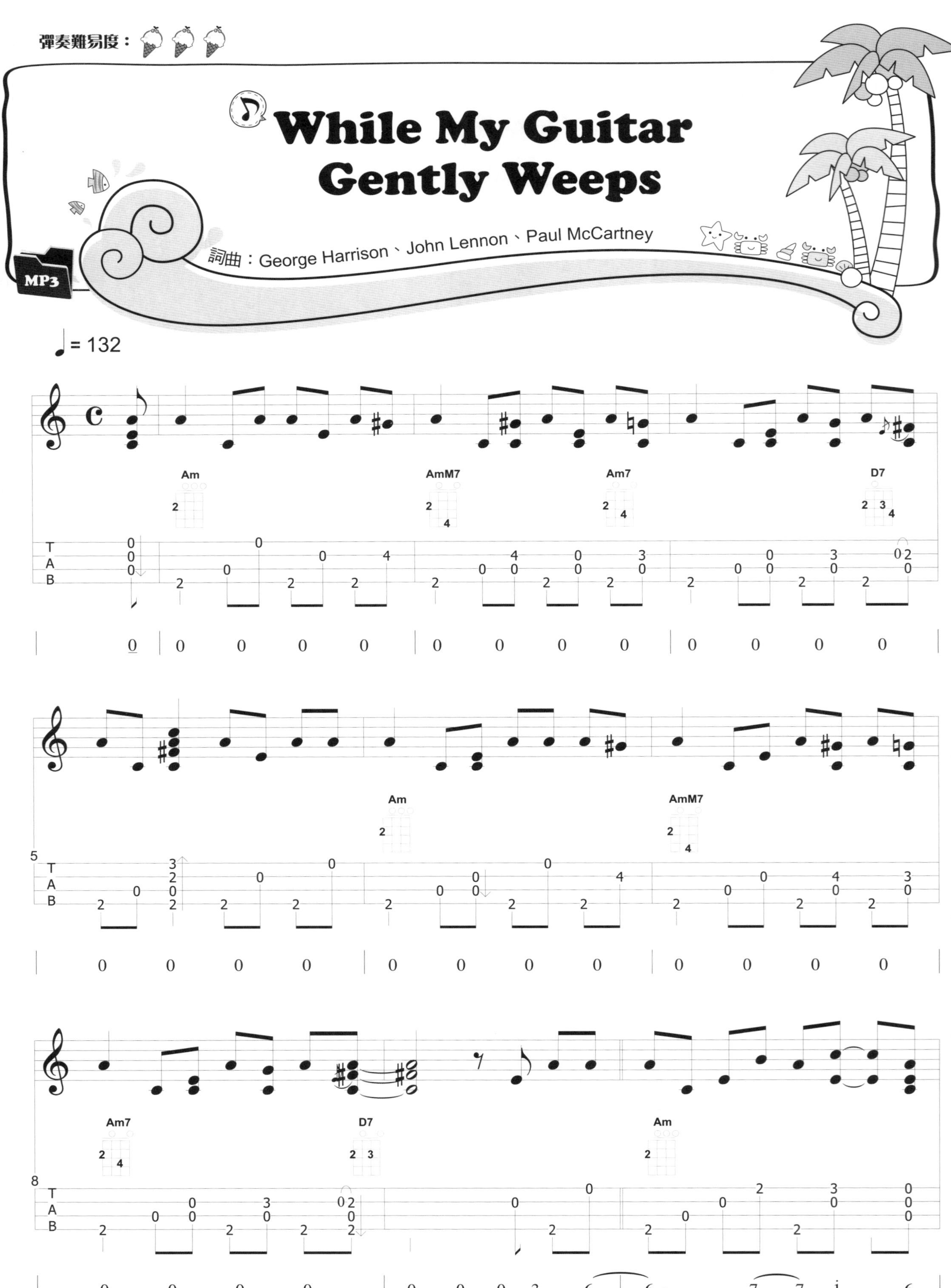
彈奏難易度：
While My Guitar Gently Weeps
詞曲：George Harrison、John Lennon、Paul McCartney
MP3
♩= 132
Am
AmM7
Am7
D7
Am
AmM7
Am7
D7
Am

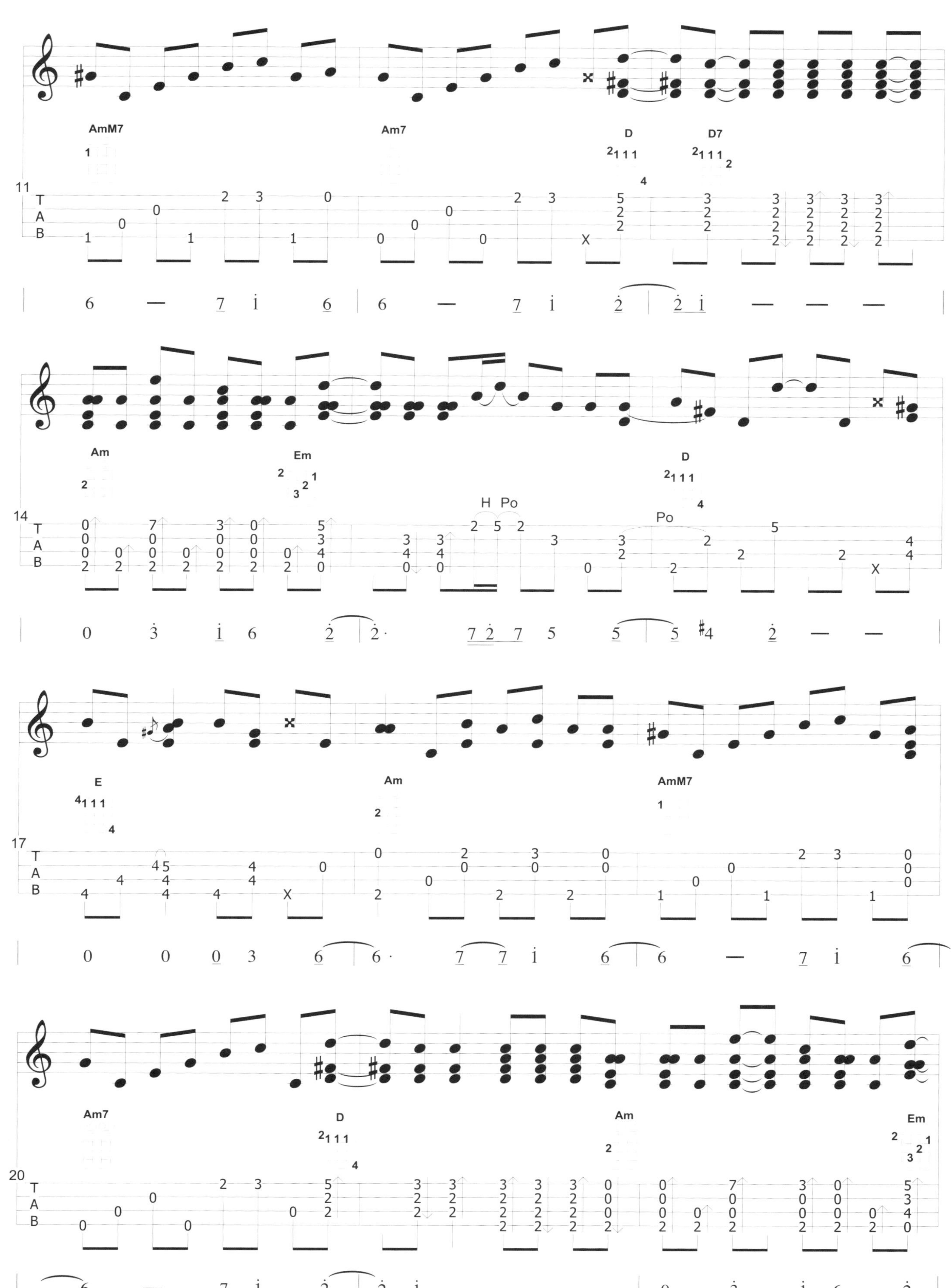
AmM7
Am7
D
D7
Am
Em
E

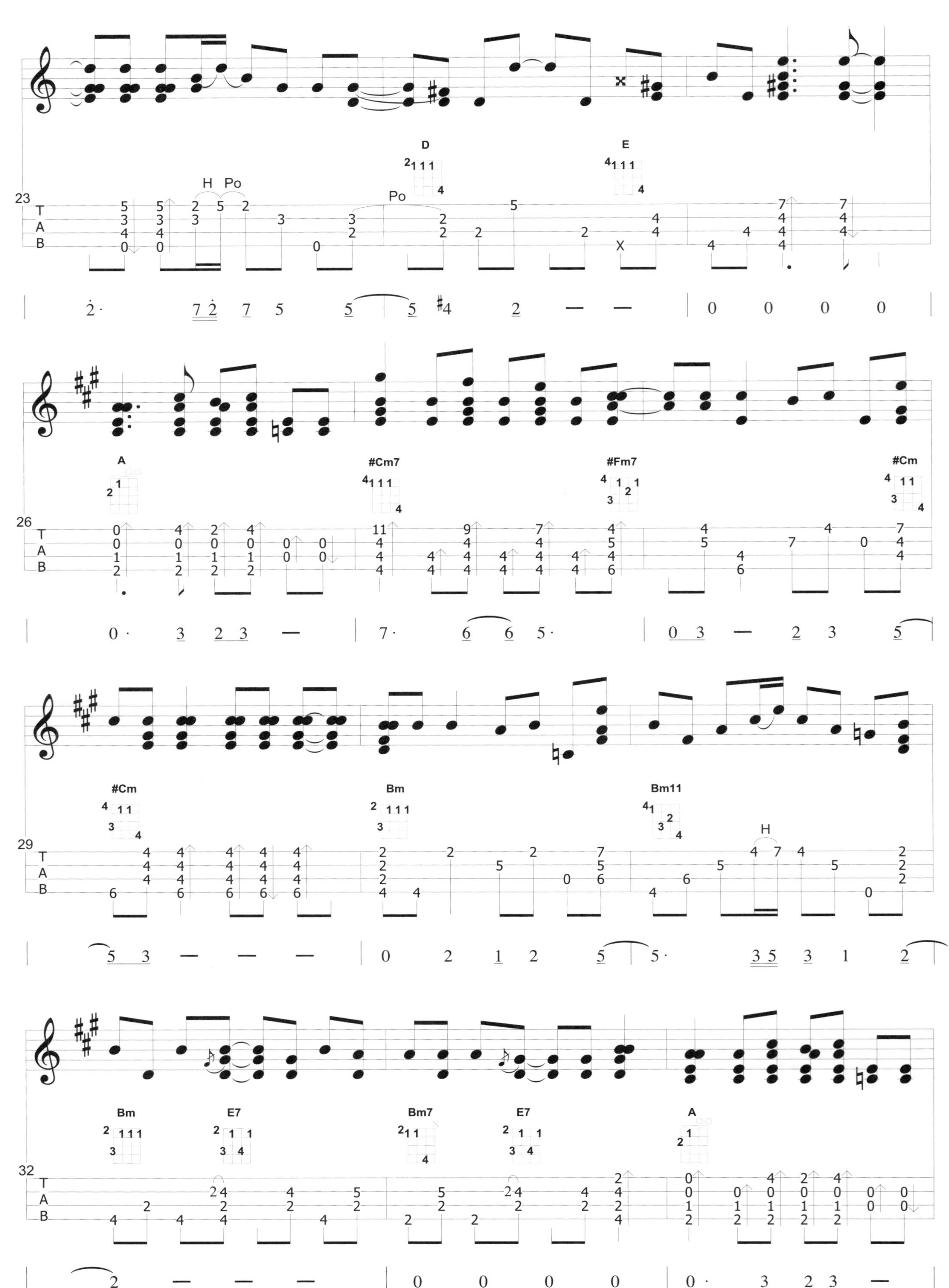
D
E
H Po
Po
A
#Cm7
#Fm7
#Cm
#Cm
Bm
Bm11
H
Bm
E7
Bm7
E7
A

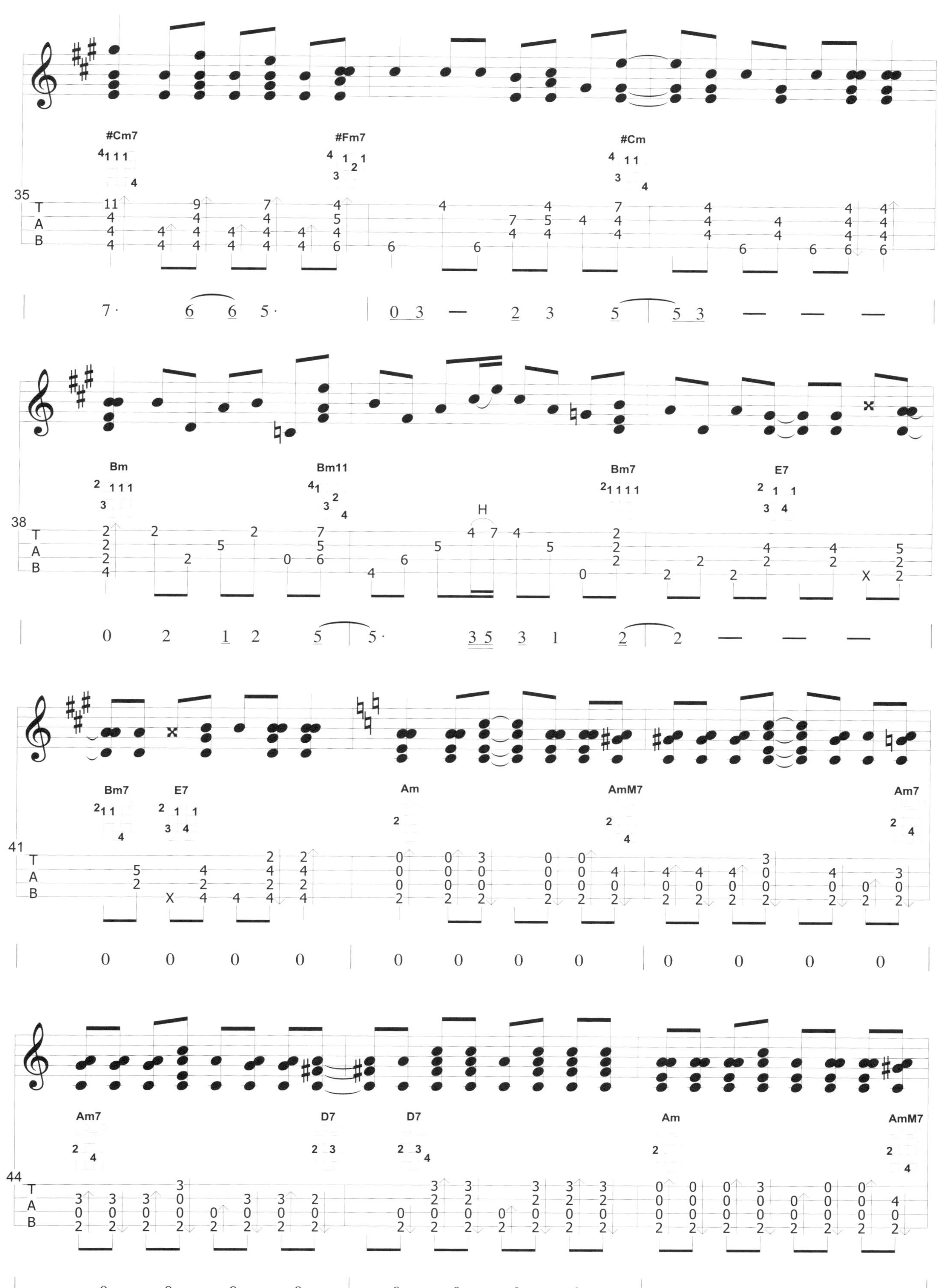
#Cm7
#Fm7
#Cm
Bm
Bm11
Bm7
E7
Bm7
E7
Am
AmM7
Am7
Am7
D7
D7
Am
AmM7

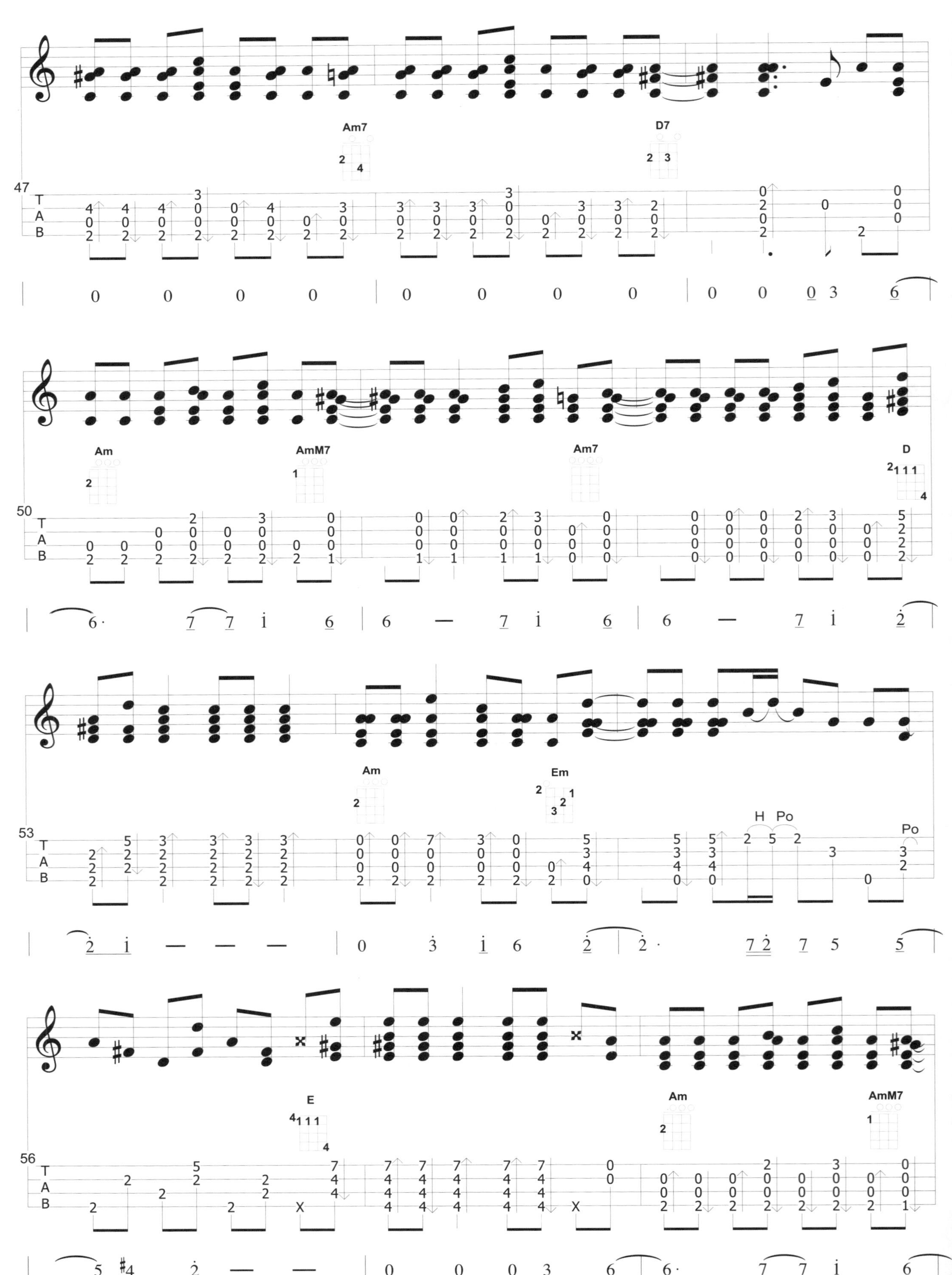
Am7
D7
Am
AmM7
Am7
D
Am
Em
H Po
Po
E
Am
AmM7

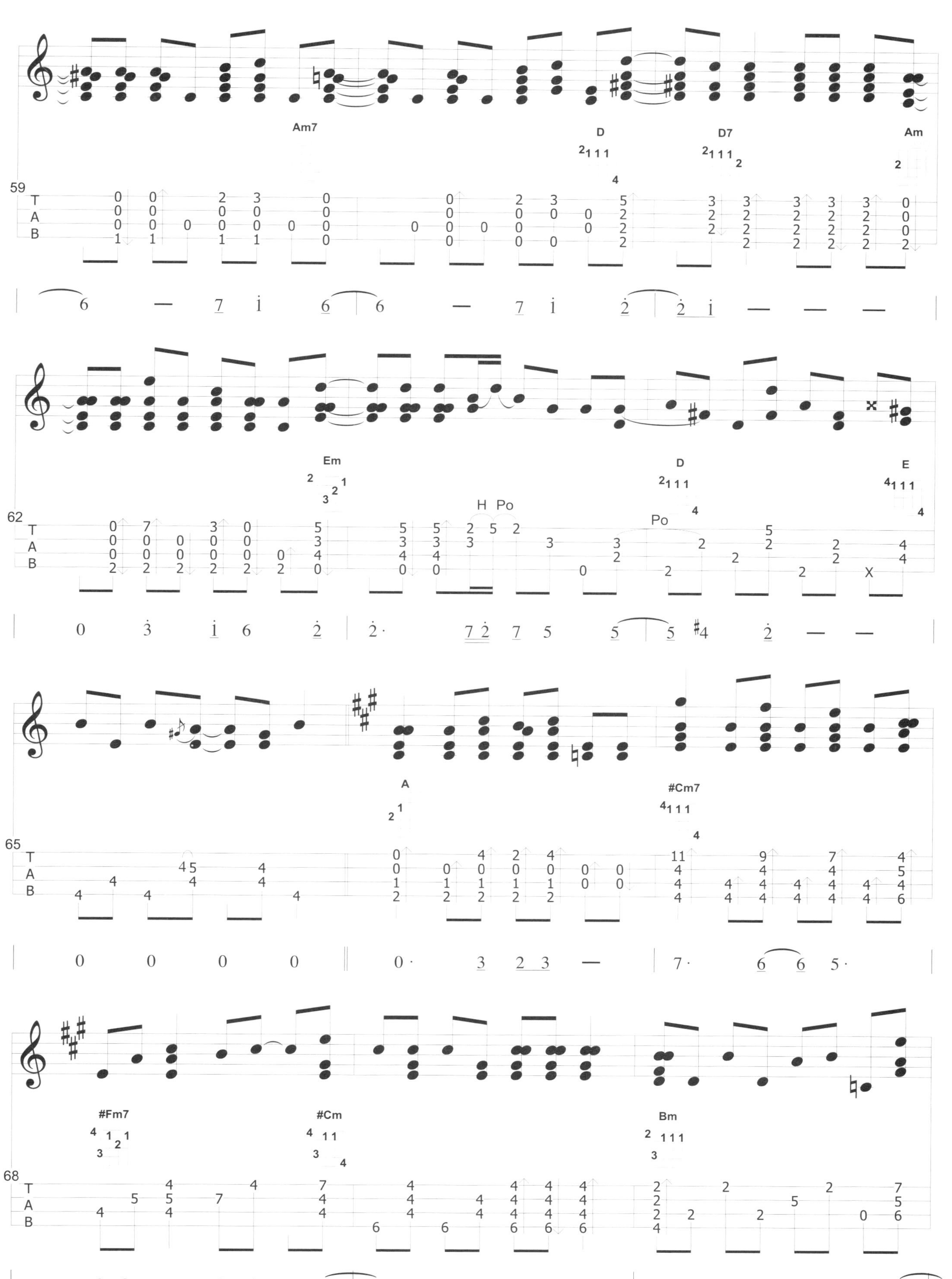
Am7
D
D7
Am
Em
D
E
A
#Cm7
#Fm7
#Cm
Bm

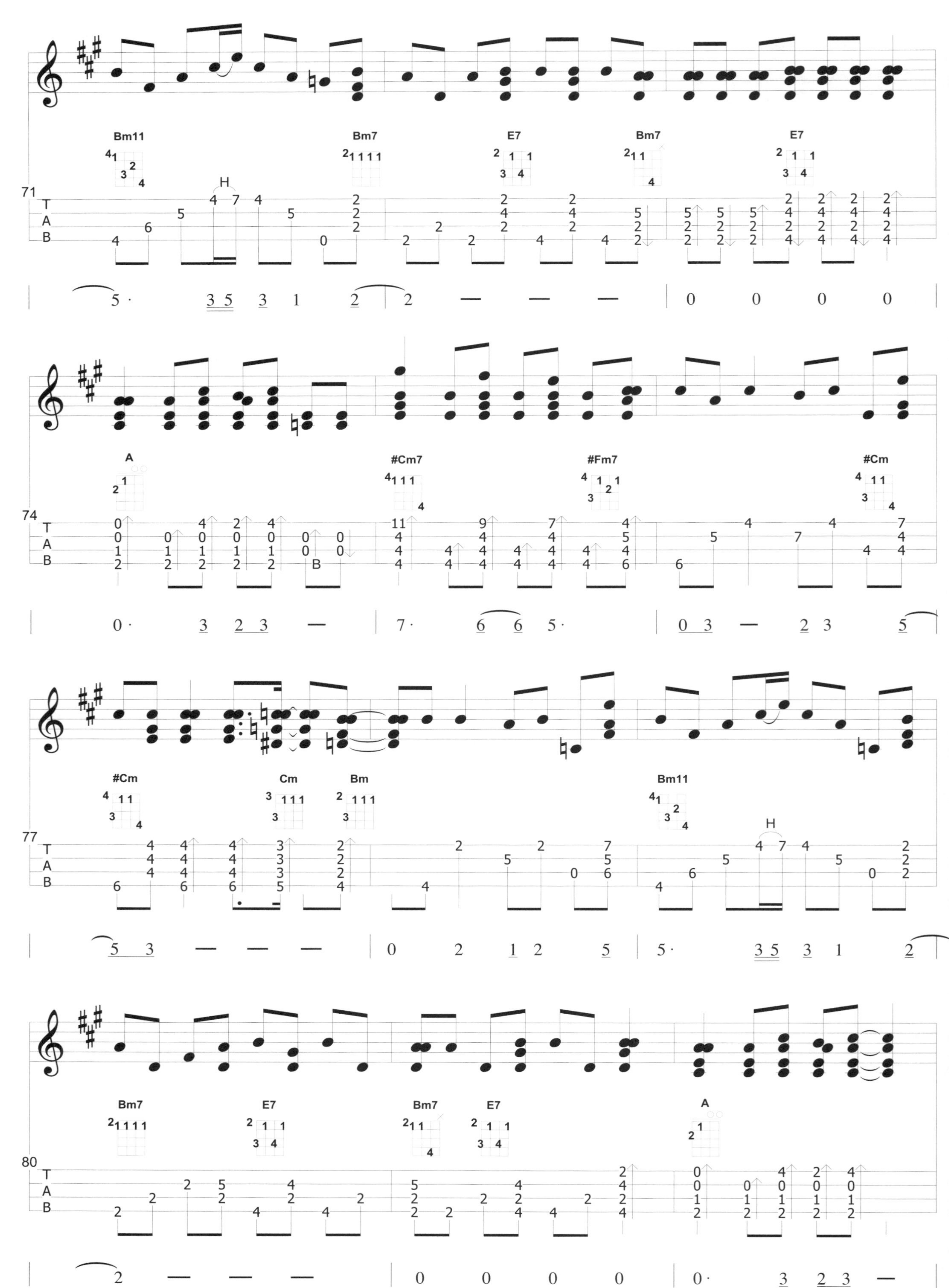
Bm11
Bm7
E7
Bm7
E7
A
#Cm7
#Fm7
#Cm
#Cm
Cm
Bm
Bm11
Bm7
E7
Bm7
E7
A

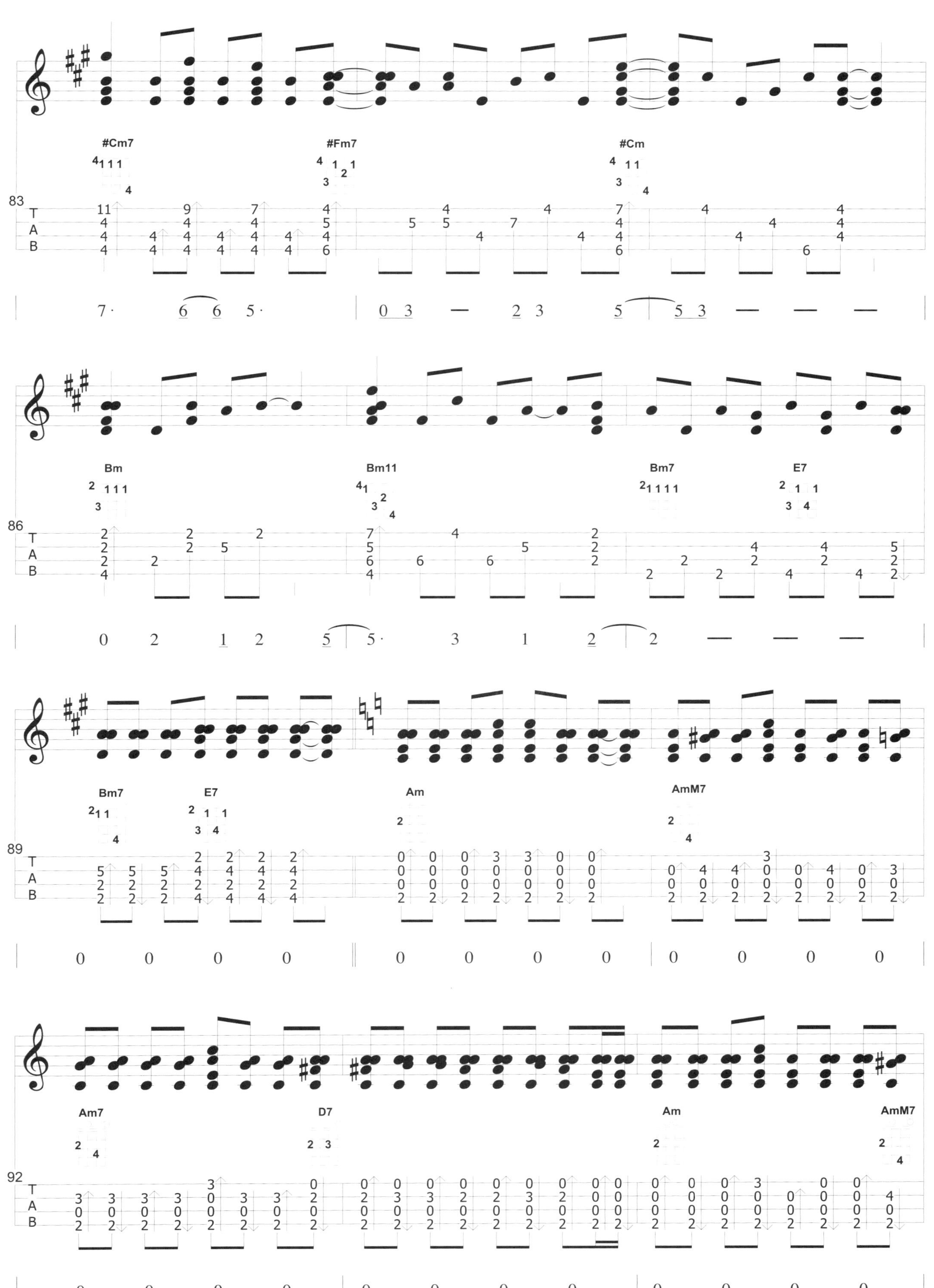
#Cm7
#Fm7
#Cm
Bm
Bm11
Bm7
E7
Bm7
E7
Am
AmM7
Am7
D7
Am
AmM7

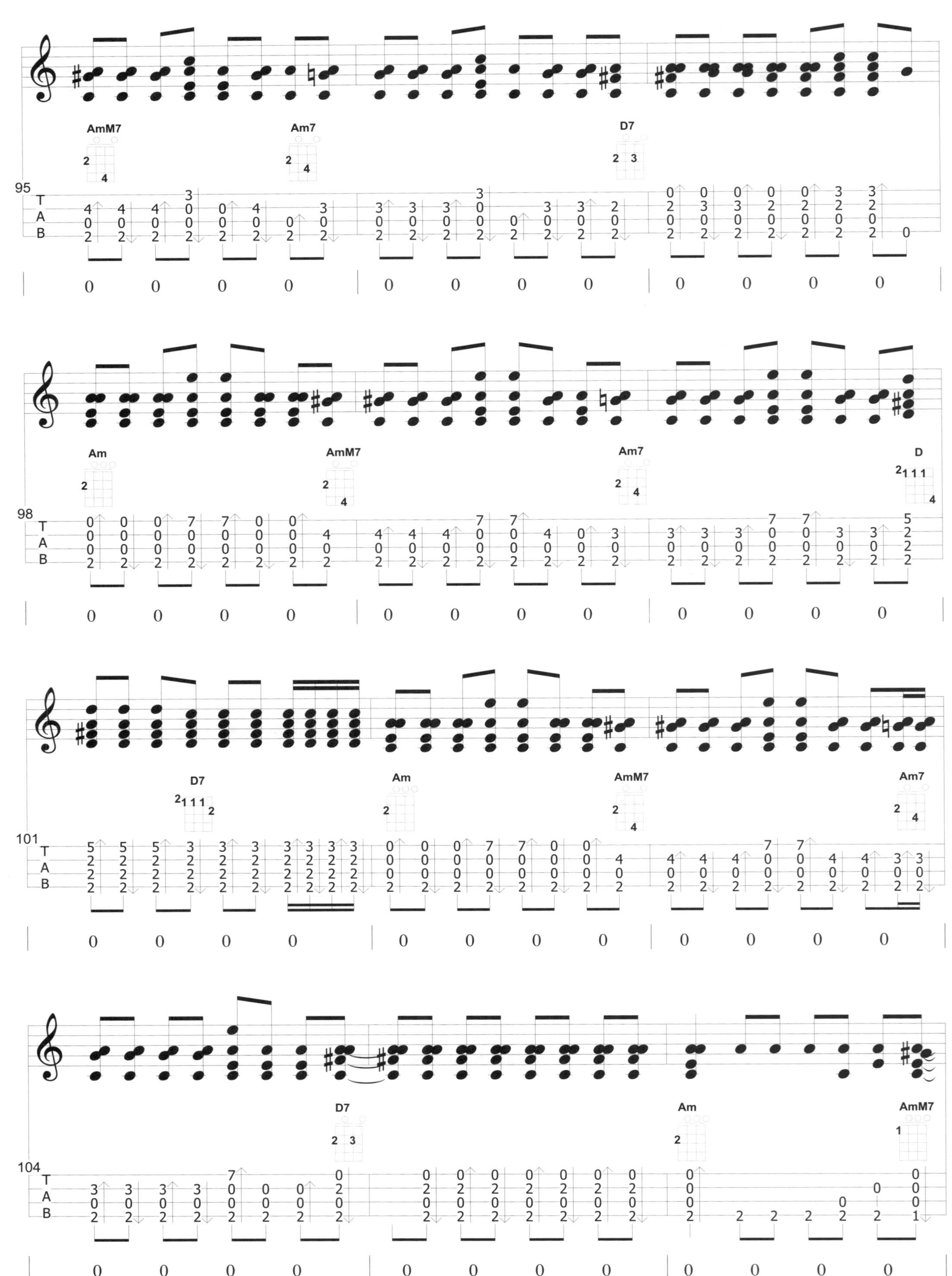
AmM7
Am7
D7
95
TAB
Am
AmM7
Am7
D
98
TAB
D7
Am
AmM7
Am7
101
TAB
D7
Am
AmM7
104
TAB

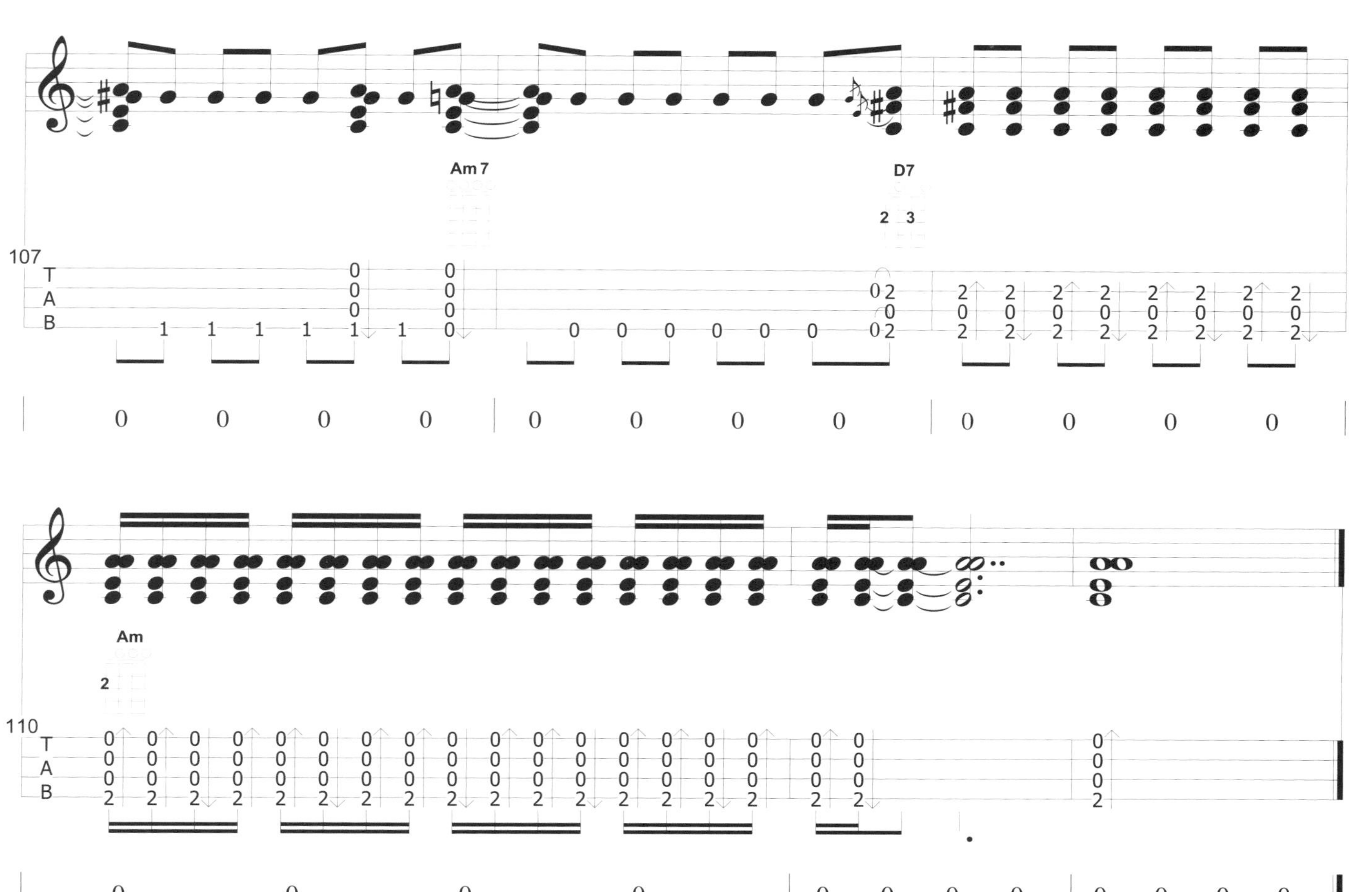
Am7
D7
107
110
Am
Fine

麥書文化 最新圖書目錄

學習音樂最佳途徑
音樂人必備叢書
專業樂譜

COMPLETE CATALOGUE

民謠彈唱系列

吉他新視界 The New Visual Of The Guitar
陳增華 編著 DVD
16開 / 360元
本書是包羅萬象的吉他工具書，從吉他的基本彈奏技巧、基礎樂理、音階、和弦、彈唱分析、吉他編曲、樂團架構、吉他錄音，音響剖析以及MIDI音樂常識......等，都有深入的介紹，可以說是市面上最全面性的吉他影音工具書。

吉他玩家 Guitar Player
周重凱 編著
菊8開 / 440頁 / 400元
2010年全新改版。周重凱老師繼"樂知音"一書後又一精心力作。全書由淺入深，吉他玩家不可錯過。精選近年來吉他伴奏之經典歌曲。

吉他贏家 Guitar Winner
周重凱 編著
16開 / 400頁 / 400元
融合中西樂器不同的特色及元素，以突破傳統的彈奏方式編曲，加上完整而精緻的六線套譜及範例練習，淺顯易懂，編曲好彈又好聽，是吉他初學者及彈唱者的最愛。

名曲100(上)(下) The Greatest Hits No.1.2
潘尚文 編著 CD
菊8開 / 216頁 / 每本320元
收錄自60年代至今吉他必練的經典西洋歌曲。全書以吉他六線譜編著，並附有中文翻譯、光碟示範，每首歌曲均有詳細的技巧分析。

六弦百貨店精選紀念版 Guitar Shop1998-2010
潘尚文 編著
1998、1999、2000 精選紀念版 — 菊8開 / 每本220元
2001、2002、2003、2004 精選紀念版 — 菊8開 / 每本280元 CD / VCD
2005—2009 、2010 DVD 精選紀念版 — 菊8開 / 每本300元 VCD+mp3
分別收錄1998~2010各年度國語暢銷排行榜歌曲，內容涵蓋六弦百貨店歌曲精選。全新編曲，精彩彈奏分析。全書以吉他六線譜編奏，並附有Fingerstyle吉他演奏曲影像教學，目前最新版本為六弦百貨店2010精選紀念版，讓你一次彈個夠。

超級星光樂譜集(1)(2)(3) Super Star No.1.2.3
潘尚文 編著
菊8開 / 488頁 / 每本380元
每冊收錄61首「超級星光大道」對戰歌曲總整理。每首歌曲均標註有完整歌詞、原曲速度與和弦名稱。善用音樂反覆編寫，每首歌翻頁降至最少。

七番町之琴愛日記 吉他樂譜全集
麥書編輯部 編著
菊8開 / 80頁 / 每本280元
電影"海角七號"吉他樂譜全集。吉他六線套譜、簡譜、和弦、歌詞，收錄電影膾炙人口歌曲1945、情書、Don't Wanna、愛你愛到死、轉吧!七彩霓虹燈、給女兒、無樂不作(電影Live版)、國境之南、野玫瑰、風光明媚...等12首歌曲。

電吉他系列

主奏吉他大師 Masters Of Rock Guitar
Peter Fischer 編著 CD
菊8開 / 168頁 / 360元
書中講解大師必備的吉他演奏技巧，描述不同時期各個頂級大師演奏的風格與特點，列舉了大師們的大量精彩作品，進行剖析。

節奏吉他大師 Masters Of Rhythm Guitar
Joachim Vogel 編著 CD
菊8開 / 160頁 / 360元
來自各頂尖級大師的200多個不同風格的演奏套路，搖滾，靈歌與瑞格，新浪潮，鄉村，爵士等精彩樂句。介紹大師的成長道路，配有樂譜。

藍調吉他演奏法 Blues Guitar Rules
Peter Fischer 編著 CD
菊8開 / 176頁 / 360元
書中詳細講解了如何勾建布魯斯節奏框架，布魯斯演奏樂句，以及布魯斯Feeling的培養，並以布魯斯大師代表級人物們的精彩樂句作為示範。

搖滾吉他祕訣 Rock Guitar Secrets
Peter Fischer 編著 CD
菊8開 / 192頁 / 360元
書中講解非常實用的蜘蛛爬行手指熱身練習，各種調式音階、神奇音階、雙手點指、泛音點指、搖把俯衝轟炸以及即興演奏的創作等技巧，傳播正統音樂理念。

Speed up 電吉他Solo技巧進階
馬歇柯爾 編著
樂譜書+DVD大碟 / 800元
本張DVD是馬歇柯爾首次在亞洲拍攝的個人吉他教學、演奏，包含精采現場Live演奏與15個Marcel經典歌曲樂句解析(Licks)。以幽默風趣的教學方式分享獨門絕技以及音樂理念，包括個人拿手的切分音、速彈、掃弦、點弦...等技巧。

Come To My Way Neil Zaza
Neil Zaza 編著
教學DVD / 800元
美國知名吉他講師，Cort電吉他代言人。親自介紹獨家技法，包含掃弦、點弦、調式系統、器材解說…等，更有完整的歌曲彈奏分析及Solo概念教學。並收錄精彩演出九首，全中文字幕解說。

瘋狂電吉他 Carzy Eletric Guitar
潘學觀 編著 CD
菊8開 / 240頁 / 499元
國內首創電吉他CD教材。速彈、藍調、點弦等多種技巧解析。精選17首經典搖滾樂曲演奏示範。

搖滾吉他實用教材 The Rock Guitar User's Guide
曾國明 編著 CD
菊8開 / 232頁 / 定價500元
最紮實的基礎音階練習。教你在最短的時間內學會速彈祕方。近百首的練習譜例。配合CD的教學，保證進步神速。

搖滾吉他大師 The Rock Guitaristr
浦山秀彥 編著
菊16開 / 160頁 / 定價250元
國內第一本日本引進之電吉他系列教材，近百種電吉他演奏技巧解析圖示，及知名吉他大師的詳盡譜例解析。

天才吉他手 Talent Guitarist
江建民 編著
教學VCD / 定價800元
本專輯為全數位化高品質音樂光碟，多軌同步放映練習。原曲原譜，錄音室吉他大師江建民老師親自示範講解。離開我、明天我要嫁給你...等流行歌曲編曲實例完整技巧解說。六線套譜對照練習，五首MP3伴奏練習用卡拉OK。

全方位節奏吉他 Speed Kills
嚴志文 編著 2CD
菊8開 / 352頁 / 600元
超過100種節奏練習，10首動聽練習曲，包括民謠、搖滾、拉丁、藍調、流行、爵士等樂風，內附雙CD教學光碟。針對吉他在節奏上所能做到的各種表現方式，由淺而深系統化分類，讓你可以靈活運用即興式彈奏。

征服琴海1、2 Complete Guitar Playing No.1、No.2
林正如 編著 3CD
菊8開 / 352頁 / 定價700元
國內唯一一本參考美國MI教學系統的吉他用書。第一輯為實務運用與觀念解析並重，最基本的學習奠定穩固基礎的教科書，適合興趣初學者。第二輯包含總體概念和共二十三章的指板訓練與即興技巧，適合嚴肅初學者。

前衛吉他 Advance Philharmonic
劉旭明 編著 2CD
菊8開 / 256頁 / 定價600元
美式教學系統之吉他專用書籍。從基礎電吉他技巧到各種音樂觀念、型態的應用。音階、和弦節奏、調式訓練。Pop、Rock、Metal、Funk、Blues、Jazz完整分析，進階彈奏。

調琴聖手 Guitar Sound Effects
陳慶民、華育棠 編著 CD
菊8開 / 360元
最完整的吉他效果器調校大全， 各類型吉他、擴大機徹底分析，各類型效果器完整剖析，單踏板效果器串接實戰運用，60首各類型音色示範、演奏。

鋼琴、電子琴系列

輕輕鬆鬆學Keyboard 1
Easy To Learn Keyboard No.1
張棹 編著 CD
菊8開 / 116頁 / 定價360元
全球首創以清楚和弦指型圖示教您如何彈奏電子琴的系列教材問世了。第一冊包含了童謠、電影、卡通等耳熟能詳的曲目，例如迪士尼卡通的小美人魚、蟲蟲危機...等等。

輕輕鬆鬆學Keyboard 2
Easy To Learn Keyboard No.2
張棹 編著 CD
菊8開 / 116頁 / 定價360元
第二冊手指練習部份由單手改為雙手。歌曲除了童謠及電影主題曲之外，新增世界民謠與適合節慶的曲目。新增配伴奏課程，將樂理知識融入實際彈奏。

流行鋼琴自學祕笈
Pop Piano Secrets
招敏慧 編著 DVD
菊八開 / 360元
輕鬆自學，由淺入深。從彈奏手法到編曲概念，全面剖析,重點攻略。適合入門或進階者自學研習之用。可作為鋼琴教師之常規教材或參考書籍。本書首創左右手五線譜與簡譜對照，方便教學與學習隨書附有DVD教學光碟，隨手易學。

鋼琴動畫館（日本動漫/西洋動畫）
Piano Power Play Series Animation No.1
朱怡潔 編著 CD
特菊8開 / 88頁 / 每本360元
收錄日本/西洋經典卡通動畫鋼琴曲，左右手鋼琴五線套譜。首創國際通用大譜面開本，輕鬆視譜。原曲採譜、重新編曲，難易適中，適合初學進階彈奏者。內附日演奏學習CD。

Playitime 陪伴鋼琴系列 拜爾鋼琴教本（一）～（五）
Playitime
何真真、劉怡君 編著
每冊220元（書+DVD）
本書教導初學者如何去正確地學習並演奏鋼琴。從最基本的演奏姿勢談起，循序漸進地引導讀者奠定穩固紮實的鋼琴基礎，並加註樂理及學習指南，讓學習者更清楚掌握學習要點。

Playitime 陪伴鋼琴系列 拜爾併用曲集（一）～（五）
Playitime
何真真、劉怡君 編著
(一) (二) 定價200元 CD
(三) (四) (五) 定價250元 2CD
本書內含多首活潑有趣的曲目，讓讀者藉由有趣的歌曲中加深學習成效，可單獨或搭配拜爾教本使用，並附贈多樣化曲風、完整彈奏的CD，是學生鋼琴發表會的良伴。

Hit 101 鋼琴百大首選 中文流行/西洋流行/中文經典
Hit 101
朱怡潔 邱哲豐 何真真編著
特菊八開 / 每本480元
收錄最經典、最多人傳唱中文流行、西洋流行、中文經典歌曲101首。鋼琴左右手完整總譜，每首歌曲有完整歌詞、原曲速度與和弦名稱。原版、原曲採譜，經適度改編成2個變音記號之彈奏，難易適中。

蔣三省的音樂課 你也可以變成音樂才子
You Can Be A Professional Musician
蔣三省 編著 2CD
特菊八開 / 890元
資深音樂唱片製作人蔣三省，集多年作曲、唱片製作及音樂教育的經驗，跨足古典與流行樂的音樂人，將其音樂理念以生動活潑、易學易懂的方式，做一系統化的編輯，內容從基礎至爵士風，並附「教學版」與「典藏版」雙CD，使您成為下一位音樂才子。

七番町之琴愛日記 鋼琴樂譜全集
麥書編輯部 編著
菊8開 / 80頁 / 每本280元
電影"海角七號"鋼琴樂譜全集。左右手鋼琴五線譜、和弦、歌詞，收錄歌曲1945、情書、愛你愛到死、轉吧!七彩霓虹燈、給女兒、無樂不作(電影Live版)、國境之南、野玫瑰、風光明媚...等歌曲。

交響情人夢(1)(2)(3)(4) 鋼琴特搜全集
朱怡潔 / 吳逸芳 編著
特菊八開 / 每本320元
日劇「交響情人夢」「交響情人夢-巴黎篇」「最終樂章前篇」「最終樂章後篇」完整劇情鋼琴音樂25首，內含巴哈、貝多芬、柴可夫斯基...等古典大師著名作品。適度改編，難易適中。經典古典曲目完整一次收錄，喜愛古典音樂琴友不可錯過。

超級星光樂譜集（1）(2)（3）
Super Star No.1.2.3
潘尚文 編著
菊8開 / 488頁 / 每本380元
每冊收錄61首「超級星光大道」對戰歌曲總整理。每首歌曲均標註完整歌詞、原曲速度與完整左右手五線譜及和弦。善用音樂反覆編寫，每首歌翻頁降至最少。

爵士鼓系列

實戰爵士鼓
Let's Play Drum
丁麟 編著 CD
菊8開 / 184頁 / 定價500元
國內第一本爵士鼓完全教戰手冊。近百種爵士鼓打擊技巧範例圖片解說。內容由淺入深，系統化且連貫式的教學法，配合有聲CD，生動易學。

邁向職業鼓手之路
Be A Pro Drummer Step By Step
姜永正 編著 CD
菊8開 / 176頁 / 定價500元
趙傳"紅十字"樂團鼓手"姜永正"老師精心著作，完整教學解析、譜例練習及詳細單元練習。內容包括：鼓棒練習、揮棒法、8分及16分音符基礎練習、切分拍練習、過門填充練習...等詳細教學內容。是成為職業鼓手必備之專業書籍。

爵士鼓技法破解
Drum Dance
丁麟 編著 CD+DVD
菊8開 / 教學DVD / 定價800元
全球華人第一套爵士鼓DVD互動式影像教學光碟，DVD9專業高品質數位影音，互動式中文教學譜例，多角度同步影像自由切換，技法招數完全破解。12首各類型音樂樂風完整打擊示範，12首各類型音樂樂風背景編曲自己來。

鼓舞
Decoding The Drum Technic
黃瑞豐 編著 DVD
雙DVD影像大碟 / 定價960元
本專輯內容收錄台灣鼓王「黃瑞豐」在近十年間大型音樂會、舞台演出、音樂講座的獨奏精華，每段均加上精心製作的樂句解析、精彩訪談及技巧公開。

你也可以彈爵士與藍調
You Can Play Jazz And Blues
郭正權 編著 CD
菊8開 / 258頁 / 定價500元
歐美爵士樂觀念。各類樂器演奏、作曲及進階者適用。爵士、藍調概述及專有名詞解說。音階與和弦的組成、選擇與處理規則。即興演奏、變奏及藍調的材料介紹，進階步驟與觀念分析。

新書系列

烏克麗麗完全入門24課
Complete Learn To Play Ukuulele Manual
陳建廷 編著 DVD
菊8開 / 200頁 /定價360元
全世界最簡單的彈唱樂器。本書特色：簡單易懂、內容紮實、詳盡的教學內容、影音教學示範，學習樂器完全無壓力快速上手！

詠唱織音
劉釗 編著
菊8開 / 280元
華人地區第一本流行民歌混聲合唱曲集，適用混聲合唱、女聲與混聲合唱、男高音與混聲合唱、多部合唱、三重唱......等各式合唱需求。本書皆以總譜呈現，共收錄13首經典民歌、教會組曲及流行歌曲。

古典吉他系列

古典吉他名曲大全（一）（二）（三）
Guitar Famous Collections No.1、No.2、No.3
楊昱泓 編著 菊八開
360元(CD)、550元(CD+DVD)、550元(CD+DVD)
收錄世界吉他古典名曲，五線譜、六線譜對照、無論彈民謠吉他或古典吉他，皆可體驗彈奏名曲的感受，古典名師採譜、編奏。

樂在吉他
Joy With Classical Guitar
楊昱泓 編著 CD+DVD
菊8開 / 128頁 / 360元
本書專為初學者設計，學習古典吉他從零開始。內附原譜對照之音樂CD及DVD影像示範。樂理、音樂符號術語解說、音樂家小故事、作曲家年表。

GuitarShop 2011

六弦百貨店精選紀念版

你絕對不能錯過的

年度音樂獻禮

- 收錄2011年度國語暢銷排行榜歌曲
- 全書以吉他六線譜編奏
- 專業吉他TAB六線套譜
- 各級和弦圖表、各調音階圖表
- 全新編曲、自彈自唱的最佳叢書
- 盧家宏老師木吉他演奏教學DVD

六弦百貨店 GuitarShop 2011精選紀念版

專業吉他TAB六線套譜

十二首木吉他演奏示範曲

各級和弦圖表、各調音階圖表

全新編曲、自彈自唱的最佳叢書

DVD INCLUDE

定價300元

《附DVD》

烏克麗麗名曲30選

30 ukulele solo collection

編著　盧家宏
監製　潘尚文
美術編輯　范韶芸
封面設計　范韶芸
電腦製譜　郭佩儒 / 林倩如
譜面輸出　郭佩儒 / 林倩如
DVD編曲演奏　盧家宏
影像處理　何承偉

出版　麥書國際文化事業有限公司
登記證　行政院新聞局局版台業第6074號
廣告回函　台灣北區郵政管理局登記證第03866號
發行　麥書國際文化事業有限公司
Vision Quest Publishing Inc., Ltd.
地址　10647　台北市羅斯福路三段325號4F-2
4F.-2 No.325, Sec. 3, Roosevelt Rd.,
Da'an Dist., Taipei City 106, Taiwan（R.O.C.）
電話　886-2-23636166．886-2-23659859
傳真　886-2-23627353
郵政劃撥　17694713
戶名　麥書國際文化事業有限公司

http://www.musicmusic.com.tw
E-mail：vision.quest@msa.hinet.net
中華民國 101 年 1 月 初版

使用吉他：anuenue Custom Oahu Koa Ⅲ E

好想聽木吉他

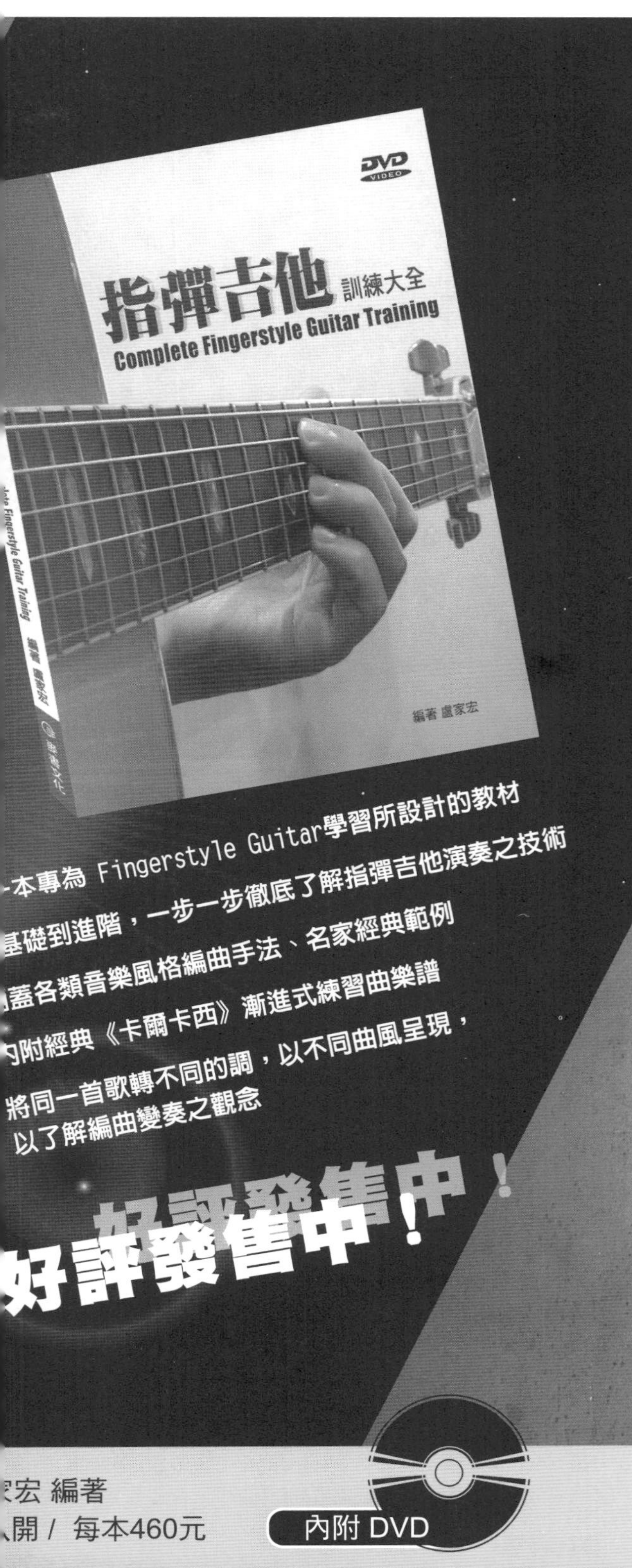

郵政劃撥儲金存款收據

◎寄款人請注意背面說明
◎本收據由電腦印錄請勿填寫

收款帳號戶名

存款金額

電腦記錄

經辦局收款戳

郵政劃撥儲金存款單

帳號 1 7 6 9 4 7 1 3

金額 新台幣（小寫） 仟 佰 拾 萬 仟 佰 拾 元

戶名 麥書國際文化事業有限公司

寄款人

姓名

通訊處 □□□-□□

電話

經辦局收款戳

虛線內備供機器印錄用請勿填寫

通訊欄（限與本次存款有關事項）

訂購單

烏克麗麗名曲30選

□ 我要用掛號的方式寄送 每本55元，郵資小計＿＿＿元

總金額＿＿＿元

憑本書劃撥單購買本公司商品，

一律享 **9** 折優惠！

24H傳真訂購專線

（02）23627353

郵政劃撥存款收據注意事項

一、本收據請詳加核對並妥為保管，以便日後查考。

二、如欲查詢存款入帳詳情時，請檢附本收據及已填妥之查詢函向各連線郵局辦理。

三、本收據各項金額、數字係機器印製，如非機器列印或經塗改或無收款郵局收訖章者無效。

請寄款人注意

一、帳號、戶名及寄款人姓名通訊處各欄請詳細填明，以免誤寄；抵付票據之存款，務請於交換前一天存入。

二、每筆存款至少須在新台幣十五元以上，且限填至元位為止。

三、倘金額塗改時請更換存款單重新填寫。

四、本存款單不得黏貼或附寄任何文件。

五、本存款金額業經電腦登帳後，不得申請駁回。

六、本存款單備供電腦影像處理，請以正楷工整書寫並請勿折疊。帳戶如需自印存款單，各欄文字及規格必須與本單完全相符；如有不符，各局應婉請寄款人更換郵局印製之存款單填寫，以利處理。

七、本存款單帳號及金額欄請以阿拉伯數字書寫。

八、帳戶本人在「付款局」所在直轄市或縣（市）以外之行政區域存款，需由帳戶內扣收手續費。

交易代號：0501、0502現金存款　0503票據存款　2212劃撥票據託收

本聯由儲匯處存查　保管五年

烏克麗麗名曲30選
30 ukulele solo collection

讀者回函

感謝您購買本書！為加強對讀者提供更好的服務，請詳填以下資料，寄回本公司，您的資料將立刻列入本公司優惠名單中，並可得到日後本公司出版品之各項資料及意想不到的優惠哦！

姓名 **生日** / / **性別** 男 女

電話 E-mail @

地址 **機關學校**

請問您曾經學過的樂器有哪些？

☐ 鋼琴 ☐ 吉他 ☐ 弦樂 ☐ 管樂 ☐ 國樂 ☐ 其他______

請問您是從何處得知本書？

☐ 書店 ☐ 網路 ☐ 社團 ☐ 樂器行 ☐ 朋友推薦 ☐ 其他______

請問您是從何處購得本書？

☐ 書店 ☐ 網路 ☐ 社團 ☐ 樂器行 ☐ 郵政劃撥 ☐ 其他______

請問您認為本書的難易度如何？

☐ 難度太高 ☐ 難易適中 ☐ 太過簡單

請問您認為本書整體看來如何？

☐ 棒極了 ☐ 還不錯 ☐ 遜斃了

請問您認為本書的售價如何？

☐ 便宜 ☐ 合理 ☐ 太貴

請問您最喜歡本書的哪些部份？

☐ 教學解析 ☐ 編曲採譜 ☐ 封面設計 ☐ 其他______

請問您認為本書還需要加強哪些部份？（可複選）

☐ 美術設計 ☐ 教學內容 ☐ 銷售通路 ☐ 其他______

請問您希望未來公司為您提供哪方面的出版品，或者有什麼建議？

請沿虛線剪下寄回

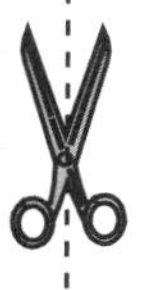

非常感謝您填寫本表格，我們將極慎重的考慮您的意見，並立即將您的資料建檔。謝謝！

寄件人 ____________________

地　址 □□□ ____________________

____

廣　告　回　函
台灣北區郵政管理局登記證
台北廣字第03866號

郵資已付 免貼郵票

麥書國際文化事業有限公司

10647 台北市羅斯福路三段325號4F-2

4F.-2, No.325, Sec. 3, Roosevelt Rd.,
Da'an Dist., Taipei City 106, Taiwan (R.O.C.)

為加速郵件處理 · 請勿使用訂書針